智能制造发展的国际比较与中国抉择

INTERNATIONAL COMPARISON OF
INTELLIGENT MANUFACTURING DEVELOPMENT
AND CHINA'S CHOICE

王媛媛 ◎ 著

中国财经出版传媒集团
经济科学出版社
Economic Science Press

图书在版编目（CIP）数据

智能制造发展的国际比较与中国抉择/王媛媛著.
—北京：经济科学出版社，2021.7
ISBN 978-7-5218-2678-4

Ⅰ.①智… Ⅱ.①王… Ⅲ.①智能制造系统-制造工业-工业发展-研究-中国 Ⅳ.①F426.4

中国版本图书馆 CIP 数据核字（2021）第 129707 号

责任编辑：孙怡虹　刘　博
责任校对：杨　海
责任印制：王世伟

智能制造发展的国际比较与中国抉择
王媛媛　著
经济科学出版社出版、发行　新华书店经销
社址：北京市海淀区阜成路甲28号　邮编：100142
总编部电话：010-88191217　发行部电话：010-88191522
网址：www.esp.com.cn
电子邮箱：esp@esp.com.cn
天猫网店：经济科学出版社旗舰店
网址：http://jjkxcbs.tmall.com
北京季蜂印刷有限公司印装
710×1000　16开　17印张　278000字
2021年7月第1版　2021年7月第1次印刷
ISBN 978-7-5218-2678-4　定价：78.00元
（图书出现印装问题，本社负责调换。电话：010-88191510）
（版权所有　侵权必究　打击盗版　举报热线：010-88191661
QQ：2242791300　营销中心电话：010-88191537
电子邮箱：dbts@esp.com.cn）

前 言
PREFACE

当前移动互联网、大数据、云计算、人工智能等新一代信息技术蓬勃发展，并加速向制造业渗透，制造业领域将迎来一场智能化革命，进而引发新一轮的工业革命。美欧等发达国家和地区纷纷出台应对新工业革命和智能制造的发展战略。我国也迎来新工业革命和转变经济发展方式的历史交汇期，由此提出以智能制造作为主攻方向，推动产业技术变革和优化升级，进而建设制造强国的发展目标。因此，研究智能制造这一主导新工业革命发展的新型制造模式具有重要意义。

本书以智能制造作为研究对象，以马克思技术进步及资本有机构成理论、熊彼特和新熊彼特学派技术创新及演化经济学等理论为研究基础，运用系统分析、实证分析、比较分析以及实地调查等研究方法，对智能制造进行全面而深入的研究。主要内容包括：一是探索智能制造发展演化的机理及其技术—经济范式，对智能制造的内涵、产生动力、生产组织模式创新以及技术—经济范式进行分析。二是对智能制造发展的关键基础性产业——集成电路、智能传感器、高档数控机床、工业机器人以及软件和信息技术服务业的全球发展态势进行比较分析。三是对二十国集团（G20）国家智能制造发展水平进行实证分析，在投入产出分析方法基础上，建立"制造业智能化指数"衡量智能制造发展水平，并进行国别和分行业的比较分析。四是对美国、德国、日本智能制造发展的典型模式进行分析、比较，并得出有益的经验借鉴。首先，对其智能制造赖以发展的国家创新体系和创新政策演变进行分析；其次，对其推动智能制造发展的具体政策措施进行深入研究；最后，对这三个国家智能制造的发展模式进行比较，分析异同点，并得出可供我国借鉴的有益经验。五是分析我国智能制造发展的现状，从顶层设计、标准体系建设、基础产业发展、企业以及地方政府推动等方面分析我国智能制造发展取得的进展和成就，同时剖析了中国智能制造在发展基础、创新能力、推进机制、企业主体引领、政策规划以及人才等方面存在的问题，明确努力的方向。六是提出我国智能制造发展的创新路径和对策，即要树立以建设制造强国为目标的智能制造发展导向，建设政府引领、产业界主导、研究机构和大学紧密合作的智能制造创新网络，涵盖重要战略性新兴产业的智能制造发展领域，以及实施面向不同发展优势和水平的差异化发展战略。

总之，发展智能制造是我国实现技术跃升及经济实力赶超的重要契机，应密切关注和研究新工业革命发展趋势以及智能制造技术—经济范式发展演化特征，把握各国智能制造发展的态势、能力水平以及具体的推进战略，同时深入了解我国智能制造发展的优、劣势，构建与我国经济社会发展相适应的智能制造发展路径和政策体系，抓住机遇加快发展，早日实现制造强国的目标和国家实力的历史性跨越。

CONTENTS 目 录

第一章　绪论 ·· 1

　　第一节　研究背景、问题及意义 ·· 1
　　第二节　智能制造研究综述 ··· 8
　　第三节　研究内容、思路及方法 ·· 22
　　第四节　主要创新点 ··· 25

第二章　研究智能制造发展的理论基础 ································· 27

　　第一节　马克思技术进步理论及资本有机构成理论 ················ 27
　　第二节　西方经济学相关理论 ··· 34

第三章　智能制造发展演化的机理及技术—经济范式 ············ 50

　　第一节　智能制造的定义及内涵界定 ····································· 50
　　第二节　智能制造产生的动力分析 ·· 57
　　第三节　智能制造的生产组织模式 ·· 63
　　第四节　智能制造的技术—经济范式 ····································· 69

第四章　智能制造关键基础性产业全球发展态势比较分析 ····· 81

　　第一节　集成电路和传感器产业 ·· 81
　　第二节　高档数控机床产业 ··· 90

第三节　工业机器人产业 …………………………………… 96
　　第四节　软件和信息技术服务业 …………………………… 102

第五章　G20 国家智能制造发展水平实证分析 …………………… 108
　　第一节　智能制造发展水平的分析思路及方法 …………… 108
　　第二节　相关产业的界定 …………………………………… 113
　　第三节　制造业智能化指数的计算及数据来源 …………… 119
　　第四节　实证结果分析 ……………………………………… 121

第六章　典型国家智能制造发展模式比较与经验借鉴 …………… 142
　　第一节　美国国家创新体系及先进制造业发展战略 ……… 145
　　第二节　德国国家创新体系及工业4.0战略 ……………… 168
　　第三节　日本国家创新体系及新机器人战略 ……………… 182
　　第四节　美国、德国、日本智能制造发展模式比较与启示 … 196

第七章　中国智能制造发展现状分析 ……………………………… 205
　　第一节　中国智能制造发展情况概述 ……………………… 207
　　第二节　中国智能制造发展存在的问题分析 ……………… 230

第八章　推进中国智能制造发展的创新路径 ……………………… 237
　　第一节　推进中国智能制造发展的基本原则 ……………… 237
　　第二节　推进中国智能制造发展的路径分析 ……………… 238
　　第三节　推进中国智能制造发展的对策建议 ……………… 243

第九章　结论 ………………………………………………………… 247
　　第一节　本书的主要结论 …………………………………… 247
　　第二节　有待进一步研究的问题 …………………………… 249

参考文献 ……………………………………………………………… 251

第一章 绪 论

第一节 研究背景、问题及意义

一、研究背景

(一) 国际背景

2008年爆发的全球金融危机是世界经济发展的转折点。由美国次贷危机引发的全球金融海啸重创全球经济，大批金融机构破产或陷入经营危机，股市暴跌、货币汇率剧烈波动。危机逐渐由金融行业蔓延到实体经济，导致大批企业倒闭，失业率大幅上升，贸易和投资衰退，部分国家陷入财政危机，甚至濒临破产。自此美国以及欧洲发达国家开始反思虚拟经济过度发展带来的弊端，认为发展实体经济才是带动经济增长的根本动力。因此欧美各国纷纷提出重振实体经济的发展战略，美国自2009年起发布了十余项振兴制造业和发展先进制造的战略规划，欧盟、日本、韩国等也出台创新政策推动先进制造业的发展。

危机从表面上看是由金融系统的过度创新造成的，但从经济体系内部看，也反映了经济生产方式的危机，即自20世纪以来形成的大规模生产方式造成了生产相对过剩的危机，从而使实体经济的回报率进一步降低，因此在生产方式领域亟须一次范式变革。而恰恰在进入21世纪以后，科学技术的飞速发展使生产方式的变革成为可能甚至是必然。2000年的互联网泡沫破裂使人们一度怀疑甚至摒弃互联网在推动经济发展中的作用，但不能忽视的是，信息通信技术的发展正推动互联网与现实世界的联系更加紧密。作为信息通信技术的核心——集成电路自20世纪中叶被发明以来，制造技术一路突飞猛进，按照摩尔定律，集成电路上可容纳的晶体管数量约每18个月会增加1倍。目前10纳米芯片已经量产，意味着在1平方毫米的芯片上容纳1亿个晶体管，其运算速度和性能已达到相当先进的水平。因此，信息通信技术可以在更广泛的领域发挥更为重要的作用。当前，在高性能芯片应用的基础上衍生出一大批前沿技术和产业，移动互联网、物联网、大数据、云计算、虚拟现实、人工智能等发展迅猛，正在引发多领域、多维度的技术突破。新一代信息技术向经济社会各个领域加速渗透，推动着生产、生活方式和发展模式的变革。尤其在生产领域，信息通信技术与制造业的进一步结合正在推动新的工业革命的发生。

2012年美国通用电气公司发布"工业互联网"报告，指出第三次工业革命浪潮是始于21世纪初的工业互联网，通过工业互联网将智能设备、人和数据连接起来，并以智能的方式分析这些交换的数据，从而能帮助人们和设备做出更智慧的决策，进而推动经济进步。在2013年4月的汉诺威工业博览会上，德国政府宣布启动"工业4.0"（Industry 4.0）战略规划，将业已发生的工业革命划分为三个阶段，即18世纪末以机械制造设备为动力的第一次工业革命；20世纪初采用电力驱动的大规模生产为特征的第二次工业革命；以及20世纪70年代以电子信息技术驱动的第三次工业革命；而即将到来的则是以信息物理系统为基础架构的第四次工业革命，也称"工业4.0"。学界和业界也将纷纷聚焦新工业革命，对其界定、本质和影响等做出讨论，基本上包含如下观点，即如果前两次工业革命可以理解为制造业的机械化革命和自动化革命，那么新的工业革命则是制造业的智能化革命。即新一代信息技术对制造业的进一步渗透，进而促进制造业的生产组织方式及其产业形态的深刻变革。智能制造是新工业革命的核心和主导力量，代表着制造业未来的发展方向。面对新一轮工业革命，各国政府反应迅速，积极抢占国际竞争的制高点，纷纷将以智能制造为代表的先进制造业作为引领经济发展的第一动力。

2017年特朗普政府上台以来，实行"美国优先"的单边主义战略，反对全球化，崇尚贸易保护，已先后退出《跨太平洋伙伴关系协定》《北美自由贸易协定》等多边贸易协定，使得世界经济出现逆全球化的倾向。美国还对中国、日本、韩国、德国等制造业大国进行反倾销反垄断调查，尤其是罔顾中美两国密切的双边经贸联系事实，对我国单方面挑起数次贸易摩擦。并针对《中国制造2025》重点发展领域发起"301调查"，歪曲这一应对新工业革命及制造业转型升级的产业发展规划。美国推动的逆全球化浪潮也表明，未来各国在先进制造等核心技术领域的竞争将日趋白热化，自主创新在推动智能制造发展方面将显得愈加重要。

（二）国内背景

金融危机后，我国国内的经济发展也出现了一些新的问题和趋势：从发展速度看，经济由高速增长转变为中高速增长，经济发展由注重速度转向注重质量的阶段。中国GDP增速从2012年开始下降至8%以内，2015年下降至7%以内，2012~2017年平均GDP增速为7.25%，告别了改革开放30多年来平均10%的增长率。国家是否会掉入"中等收入陷阱"成为隐忧；从结构转换看，传统生产领域面临产能过剩问题，投资空间明显减少，同时新技术、新产品和新业态不断涌现，不断开辟新的投资领域。而在消费方面，大规模模仿排浪式的消费阶段基本结束，取而代之的是个性化需求的增长，这就倒逼企业不断开拓创新，加快产业升级，提升产业的价值链地位和产品附加值，推动产业向中高端迈进；从发展动力转换看，传统的粗放型经济发展方式已经不可持续，转变发展方式迫在眉睫。传统的经济发展靠的是大规模的要素投入和大量廉价劳动力，但廉价劳动力的供应不可持续，同时能源资源供应及自然环境可承载能力也已接近极限，因此转变经济增长的动力迫在眉睫。这就要求不断提高人力资源质量，增强创新，将经济增长动力转换到更多依靠人力资本质量和技术进步的轨道上来。党的十九大报告指出，建设现代化经济体系是跨越关口的迫切要求和我国发展的战略目标。必须坚持质量第一、效益优先，以供给侧结构性改革为主线，推动经济发展质量变革、效率变革、动力变革，提高全要素生产率，着力加快建设实体经济、科技创新、现代金融、人力资源协同发展的产业体系，着力构建市场机制有效、微观主体有活力、宏观调控有度的经济体制，不断增强我国经济创新力和竞争力。

面对新一轮工业革命的发展形势和国内转变经济发展方式的紧迫性，我国政府提出发展先进制造的战略，2015年5月8日国务院发布《中国制造2025》，指出制造业是国家立足之根本，国家兴旺之重器，国家强盛之根基。改革开放以来，我国制造业发展迅速，已经形成门类齐全的产业体系，推动了我国工业和现代化的发展，综合国力大大增强。但与发达国家的先进制造业相比，我国制造业"大而不强"，自主创新能力不足，资源利用效率不高，产业结构水平不合理，信息化程度不高，质量、效益等差距明显。中国的经济发展已经进入"新常态"，制造业发展面临很多新的挑战。如资源和环境的压力，投资和出口增长放缓，依靠大规模资源要素投入的粗放型发展模式无法持续，亟须调整产业结构、促进产业转型升级。因此需要寻找和创造新的经济增长动力，并在国际竞争中创造新的优势，重点、难点和出路都在制造业。《中国制造2025》提出了九大战略任务和重点，其中第二个任务是推进信息化与工业化深度融合，提出把智能制造当作信息化与工业化深度融合的主攻方向，重点发展智能装备以及智能产品，并推进生产过程的智能化，实施新的生产方式，提升企业在研发、生产、管理等环节的智能化水平。2016年12月8日，智能制造的"十三五"规划——《智能制造发展规划（2016－2020年）》发布，提出了加快智能制造装备发展、加强关键共性技术创新、建设智能制造标准体系、构筑工业互联网基础、加大智能制造试点示范推广力度、推动重点领域智能转型、促进中小企业智能化改造、培育智能制造生态体系、推进区域智能制造协同发展、打造智能制造人才队伍十大重点任务，为我国智能制造未来发展指明了方向。

2017年以来，美国的单边主义贸易行为以及科技霸权行径使我国制造业发展面临严峻的外部环境，创新成为推动我国制造业转型升级和建设制造强国的关键。2019年中央经济工作会议明确指出要推动制造业高质量发展。要推动先进制造业和现代服务业深度融合，坚定不移建设制造强国。要增强制造业技术创新能力，构建开放、协同、高效的共性技术研发平台，健全需求为导向、企业为主体的产学研一体化创新机制，加大对中小企业创新支持力度,加强知识产权保护和运用,形成有效的创新激励机制。

二、问题的提出

历次工业革命都有国家抓住主导产业发展机遇,推动技术突破、组织变迁以及社会进步,进而实现了经济赶超。2018年,习近平在两院院士大会上的讲话指出,"我们迎来了世界新一轮科技革命和产业变革同我国转变发展方式的历史性交汇期,既面临着千载难逢的历史机遇,又面临着差距拉大的严峻挑战。我们必须清醒认识到,有的历史性交汇期可能产生同频共振,有的历史性交汇期也可能擦肩而过。"① 他还指出,"世界正在进入以信息产业为主导的经济发展时期。我们要把握数字化、网络化、智能化融合发展的契机,以信息化、智能化为杠杆培育新动能。要突出先导性和支柱性,优先培育和大力发展一批战略性新兴产业集群,构建产业体系新支柱。要推进互联网、大数据、人工智能同实体经济深度融合,做大做强数字经济。要以智能制造为主攻方向推动产业技术变革和优化升级,推动制造业产业模式和企业形态根本性转变,以'鼎新'带动'革故',以增量带动存量,促进我国产业迈向全球价值链中高端。"② 我国制造业特别是高端制造业与发达国家还存在差距。特朗普上台后发起数次贸易以及科技战,利用关税及贸易禁令等手段对中国施压,其主要对象正是高端制造业及其产品,这对我国高技术产业的发展产生一定的负面影响,也在一定程度上凸显我国核心技术受制于人的窘境。习近平提出,核心技术靠化缘是要不来的,只有自力更生。因此,必须加大技术自主创新力度,攻坚克难,实现技术跃升。

因此,中国若想借由此次工业革命进行技术追赶,进而实现经济赶超,就要研究作为主导力量和主攻方向的智能制造,一是要研究和把握智能制造的本质特征,包括其内涵、产生动力、生产组织方式以及技术—经济范式等;二是要研究智能制造基础产业的发展现状;三是要研究全球主要国家智能制造发展的水平;四是要研究几个主要的工业化国家智能制造发展的典型

---

①② 习近平. 在中国科学院第十九次院士大会、中国工程院第十四次院士大会上的讲话 [N]. 人民日报, 2018 - 05 - 29 (002).

模式;五是要研究我国智能制造发展的现状、问题及创新路径。

三、研究意义

(一) 理论意义

智能制造是一种新的制造业生产组织方式,推动了产业经济学理论的创新。首先,从产业组织理论来看,随着产业革命的深入发展,智能制造企业会出现垂直阶梯和网络化趋势,企业组织形态将由大企业主导型和供应链主导型转向产业生态主导型,企业组织结构将进一步扁平化。而规模经济优势也将不再是企业最重要的竞争优势来源,地区产业生态、组织网络、产品定制化程度等构成了企业新的竞争优势。因此研究智能制造可以为产业组织理论开辟新的空间;① 其次,智能制造还体现了制造业和服务业的融合,即制造业的服务化,这开辟了产业结构理论的新空间。即产业结构不再是按照传统的第一、第二和第三产业的划分方式,而是第二和第三产业的适度融合。通过对制造业和服务业融合的机理进行研究,实现产业结构理论的再造;最后,从产业政策理论来看,对于中国这样的新兴工业化国家来说,发展智能制造要遵循何种路径和政策等问题都值得进行深入研究。

(二) 现实意义

1. 发展智能制造是我国应对国际挑战的必然选择

国际金融危机后,发达国家为了巩固制造业在技术、产业方面的领先优势,纷纷出台"再工业化"战略,加速推进形成新一轮全球贸易投资新格局。同时受劳动力成本上升等因素的影响,国内低附加值产品出口的价格优势弱化,低端制造业有向外部流失的趋势。一些发展中国家抓住机遇,积极承接产业及资本转移,参与全球产业再分工,拓展其国际市场空间。我国制造业正面临"双向挤压"的巨大挑战,为此,必须改变以往的发展思路和

---

① 王媛媛. 智能制造领域研究现状及未来趋势分析 [J]. 工业经济论坛, 2016 (5): 530 - 537.

方式，寻找新的发展空间。智能制造正在引发深刻的产业变革，形成新的产业形态、生产方式、商业模式和经济增长点，发展智能制造是应对当前国际挑战的良策。

2. 发展智能制造是我国提升竞争优势和破解"瓶颈"的关键举措

首先，我国制造业在中低端产品制造领域优势明显，部分企业已经走向国际化，具备全球竞争优势。实施智能制造可以提升产品附加值，优化产品设计和制造环节，不仅可以推进中低档产品向中高档转变，而且可以降低制造成本、提升产品质量，进一步扩大我国产品的全球竞争优势；其次，我国制造业所需的部分高端装备及核心零部件目前仍依赖进口，发展智能制造为涉及国民经济命脉和国防安全的重大装备及产品的自主创新提供了有力支撑，是摆脱高端装备及核心零部件进口依赖，从而实现自给自足的重要渠道；最后，我国制造业面临向绿色化转型的巨大压力，走资源能源节约型和环境友好型的新道路，迫切需要应用数字化、智能化技术和装备，推行智能制造将降低资源能源消耗、实现生产过程的绿色化，有助于从根本上解决资源能源和环境约束问题。

3. 发展智能制造是新常态下撬动经济增长的新支点

我国经济发展已经进入新常态，发展方式正从追求规模速度型转向追求质量效益型，发展动力正从要素驱动转向创新驱动。发展智能制造将增强对战略性新兴产业和现代服务业的支持，推动传统产业向中高端产业迈进，这是主动适应新常态、撬动经济增长的新举措。一方面，大力发展智能制造能实现对现有企业的数字化、智能化改造，在充分利用优质存量的同时大大提升质量效率，有助于从根本上转变经济发展方式；另一方面，发展智能制造可以培育新的经济增长点，形成潜力巨大的智能制造装备和服务产业。

4. 发展智能制造是提高产业和企业竞争力、建设制造强国的关键

经济全球化使制造业实现了资源全球化配置和产品全球化制造与销售，与此同时，它也将制造企业置于更加激烈的市场竞争中。大力发展智能制造可以实现设计和制造过程的智能化及制造工艺流程的优化，达到快速响应市场、提高质量和效益、降低消耗的目标；推动服务的敏捷化、远程化和智能化，可以大幅度增加服务在价值链中的比重，实现从低附加值的生产型制造向高附加值的服务型制造转变。在新形势下，制造企业要保持和提高国际竞

争力，就必须具备快速响应客户需求的能力，通过在产品的全生命周期中广泛应用智能制造技术，缩短企业研发周期，实现产品质量的精细化管控，快速响应市场。总之，推动智能制造的发展和应用，是应对国际挑战、提高产业和企业竞争力、建设制造强国的关键。

第二节 智能制造研究综述

一、国外相关研究

（一）2008年以前的智能制造研究

智能制造最初是作为一种制造技术而被学界提出的。20世纪60年代，市场对商品的需求开始向个性化、多样化发展，产品更新换代周期缩短，市场竞争日趋激烈。大批量、标准化、流水线式的刚性自动化生产线已经不能满足生产需求；到了70~80年代，随着计算机技术和自动化技术的发展，作为制造业母机的机床由机械式向数控机床转变，因此形成了可以生产多品种、中小批量产品的加工中心，因而被称为柔性生产（flexible manufacturing，FM）系统；伴随着计算机进一步在辅助设计、辅助制造、生产管理系统等领域广泛应用，计算机集成制造（computer integrated manufacturing，CIM）被提出。日本能率协会（Japan Management Association，JMA）在1991年的报告中将CIM定义为为了实现适应未来企业环境的经营战略，有必要优化销售市场的开发、生产、物流和服务的整体组合。CIM是一种新的生产系统，它以信息为媒介，利用计算机将各种业务及智能活动整合起来，进而追求整体效率的提升。[1] 欧洲共同体[2]还提出一个更权威的定义：CIM是信息加上生产技术的综合应用，企业所有的功能、信息、组织管理等等都

---

[1] 曾芬芳，景旭文. 智能制造概论 [M]. 北京：清华大学出版社，2001：10-11.
[2] 2009年废止，其地位和职权由欧洲联盟（以下简称"欧盟"）承接。

是集成的各个部分，旨在提高企业的生产力。① 由此可见，CIM 已经接近于后来提出的智能制造系统模式，即涉及企业活动的全生命周期，但此时尚停留在单个企业的集成。随着信息技术尤其是人工智能技术的进一步发展，智能制造逐渐进入学界、产业界以及政府的视野。

1988 年美国学者赖特（P. K. Wright）和伯恩（D. A. Bourne）出版了《智能制造》（Manufacturing Intelligence）一书，他们把智能制造定义为："集成了知识工程（knowledge engineering）、软件系统、机器人视觉和控制，以模拟制造技术人员的技能和专业知识，从而进行小批量生产，无须人工干预。"1989 年美国学者安德鲁·库夏克（Andrew Kusiak）出版了《智能制造系统》一书，成为第一本全面论述智能制造系统的教科书，其中也强调人工智能在智能制造领域的应用。库夏克于 1990 年创办了智能制造领域著名的学术期刊《智能制造杂志》（Journal of Intelligent Manufacturing）。

20 世纪 90 年代，美国、欧盟、日本等纷纷重视对智能制造的研究。美国将智能制造视为 21 世纪占领世界制造技术领先地位的基石。1991～1992 年度和 1992～1993 年度，美国"国家科学基金会"（National Science Foundation，NSF）着重资助了有关智能制造的诸项研究。卡内基梅隆大学设置了制造系统构造实验室，并长期从事智能制造研究。1989 年伯恩成功制作首台"智能制造工作站"（Intelligent Manufacturing Workstation）的样机，可以直接根据零件的定义自动处理数据，具有产品三维实体建模、创成式工艺设计、数控程序自动生成、智能监控等一系列功能，被认为是智能机器史上的一个重要里程碑。② 另外，美国工业界也积极投入智能制造的研究中，1993 年 4 月由美国机械工程师协会（American Society of Mechanical Engineers，ASME）主办的第 22 届可编程控制器（Programmable Logic Controller，PLC）国际会议召开，有二百多家厂商参加，会议讨论了智能制造（Intelligent Manufacturing，IM）、精益生产（Lean Production，LP）等议题。欧盟于 1994 年启动第四个研究和创新框架计划（The Fourth Framework Programme for Research and Innovation，FP4），其中重点强调了发展智能制造技术的

---

① 曾芬芳，景旭文. 智能制造概论［M］. 北京：清华大学出版社，2001：11.
② 曾芬芳，景旭文. 智能制造概论［M］. 北京：清华大学出版社，2001：14.

议题。

对智能制造颇为重视的还有日本,受制于劳动力资源短缺、制造业空洞化等因素影响,日本迫切需要开展对智能制造的研究。1990年,东京大学工程系主任吉川裕行(Iiroyuki Yoshikawa)提出智能制造系统(Intelligent Manufacturing System,IMS)国际合作计划。由欧洲共同体委员会、日本通产省、美国商务部协商成立IMS国际委员会,共投资1500亿日元,用于研究智能制造系统。1993~1994年,IMS在日本、美国、欧洲、加拿大和澳大利亚5个国家和地区开展了6个试点项目,有73家公司和60多所大学及研究机构参与试点。① 1995年IMS进入正式实施阶段,但后来影响力日渐减弱,2010年日本退出计划,仍在参与的国家和国际组织包括美国、瑞士、韩国、墨西哥和欧盟。2010年,组织方出台了《IMS2020——可持续制造、高能效制造和关键技术路线图》,列出智能制造的未来技术路线蓝图。

总之,20世纪90年代以后各国对智能制造进行了大量研究和尝试性实践,但智能制造的产业应用并没有取得实质性进展。一方面,原因在于信息通信技术的发展水平尚不足以影响和渗透到整个制造业的全生命周期中,制造业企业仍是以个体的、局部流程的自动化和智能化技术为主线,更遑论在企业之间以及跨国产业链间建立覆盖网络。另一方面,全球经济发展在经历了20世纪90年代由互联网带动的新经济繁荣后,进入一个相对下行的经济周期,各国对互联网和信息经济的热情消减。因此直至21世纪前10年,智能制造的研究和应用都处于相对沉寂的阶段。

(二)2008年以后的智能制造研究

2008年美国金融危机爆发,进而引发2009年全球性金融危机,这是全球经济发展的一个重要转折点。美国把只重视虚拟经济而忽视实体经济发展归结为此次金融危机爆发的深层次原因。因此,"重返制造业"(reshoring manufacturing)、"再工业化"(reindustrialization)和发展"先进制造业"(advanced manufacturing)成为美国经济走出危机并保持竞争力的重要手段。

---

① 汪逸丰. 日本"智能制造系统"国际合作计划及其创新体系概述[EB/OL]. 上海情报服务平台,http://www.istis.sh.cn/list/list.aspx?id=10073.

奥巴马政府出台了一系列振兴制造业的政策规划，包括《振兴美国制造业框架》（*A Framework for Revitalizing American Manufacturing*）、《确保美国先进制造业领导地位》（*Ensuring American Leadership in Advanced Manufacturing*）、《先进制造业国家战略计划》（*A National Strategic Plan for Advanced Manufacturing*）、《振兴美国制造业和创新法案（2014）》（*Revitalize American Manufacturing and Innovation Act of* 2014）等，助推美国发展以智能制造为首的先进制造业。除美国外，欧洲也受到金融危机的严重冲击，2009年底爆发的主权债务危机，影响迅速波及欧元区主要国家，欧洲经济受到重创，因此欧洲各国纷纷寻找走出危机的办法，回归制造业和再工业化同样成为欧洲国家的选择。2010年3月欧盟发布了《欧洲2020：实现智能、可持续和全面的增长战略》（*EUROPE* 2020：*A European Strategy for Smart，Sustainable and Inclusive Growth*），制定了"全球化时代的一体化工业政策"（*Integrated Industrial Policy for the Globalisation Era*）这一工业化报告。2012年10月欧盟又出台《强大的欧洲工业有利于增长和经济复苏》（*A Stronger European Industry for Growth and Economic Recover*）的报告，聚焦增强工业竞争力来支持经济复苏，并促使向低碳和资源节约型经济转型。

2010年以后，各种酝酿已久的先进技术呈集中式爆发之势，人工智能、3D打印、5G网络、物联网、云计算、大数据等，似乎在一夜之间进入大众眼帘，新一轮工业革命已经到来。此后智能制造的研究与第三次或第四次工业革命（industrial revolution）、工业互联网（industrial internet）、"工业4.0"（industrial 4.0）等概念相伴而生。智能制造作为制造业的高端生产模式，其研究不再仅限于单纯的技术范畴，而是被视为新工业革命最本质和核心的内容，成为引领新一轮工业革命方向的、带有变革经济发展范式意义的问题。

1. 对于新工业革命本质及特征的研究

一种普遍的观点认为，新工业革命是以"信息物理系统"（cyber-physical system, CPS）或工业互联网为基础的制造业的智能化革命，即智能制造是新工业革命的本质和核心。2012年，美国通用电气公司（General Electric Company, GE）在报告《工业互联网：突破智慧和机器的界限——GE工业互联网白皮书》（*Industrial Internet：Pushing the Boundaries of Minds and Machines*）中将过去的200年分成三个创新浪潮：第一次浪潮是从18世纪中叶至20世纪初的工业革命,是机器和工厂驱动的规模和范围经济;第二次浪潮是20世纪50年代~20世纪末的互联网革命,是计算能力和分布式信息网络的崛起;第三次浪潮是始于21世纪初的工业互联网,是基于物理的、深域专业知识、自动化和可预见性的分析。GE将工业互联网定义为,由工业革命成就的先进机器及物理网络与当今互联网革命带来的智能化设备、网络以及决策的融合,可见其本质就是智能制造的生产模式。德国"工业4.0"工作小组(Industrie 4.0 Working Group)在2013年4月发表报告《保障德国制造业的未来:关于实施工业4.0战略举措的建议》(Securing the Future of German Manufacturing Industry: Recommendations for Implementing the Strategic Initiative Industrie 4.0),将工业革命分成四个阶段,即第一次工业革命是18世纪末以机械设备为动力的;第二次工业革命是20世纪初采用电力驱动的;第三次工业革命则是20世纪70年代以电子信息技术驱动的;21世纪以来,将物联网和服务应用到制造业,从而引发第四次工业革命。

菲利普·吉尔伯特等(Philipp Gerbert et al., 2015)指出,"工业4.0"是以云计算、增材制造、显示增强技术、大数据分析、自动机器人、模拟技术、水平和垂直系统整合、工业物联网、网络安全这9项数字化工业技术为基础的变革。在此次工业转型中,传感器、机器和IT系统将跨越单一企业而在整个价值链上实现融合。阿拉斯代尔·吉尔克里斯特(Alasdair Gilchrist, 2016)认为"工业4.0"有四个显著特征:智能生产系统的纵向集成、全球价值链网络的横向整合、涉及产品全生命周期的管理以及制造业加速。"工业4.0"带来的影响极为广泛,尤其对中小企业来说,能够增强商业竞争力和生产率、增加收益和就业机遇、优化制造流程、提供更好的客户服务等。贝亚特·穆鲁加尔斯卡等(Beata Mrugalska et al., 2017)认为"工业4.0"主要包括三种范式,即智能产品、智能机器和扩展操作。智能产品主要是由工件在系统中的被动角色转变成为主动灵活的部分;智能机器则将传统的等级制生产转变为一个分散的自组织系统,这是由CPS实现的;基于知识的自动化扩展操作成为生产系统中最灵活和最具适应性的部分。此外,"工业4.0"具有巨大的潜力和优点,包括基于客户的专业化解决方案,即使生产产量非常低也能够盈利;根据业务流程的动态结构增加竞争力和灵活性,适应需求变化或价值链的断裂;制定基于端到端的、实时可见的优化决策；增强资源的生产率和效率；价值机遇，包括创新服务、新的就业形式、中小企业和创业企业发展 B2B 的机会；为产业工人提供灵活和多样化的职业道路，以及工作和生活的平衡。伊萨克·卡拉贝戈维奇和埃尔明·胡撒克（Isak Karabegović & Ermin Husak，2018）指出，第四次工业革命正在进行中，它的标志就是智能制造或先进制造。数字技术使得生产系统的设计、生产、运行和维护发生了快速变化。在生产过程中，机器之间、生产系统和操作系统之间、供应商和分销商之间都通过网络系统实现互联。我们进入了智能制造生产过程中，全球竞争将加剧。

2. 对新工业革命及智能制造的影响及发展趋势研究

菲利普·吉尔伯特等认为"工业 4.0"能给国家带来生产率、收入、就业和投资的增长，使企业生产流程和生产系统转型，将影响制造型企业的整个价值链，大大提升制造流程的柔性化、速度、效率和质量，并快速满足客户需求，还将催生新的商业模式，使大规模定制成为可能。玛丽亚·马克萨等（Maria Marquesa et al.，2017）认为制造业数字化革命将增加企业的竞争力，使企业更好适应市场的转变，减少风险和错误，提升员工竞争力，并积极利用智能传感器及 3D 打印等目前正在发展的技术。但同时其在信息安全、隐私、就业等方面可能带来负面影响。最早出版《智能制造系统》一书并创办《智能制造杂志》的美国学者库夏克（A. Kusiak，2018）在最新的研究中对智能制造的未来特征进行了预测：一是制造业数字化，即制造将越来越依赖于数据；二是智能制造越来越依赖于建模、优化和模拟；三是同时开发新材料、新工艺和新产品的实例将会增加；四是实体资产与网络空间的垂直可分性；五是企业的两极化，即可能会出现两种极端智能的企业模型，一种是物理资产和物流紧密相连，另一种是两层垂直可分离；六是大规模水平连接和互操作性；七是资源共享，跨产业链共享制造和运输资源将成为常态；八是设备监控、诊断与维修的自动化，设备故障的诊断与预测将成为智能制造领域的常规工作；九是标准的协作开发可能会自然出现，以满足企业集成和互联的新需求；十是网络安全问题仍将是一个需要持续解决的挑战。库夏克还提出提高制造业转型效率的一个可行办法，即创建一个涉及关键行业的开放开发平台，包括数据驱动模型的开发。首先，开放平台将以不同的规模实现，即需要在不同的规模上进行建模，以便将大大小小的企业吸引到一个共同的协作体系中,确保中小企业与大企业同台竞技是至关重要的。其次,与任何合作企业一样,必须克服信任和信息披露的问题,在规模较小的平台上增进了解信任是解决信息和知识共享的第一步。最后,库夏克认为,智能制造与制造车间的自动化不是一回事,自动化工厂早在几十年前就被设想和演示过了,毫无疑问一些智能工厂将高度自动化。但智能制造是关于自主、进化、模拟和优化制造的过程,模拟和优化的范围将取决于数据和工具的可用性。制造企业的智能水平将取决于实体企业在网络空间中的反映程度。

总之,国外有关智能制造的研究主要集中在对新工业革命本质及特征、智能制造的影响及发展趋势两个方面,缺乏对智能制造生产组织模式的详细分析,总体上研究偏重于技术层面的探讨。

二、国内相关研究

除了早期的纯技术研究外,国内有关智能制造的研究与新工业革命的研究相伴相生,智能制造成为新工业革命的核心和本质,智能制造的研究开始上升到经济范式、发展模式、产业政策及国别比较等层面。

1988年国家自然科学基金委员会首次提出"智能制造"的研究问题,并于1993年设立重大项目"智能制造系统关键技术",之后有关智能制造的研究一直在进行,但深入的研究还未展开。2010年,《国务院关于加快培育和发展战略性新兴产业的决定》中第一次将"智能制造及装备"列入重点发展领域。再之后,智能制造技术的发展被列为"十二五"规划以及国家中长期发展规划中优先发展和重点支持的领域,并制定了《智能制造装备产业"十二五"发展规划》和《智能制造科技发展"十二五"专项规划》。中国机械工程学会于2011年出版《中国机械工程技术路线图》,指出智能制造是研究制造活动中的信息感知与分析、知识表达与学习、智能决策与执行的一门综合交叉技术,是实现知识属性和功能的必然手段。[①] 2015

---

① 王媛媛. 智能制造领域研究现状及未来趋势分析 [J]. 工业经济论坛,2016 (5):530 - 537.

年，国务院正式发布《中国制造2025》，在"战略任务和重点"一节中指出，加快推动新一代信息技术与制造技术融合发展，把智能制造作为两化深度融合的主攻方向；着力发展智能装备和智能产品，推进生产过程智能化，培育新型生产方式，全面提升企业研发、生产、管理和服务的智能化水平。伴随着国外有关新工业革命研究的兴起，以及各国政府出台先进制造业发展政策，2012年后国内有关新工业革命和智能制造的研究随之兴起，并迅速成为热点问题。

（一）对新工业革命本质的研究

尽管学界对新工业革命次第的界定还存在争议，有的认为当前发生的是第三次工业革命，有的认为是第四次工业革命或"工业4.0"，但对于新工业革命的本质，大部分学者认为是制造业的信息化（数字化）、智能化革命。

中国社会科学院工业经济研究所课题组（2012）认为第三次工业革命本质是制造业的"数字化"革命，"大规模定制"的生产方式将成为主流。生产制造快速成型（3D打印），新材料复合化、纳米化，以及生产系统的数字化、智能化是第三次工业革命的技术基础。生产方式将由大规模生产转向大规模定制、刚性生产系统转向可重构制造系统、工厂化生产转向社会化生产；产业组织方式表现为，模糊化的产业边界、网络化的产业组织、虚拟化的产业集群等；产业竞争优势方面，客户需求的快速响应成为竞争焦点，知识型员工成为核心竞争资源，设计制造的区域分工转向一体化，以及知识产权保护成为产业生态良性发展的必要条件。

黄群慧（2013）认为第三次工业革命是由于数字制造、人工智能等技术的成熟以及成本的下降，以智能制造为代表的先进制造技术改变了现有的制造范式，新范式的核心特征是数字化、智能化和个性化，其产生和发展是靠技术进步和国家政策规划双重驱动和协同推进的。其技术特点是：一体化的生产控制系统、智能化的制造过程、微型化的制造系统、全生命周期产品的制造能力以及友好的人机关系。智能制造将从根本上解决在传统制造系统中存在的诸如新产品开发周期、生产效率、成本、产品质量和个性化需求等之间的矛盾和冲突，并实现生产和制造业的全面优化，大幅提高操作效率，是深刻的技术经济范式的变革。黄群慧（2016）指出，从广义上理解，智能制造就是基于大数据、物联网等新一代信息技术与制造技术的集成，能自主性、动态地适应制造环境变化，实现从产品设计、制造到回收再利用的全生命周期的高效化、优质化、绿色化、网络化、个性化等优化目标的制造模式，包括智能产品、生产、服务和回收等广泛内容。智能制造是新经济的重要组成部分，新经济的增长离不开智能制造的支撑。未来要突出战略引导、强化创新驱动、完善制度环境，进而推动智能制造及新经济的发展。此外，黄群慧（2017）所提出的"新经济"——世界范围新一轮科技和产业革命所驱动的经济活动和经济形态，其本质仍是制造业与新一代信息技术的融合，形成以智能制造为先导，第一、二、三产业逐步融合的产业体系特征。

吕铁和邓洲（2013）将"第三次工业革命"定义为新兴技术的广泛应用并推动制造业的智能化变革。它呈现出制造技术的集成化、智能化、小型化、全周期以及友好的人机关系等特点，最终促进工业生产方式的高度灵活及可重构。产业组织方面，第三次工业革命下，企业内部组织结构更加扁平化，产业组织结构将由以大型企业为主体的平面结构向生态三维结构转变。贾根良（2014）明确地指出，第三次工业革命的严格概念应该包括两种技术革命：信息通信技术革命以及可再生能源革命。包括20世纪最后30年信息通信技术（information and communications technologies, ICT）革命浪潮的引导期，21世纪以来ICT革命浪潮的开端期和可再生能源革命的整个时期。这其中，计算机及其在信息通信和智能技术中的衍生革命，而不是可再生能源的革命，是第三次工业革命的标志。然而，可再生能源革命是信息革命顺利发展的基础。只有通过可再生能源革命，信息革命才能从根本上解决能源枯竭和严重的生态危机问题。①

周济（2015）指出智能制造是新一轮工业革命的核心动力和中国制造2025的主攻方向。智能制造是一个大系统工程，其中智能产品是主体，智能生产是主线，以用户为中心的产业模式变革是主题，以信息物理系统和工业互联网为基础。黄先海和诸竹君（2015）认为，新产业革命的本质在于

---

① 王嫒嫒. 智能制造领域研究现状及未来趋势分析［J］. 工业经济论坛，2016（5）：530-537.

工业化和信息化高度融合，主旨是制造模式的革新、产业形态的创新以及生产组织方式的重构。基本特征包括：其不是爆发式而是渐进式、渗透性的；新兴国家面临产业发展机遇，有望缩小与发达国家的技术差距；规模化和集中化的产业链转向网络化、智能化发展。新产业革命的未来趋势是，智能制造将会成为制造业未来发展方向；新一代信息技术将成为重要组成部分；新能源、新材料技术将会取得重大突破。黄阳华（2016）运用康德拉季耶夫长波理论分析了历次工业革命的生产组织方式变革，认为新一轮产业变革是第六次技术经济范式（即第六次康德拉季耶夫长波）的导入期，在这一阶段，数据要素成为核心投入，以新一代互联网技术为支撑的通信基础设施的重要性超过交通基础设施，以数据和新一代互联网技术驱动的制造业智能化将引领国民体系的智能化，最终大规模定制化和社会化制造等新的生产组织方式将兴起。李曼（2017）认为，在云计算和物联网技术推动下，第四次工业革命的主导型成果就是大规模定制化智能制造。在智能制造模式下，要求经济发展观念有所转变，即由大规模批量生产向大规模个性化定制生产观念转变；由"1到n"的竞争主导观念向"0到1"的协同创新观念转变；由等级、服从观念向平等、自主、多元化观念转变；由纵向供应链观念向纵合横联供应链观念转变。由此，企业的发展战略也要随之调整，即将差异化战略逐渐提升到首要地位，将创新作为自身发展的根本动力，加速向新型组织模式、生产模式和商业模式转变，从谋求供应链环节优势向谋求供应链整合优势转变，以及加速"互联网+"的进程。

（二）对各国应对新工业革命及智能制造的政策比较和借鉴研究

除了对新工业革命及其本质的研究外，关于各国应对新工业革命的政策比较与借鉴的研究也不在少数。尤以对美国的"再工业化"战略、德国的"工业4.0"战略以及"中国制造2025"的分析和比较为多。

蔡春林和姚远（2012）分析了美国推进第三次工业革命的具体策略及对中国的借鉴，指出美国鼓励制造业回归本土，采用先进技术重获制造业竞争优势，通过实施国家创新战略培养新一代科技力量。为此我国要增强推动第三次工业革命的紧迫感，并制定发展规划，投资第三次工业革命所需的技术基础设施，采取激励措施进行智能化改造，以及融入国际技术变革主流，协同发展、共同创新。黄阳华（2013）分析了美国推行"再工业化"战略措施，包括建立创新的政府组织和管理体系以适应先进制造技术和先进制造业的发展，通过管制、税收和贸易政策的配合提高本国发展制造业的吸引力，完善基础设施，大幅提高研发支出以及稳固人才渠道，形成与先进制造业相匹配的人才结构。认为第三次工业革命是推进美国再工业化的重要途径，也是复兴其制造业的重要手段。

丁纯和李君扬（2014）介绍了德国"工业 4.0"的内容、实施动因及优势。德国"工业 4.0"规划包括"一个核心"（CPS），"两重战略"（领先的供应商战略、领先的市场战略），"三大集成"（智能生产的纵向集成、产品全生命周期的数字化集成、全社会价值网络实现视角的制造业横向集成），"八项举措"（实现标准化技术及开放标准的参考体系、建立复杂系统管理模式、提供全面的工业宽带基础设施、建立安全机制、创新工作组织设计、注重持续的职业发展和培训、完善规章制度、提高资源效率）。德国实施"工业 4.0"的动因在于，面临短期内出口下滑、中期内产业升级压力、长期面对发达和新兴经济体双重竞争压力等一系列外部挑战，同时还面临自身劳动力成本上升、创新能力有待加强、制造业比重有所下降等隐忧。展望未来，德国"工业 4.0"的前景值得期待，优势在于德国历史上有多次直面技术进步的挑战并成功完成转型的经验，德国发达的实体经济为推进"工业 4.0"提供动力及基础，此外德国良好的教育体制与发达的科研能力是"工业 4.0"成功的保证。黄阳华（2015）指出德国实施"工业 4.0"的目的在于以产业升级维持"高工资就业"经济，智能化是"工业 4.0"的"灵魂"，即以制造业智能化引领智能社会，包括工业的智能化水平将达到全新的高度，以嵌入式制造系统推动全社会的智能化，以及为部署和推广CPS系统，建议实施"领先供应商战略"和"领先市场战略"。最后论述德国"工业 4.0"战略给中国的启示，即以产业创新驱动解决发展中的问题，走基于智能制造和新一代互联网技术为核心的工业和信息化融合的新型工业化道路，完善中小企业公共服务体系，促进其创新能力提升，重视企业管理能力提升。

胡晶（2014）从时间、战略属性、目标要素、应用领域、趋势愿景五个方面对美国的工业互联网、德国"工业 4.0"和中国"两化融合"进行了比较，认为三者的本质和指向都是工业和信息生产力的融合，使人、机器和信息三要素在一个平台组合，形成新的生产力，带来工业革命新发展。杨帅（2015）比较了"工业4.0"和工业互联网的异同点，认为信息物理系统是二者相同的模式内核，目标都是走向智能制造模式，标准和安全是突出强调的基础，以及企业是推广应用的关键主体。但德国"工业4.0"强调生产制造过程的智能化，美国工业互联网则更强调提高生产率。李金华（2015）比较了德国"工业4.0"战略与"中国制造2025"，认为二者在背景、发展框架、发展的优先领域以及行动目标、路径等方面不同。在借鉴"工业4.0"战略基础上，中国应制定与"中国制造2025"相配套且更加具体的行动细则；要面向未来制造业生产模式，构建企业职工培训和再教育的机制；要引导构建制造企业联盟、搭建信息平台、对接全球市场；要建立适应先进制造的基础设施体系。王莉（2017）比较了德国"工业4.0"战略和"中国制造2025"的异同点，认为两国都把智能制造作为主攻方向，但在发展阶段上德国已经成功越过了工业2.0和3.0阶段，且正向4.0阶段迈进，而中国正处于工业2.0和3.0并行发展阶段，德国"工业4.0"发展经验对"中国制造2025"的创新具有重要的借鉴意义和驱动作用。

另外，还有少量文献介绍日本应对新工业革命的举措，方晓霞等（2015）认为日本应对"工业4.0"的创新能力是以技术内生化重塑竞争优势，以"机器人革命"为突破口，利用大数据、人工智能和物联网对日本制造业的生产、流通、销售等领域进行重构，实现产业结构变革。在产业政策体系方面，一是构建数据驱动型社会；二是出台事无巨细的中小企业政策，激活"工业4.0"微观主体；三是培育"工业4.0"时代的知识型技工；四是深化产学官联动的创新机制；五是鼓励企业主导制定与国际接轨的行业标准。陈友骏（2018）指出日本基于第四次工业革命的新理念，希望利用人工智能、大数据、物联网等新技术，构建以汽车、健康医疗等产业为代表的新产业体系，进而带动日本整体经济结构转型升级。

(三) 对我国推动智能制造发展的产业政策研究

一些学者和研究机构从产业推动的视角对我国智能制造的发展政策进行探讨。左世全 (2014) 认为,智能制造是制造技术与数字、智能和网络化技术的集成,在设计、生产、管理和服务的生命周期中,实施感知、分析、推理、决策与控制等活动,动态响应产品需求,开发新产品和实时优化生产和供应链网络。一般来说,它可以分为四个关键环节:智能设计、智能生产、智能管理和智能制造服务。我国的智能制造已经取得了一些基础研究成果和技术,并初步形成了智能制造装备产业体系,国家的扶持力度不断加大。但仍存在制约智能制造发展的突出问题,包括基础理论研究和技术落后、缺乏中长期发展战略规划、高端制造装备对外部的依赖较高以及重硬件轻软件现象突出等。因此,应围绕关键基础共性技术、智能核心测控装置、重大智能制造成套装备、基础工业软件、重点应用示范等领域,推动我国智能制造的发展。德勤 (2014) 对中国智能制造行业的调研发现,中国智能制造发展前景广阔,但需求释放仍需时日。表现在现阶段制造业的产业结构抑制了智能制造的需求,长期以来低廉的人力成本导致企业使用智能化设备的动力不足,整体智能应用体系缺乏战略思维和规划,企业配套能力不足,自主研发能力不足与高素质人才短缺制约智能制造整体发展,以及政策支持力度与企业需求之间存在落差。吕铁和韩娜 (2015) 指出,智能制造已经成为各主要发达国家制造业发展的重点以及先进制造业发展的制高点;此外智能制造发展还存在诸多困难,如关键零部件技术落后、软件系统发展滞后、受到跨国公司挤压等。为此,应当加强基础系统软件的开发,同时制定智能制造相关标准,加强关键技术攻关、大力培养技术工人、完善配套政策、鼓励技术创新等。[①] 陆峰 (2017) 分析了我国智能制造发展现状,认为我国智能制造在区域、行业和企业发展水平上仍存在较大差异,制造环节智能化还存在短板。智能制造发展的难点在于,制造业数字化尚处在起步阶段,核心技术空心化、工业大数据采集和挖掘服务不健全、产品网络互联和

---

① 王媛媛,宗伟. 第三次工业革命背景下推进我国智能制造业发展问题研究 [J]. 亚太经济,2016 (5).

信息共享难以有效实现、智能制造国内产业生态圈尚未形成以及智能制造对商业模式变革作用尚未有效发挥。因此要加快关键技术攻关和产业化、大力发展和推广国产工业软件、推进工业大数据采集和挖掘服务、建立健全智能制造的标准体系、培育智能制造新模式新业态。周济（2018）根据信息技术和制造业不同阶段的融合特征，将智能制造分成三个阶段的范式，即数字制造、数字网络制造以及智能化制造。智能制造在发达国家是"串联式"发展，即按照这三个范式顺序发展，而我国大多数企业尚未完成数字化转型。因此今后一个阶段的发展重点是大规模应用数字化网络化制造，同时采取"并联式"的发展方式，并行推进这三种制造范式的发展，引领制造业智能化转型。并且要强调"五个坚持"，即坚持创新引领、因企制宜、产业升级、生态良好、开放与协同创新。王毅（2018）通过对我国15家智能制造企业的调研，将我国企业智能制造核心技术能力分为智能产品、智能工艺、智能应用和智能用户四种，借此提出我国企业智能制造核心技术能力培育的重点措施，包括关注客户价值创造能力、正向研发能力、信息技术整合能力和生态系统主导能力四个方面。李廉水等（2018）梳理了世界和中国制造业智能化发展历程，从企业、产业和宏观三个层面分析中国制造业智能化的特征，并对中国制造业智能化发展趋势进行展望，即掌握核心技术并推动智能制造、大规模个性化定制成为主要生产方式，形成不断完善的智能制造标准体系，进而形成智能制造生态系统和新型制造系统，成为世界智能制造发展的重要领导者。

总之，国内关于智能制造的研究主要包括对新工业革命本质、各国应对新工业革命和智能制造发展的政策比较、我国推动智能制造发展的产业政策等几个方面。国内的研究虽受到国外相关研究的启发，但相对于国外偏重于技术层面的探讨，国内的研究重点放在产业及生产组织方式的层面。

三、文献评述

从国内外对智能制造的研究看，都是围绕智能制造作为新工业革命的本质特征而展开，无论是工业互联网、"工业4.0"，还是新工业革命，其所体现的正是新一代信息通信技术对制造业渗透融合而产生的制造业智能化革命。国内外的研究主要集中在对新工业革命的本质、智能制造生产组织模式特征、影响、发展趋势等方面。但国外的研究偏重于技术层面的讨论，而国内的研究重点则放在产业政策层面。

鉴于新工业革命蓄势待发，智能制造发展方兴未艾，目前国内外对智能制造的研究尚不够深入，缺乏从经济学视角对智能制造产生以及发展演化的机理进行深入剖析，缺乏对智能制造发展能力水平的实证分析，缺乏对智能制造先行发展的几个国家具体的应对战略和产业政策的深入比较分析，缺乏对我国智能制造发展路径的深入分析。因此，本书的研究正是基于这些尚未深入研究的领域而展开。

第三节 研究内容、思路及方法

一、研究内容

本书以马克思等相关理论为基础，分析智能制造发展演化的机理，并对G20国家和中国制造业智能化发展水平，以及美国、德国、日本智能制造发展的模式进行分析和比较，最后对中国智能制造发展的现状进行分析，从而得出发展路径和对策。具体研究的内容如下：

一是对智能制造发展研究的相关理论基础进行梳理。重点梳理了马克思的技术进步和机器大工业生产理论、资本有机构成理论，以及西方经济学中的熊彼特创新和经济周期理论、弗里曼工业创新和演化经济学理论、佩蕾丝的技术—经济范式理论等。

二是对智能制造发展演化的机理及技术—经济范式进行分析。主要包括智能制造的内涵界定、产生的动力、生产组织模式以及技术—经济范式等内容。

三是对当前全球智能制造关键基础性产业的发展态势进行比较分析。从技术、生产、市场、投资等几个方面，对全球及各主要国家的集成电路芯片、传感器、高档数控机床、工业机器人以及软件和信息服务这五个产业的发展情况进行分析和比较。

四是对 G20 国家及中国的智能制造发展水平进行实证分析。首先，提出智能制造发展水平的分析思路，对智能化产业和制造业进行产业界定；其次，以投入产出分析方法为基础，推导出制造业智能化指数的计算方法，并界定相关的国家和数据；最后，根据分析方法具体计算出结果，并对 G20 国家以及中国的总体及分行业智能制造水平进行比较分析。

五是对智能制造发展的典型国家，美国、德国和日本的国家创新体系、创新政策以及智能制造发展模式进行分析和比较，并总结出这三个国家智能制造发展模式的异同点和启示。

六是对中国智能制造发展的情况以及存在的问题进行分析。从顶层设计，智能制造标准体系建设，产业、企业、各个地方发展等角度进行详细分析，而后指出包括发展基础、创新能力、企业引领、政策规划及教育等方面的问题。

七是提出推动中国智能制造发展的创新路径和对策。包括对发展的目标、主导力量、涵盖领域以及重点环节和思路等创新路径的界定，并提出具体的实施对策。

八是总结出全书的结论及有待进一步研究的问题。

二、研究思路

沿着"理论分析—国际比较—中国抉择"三个大的逻辑层次展开研究，具体的研究思路和技术路线如图 1-1 所示。

三、研究方法

本书主要采取以下研究方法：

（一）系统分析法

将智能制造当作一个研究系统，对其内涵、产生的机理、生产组织模式及技术—经济范式等进行系统分析，全面把握智能制造的发展演化规律。

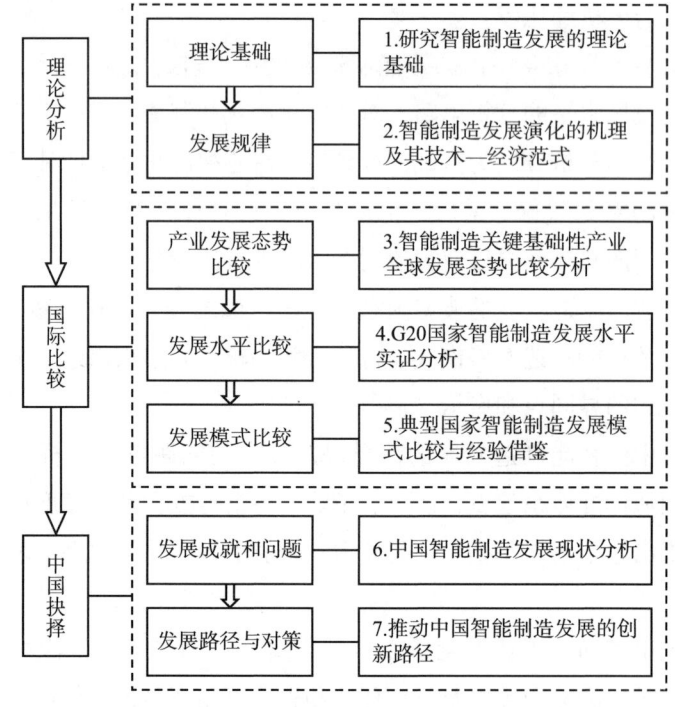

图1-1 本书研究思路及技术路线

（二）实证分析法

运用投入产出分析方法对G20国家以及中国智能制造发展水平进行实证分析，科学地评估其制造业智能化发展的能力，并将G20国家分为三个梯队进行比较，对他们智能制造发展的基础和水平，以及智能制造发展的政策进行分析。另外，还对第一梯队国家分行业的智能制造水平进行比较，进而得到几个国家制造分行业的智能化发展情况。

（三）比较分析法

首先，对全球以及主要国家和地区智能制造关键基础性产业的发展态势进行比较分析；其次，运用投入产出分析法实证分析了G20国家的智能制造发展水平，并在各个国家之间进行比较分析，窥见各国智能制造发展的能力水平；最后，对智能制造发展的典型国家——美国、德国、日本的国家创新体系及智能制造发展的政策模式进行分析和比较，并得出政策启示。

（四）典型剖析法

从世界智能制造发展的经验来看，目前美国、德国、日本等发达国家都已经制定了一系列推动智能制造发展的政策，而且他们在自动化及智能化发展方面有坚实的基础和丰富的经验。因此，把他们作为典型案例进行分析，可以为我国智能制造发展提供经验借鉴，从而明确努力的方向。

（五）实地调查法

在研究我国智能制造的发展现状及问题时，走访了相关的政府部门、行业协会、企业以及院校等，进行实地采访和搜集相关的资料。从中了解到我国智能制造在政策规划、具体实施以及人才教育等方面的实际情况，为本书撰写提供依据。

第四节 主要创新点

本书以智能制造作为研究对象，在梳理国内外有关智能制造研究现状基础上，通过充分的理论挖掘和现实考察，将研究重点放在智能制造发展演化的机理及其技术—经济范式，智能制造关键基础性产业发展概况，G20国家智能制造发展实证分析，美国、德国、日本智能制造发展政策比较，以及我国智能制造发展的现状、问题和路径等若干论题上。可能的创新点主要包括以下四个方面：

一是从经济学视角深入剖析智能制造的内涵、产生的动力、生产组织模式创新及技术—经济范式等内容，深刻把握智能制造发展演化的规律和本质特征。

二是基于智能制造的内涵特征，运用投入产出分析方法及直接消耗系数，构建"制造业智能化指数"来衡量和表征智能制造的发展水平，进而对G20各个国家总体以及分行业智能制造发展水平进行比较分析，从而进一步对中国智能制造发展水平进行分析。

三是以国家创新体系为切入点，分析美国、德国和日本这三个典型国家智能制造赖以发展的创新体系和创新政策演变规律，把握这三个国家应对新工业革命及智能制造的创新政策，并深入比较其智能制造发展模式的异同点，提炼对我国智能制造发展有借鉴意义的经验。

四是从发展目标、创新主导力量、涵盖领域、重点环节和思路等方面，提出推进我国智能制造发展的创新路径。

第二章 研究智能制造发展的理论基础

智能制造作为一种先进制造模式,本质上代表着一种技术进步及对旧有的制造模式的创造性替代,其对经济发展的影响是广泛和深入的,足以推动一场新的工业革命,引起整个经济发展范式的转变。本章通过分析马克思关于技术进步和资本有机构成理论、熊彼特经济周期理论及新熊彼特学派技术进步和技术—经济范式理论等来理解智能制造发生发展的本质及深远影响。

第一节 马克思技术进步理论及资本有机构成理论

关于技术进步、劳动生产率的提高、资本有机构成的提高、利润率下降趋势及资本主义经济危机等理论,马克思先后在《政治经济学批判(1857—1858年手稿)》《政治经济学批判(1861—1863年手稿)》《资本论》等著作中有过集中阐述,为从宏观视角理解制造业技术进步及其影响奠定了坚实的理论基础。孟捷、杨志曾评价《资本论》是一部关于"技术创新"的政治经济学,书中诸如相对剩余价值理论、产业后备军理论、利润率下降理论等,都是建立在技术创新基础之上,马克思还深入分析了技术创新带来的经济后果。[①]

---

① 孟捷,杨志. 技术创新与政治经济学的研究对象[J]. 政治经济学评论,2004(2):197-218.

一、技术进步和机器大工业生产理论

在《政治经济学批判（1857—1858年手稿）》的后半部分，以及"资本章"的第二篇"资本的流通过程"，马克思分析了固定资本和社会生产力的发展，对固定资本和流动资本范畴做出科学规定，指出提高劳动生产力和最大限度否定必要劳动是资本的必然趋势，而"自动的机器体系"是资本主义劳动资料（固定资本）的"最适当的形式"。[1] 另外，马克思指出，随着机器大工业的发展，财富的创造较少地取决于劳动时间和已耗费的劳动量，较多地取决于在劳动时间内所运用的作用物的力量，而作用物的巨大效率取决于科学的一般水平和技术进步，或者说取决于这种科学在生产上的应用。[2] 马克思还指出，拥有巨大生产效率的机器体系，是人的劳动的产物，是在自然界实现人的意志的器官。固定资本的发展表明，一般社会知识，已经在多么大的程度上变成了直接的生产力。[3] 同时，马克思批判了所谓固定资本生产价值或增加产品的价值，称只是"由于固定资本通过提高劳动的生产力，使劳动能在较短的时间内创造出更大量的维持活劳动能力所必需的产品，从而提高剩余劳动对必要劳动的比例。"[4] 马克思从机器大生产的发展中展望了人类社会美好的未来。在资本主义社会以后的更高级的未来社会中，机器体系的发展和科学技术的进步所发挥出来的巨大生产力，将不再为少数人的利益服务，而是被用来造福全社会。它将成为节约劳动时间的强有力的手段，使全体社会成员能够腾出更多自由时间，得以扩大知识和视野，继承和发展世界文化的一切积极成果，使自己得到全面发展，从而在生产中发挥更大的作用。[5]

在《政治经济学批判（1861—1863年手稿）》第一部分第三章"资本一般"的"机器。自然力和科学的应用（蒸汽、电、机械的和化学的因素）"中，马克思论述了资本主义应用机器的前提和后果，指出使用机器的

---

[1] 马克思恩格斯全集：第31卷[M]. 北京：人民出版社，1998：92-93.
[2] 马克思恩格斯全集：第31卷[M]. 北京：人民出版社，1998：100.
[3] 马克思恩格斯全集：第31卷[M]. 北京：人民出版社，1998：102.
[4] 马克思恩格斯全集：第31卷[M]. 北京：人民出版社，1998：96.
[5] 马克思恩格斯全集：第31卷[M]. 北京：人民出版社，1998：107-108.

目的是缩短有酬劳动而延长剩余劳动时间。马克思还指出，资本通过使用机器而产生的剩余价值，无论是绝对剩余价值还是相对剩余价值，并非来源于机器所替代的劳动能力，而是来源于机器使用的劳动能力。机器的资本主义应用要具备两个条件，第一个条件就是大批生产，第二个条件是机器加进单个商品的价值部分比包含在同一商品中的劳动和原材料的价值部分小。[①] 马克思还从七个方面论述了机器应用的动机和后果[②]：第一，机器的应用一方面使仍受旧生产方式支配的工人的必要劳动时间和总工作日延长，另一方面却使采用新机器的工厂中的必要劳动时间相对缩短了；第二，一旦机器作为资本的形式成为同工人对立的独立的权力，绝对劳动时间即总工作日延长了；第三，一旦机器的应用缩短了生产同一商品的劳动时间，就会使这个商品的价值减少，使劳动效率更高；第四，机器体系代替简单协作；第五，为了抵制罢工和抵制提高工资的要求而发明和应用机器；第六，工人要求享有因采用机器而使自己的劳动生产率提高的一部分果实；第七，劳动的更大的连续性、废料的利用等，如果借助机器能够提供更多的原料，在最后阶段就可以制造出更多的产品。

马克思在《资本论》第一卷中进一步深化了关于机器大工业生产以及技术进步的本质和影响的分析。马克思把资本主义生产方式依次分为简单协作、工场手工业分工和机器大工业三种。其中机器大工业是资本主义生产方式的成熟形式。马克思一开始就明确指出机器是生产剩余价值的手段。相对于简单协作和工厂手工业分工，机器大工业不仅在量上增加了相对剩余价值的生产，更是在质上改变了相对剩余价值生产的技术基础。由于机器和大工业的出现，资本主义生产方式才取得与它相适应的技术基础；另外，马克思还指出，动力的变革并没有引起工业革命，"相反地，正是工具机的创造才使蒸汽机的革命成为必要"[③]，才引起整个工业技术基础发生重大的变化。马克思这一论述对当下发生的新工业革命的本质有重要启示作用，即到底是作为动力的能源革命还是以工具机变革代表的制造业革命才是新工业革命的本质？在马克思当时看来答案不言自明。

---

① 马克思恩格斯全集：第32卷［M］．北京：人民出版社，1998：371-372．
② 马克思恩格斯全集：第32卷［M］．北京：人民出版社，1998：374-390．
③ 马克思恩格斯全集：第42卷［M］．北京：人民出版社，2016：385．

马克思还指出要把许多同种机器的协作同机器体系区别开来,机器体系是"机器生产的最发达形态",① 资本主义大工业就是建筑在机器体系的现代技术基础之上的。而马克思认为,以机器生产机器才能建立大工业的技术基础,"一个工业部门生产方式的变革,会引起其他部门生产方式的变革。"② 即在有紧密联系的工业生产部门之间必须发生相应的变革。例如,有了机器纺纱,就必须有机器织布,这二者又使漂白业、印花业和染色业必须进行力学和化学革命。工业部门应用机器也会推动农业机械化的发展,引起交通运输业的变革。马克思的这一观点表明各个部门的创新存在技术上的联系,一个部门的创新会引起其他部门的技术进步,进而构成彼此相适应的技术体系。这一观点同样适用于我们当前所面临的技术变革,表明信息通信技术不仅引起制造业的变革,最终将引起整个社会生产方式的变革。

在"机器和大工业"这一部分,马克思论述工人随机器生产的发展而被排斥和吸引,其中透露出经济周期理论的痕迹。如马克思论述道:"工厂制度的巨大的跳跃式的扩展能力和它对世界市场的依赖……并随之造成市场商品充斥,而当市场收缩时,就出现瘫痪状态。工业的生命按照中常活跃、繁荣、生产过剩、危机、停滞这几个时期的顺序而不断地转换。由于工业循环的这种周期变换,机器生产使工人在就业上并从而在生活状况上遭遇的没有保障和不稳定性,成为正常的现象。除了繁荣时期以外,资本家之间总是进行十分激烈的斗争,以争夺各自在市场上的份额。这个份额同产品的便宜程度成正比。除了由此造成资本家竞相采用代替工人的改良机器和新的生产方法外,每次都出现这样的时刻:为了追求商品便宜,强制地把工资压低到劳动力价值以下。"③ 然后马克思继续论述到,工人人数增加的一个必要条件是,投资在工厂的资本数量以快得多的比例增长,但"这个过程只在工业循环的退潮期和涨潮期内实现。它还经常被工艺进步所打断,这种进步有时潜在地代替工人,有时实际地排挤工人……工人就这样不断被排斥又被吸引,被赶来赶去……"。④ 马克思在这里关于经济周期的论述对其后关于资

---

① 马克思恩格斯全集:第 42 卷 [M]. 北京:人民出版社,2016:392.
② 马克思恩格斯全集:第 42 卷 [M]. 北京:人民出版社,2016:394.
③ 马克思恩格斯全集:第 42 卷 [M]. 北京:人民出版社,2016:467.
④ 马克思恩格斯全集:第 42 卷 [M]. 北京:人民出版社,2016:468.

本主义经济危机的理论,以及此后的学者关于经济周期的研究产生了重要的启示作用,也为当前各个国家大力推动智能制造生产模式,以及企业智能化转型提供了重要的思考路径。

二、资本有机构成理论

马克思在《资本论》第一卷的"资本主义积累的一般规律"中建立了资本有机构成理论。整个理论沿着技术进步和劳动生产率的提高——资本有机构成提高——相对过剩人口和产业后备军的出现这样一个逻辑思路展开的。在《资本论》第三卷中,马克思继续分析了资本有机构成在平均利润趋向下降中的作用,进而揭露了资本主义生产方式的内在矛盾和经济危机的发生。

不变资本和可变资本是理解马克思资本有机构成学说的基础,这两个范畴是马克思最先提出的。马克思在《资本论》第一卷有关绝对剩余价值的生产论述中,以劳动的二重性为基础,根据资本的两个组成部分,即生产资料和劳动力在资本本身的价值增殖过程中所起的不同作用,将它们区分为不变资本和可变资本。其中变为生产资料的那部分资本,在生产过程中只发生价值转移,而价值量没有发生变化,因此被称为不变资本;而变为劳动力的那部分资本,在生产过程中不仅会生产出它自身的价值还会生产出剩余价值,它的价值量是可变的,因此被称为可变资本。 区分了不变资本和可变资本,就能够理解资本有机构成学说以及资本积累的一般规律,进而理解资本主义经济的实质。

马克思在《资本论》第一卷论述资本主义积累的一般规律中,提出了资本有机构成的概念。由于生产技术的不同,生产资料的量和推动这些生产资料的劳动力之间的比例会发生大的变革,这种生产资料和劳动力数量之间的比例叫作资本的技术构成,它反映了一定时期的技术发展水平。而从价值方面看,每个资本可以分为不变资本和可变资本,它们也必须保持一定的比例关系,这种不变资本和可变资本之间的比例叫作资本的价值构成。资本的

---

① 马克思恩格斯全集:第42卷[M].北京:人民出版社,2016:203.

价值构成是以资本的技术构成为基础的，技术构成变了，价值构成也相应发生变化，二者有着密切的关系。马克思把"由资本技术构成决定并且反映资本技术构成变化的资本价值构成，叫做资本的有机构成"。① 在资本有机构成不变的情况下，对劳动力的需求会随着资本量的增大而增加。而随着技术的进步和资本主义生产的发展，劳动生产率不断提高，即一定量的劳动力能够推动更多的生产资料，或者说不变资本相对于可变资本增大，因此引起资本有机构成的提高，借此资本积累就从量的增长发展到质的变化。一方面新形成的追加资本，由于资本有机构成的提高，对劳动的需求越来越少；另一方面，旧资本由于技术不断进步，对工人的需求也减少，因此必然引起工人人口的相对过剩。"过剩的工人人口是积累或资本主义基础上的财富发展的必然产物，但是这种过剩人口反过来又成为资本主义积累的杠杆，甚至成为资本主义生产方式存在的一个条件。剩余的工人人口形成一支可供支配的产业后备军。"②

马克思还论述了资本有机构成提高引起平均利润率下降的规律。早在《政治经济学批判（1857—1858 年手稿）》的后半部分，"资本"章的第三篇"资本作为结果实的东西。利息。利润。（生产费用等等）"中，马克思已经论述了利润和利润率，以及利润率趋向下降的规律。马克思阐述了从剩余价值转化为利润形式这一过程中直接得出的两个规律③，第一个规律是，剩余价值表现为利润时所表示的比率，总是小于剩余价值在其直接的现实中实际占有的比率，即利润率总是小于剩余价值率；第二个规律是，随着劳动生产率的增长，利润率有下降的趋势。马克思说这是"现代政治经济学的最重要的规律，是理解最困难的关系的最本质的规律。"④ 而利润率下降意味着，资本本身在其历史发展中所造成的生产力的发展，在达到一定点以后，就会不是造成而是消除资本的自行增殖。超过一定点，生产力的发展就变成对资本的一种限制，超过一定点，资本即雇佣劳动对于社会财富和生产力的发展，就必然会作为桎梏被摆脱掉。则"这是忠告资本退位并让位于

---

① 陈征.《资本论》解说（第一卷）[M]. 福州：福建人民出版社，1997：582.
② 马克思恩格斯全集：第 42 卷 [M]. 北京：人民出版社，2016：649.
③ 马克思恩格斯全集：第 31 卷 [M]. 北京：人民出版社，1998：165 – 166.
④ 马克思恩格斯全集：第 31 卷 [M]. 北京：人民出版社，1998：148.

更高级的社会生产状态的最令人信服的形式。"① 也就是说,利润率下降趋势必然引起社会生产力与资本主义生产关系之间矛盾的加深,这种矛盾通过定期的经济危机表现出来。

在《资本论》第三卷马克思又专门论述了"利润率趋向下降的规律"。马克思指出,"资本主义生产,随着可变资本同不变资本相比的日益相对减少,使总资本的有机构成不断提高,由此产生的直接结果是:在劳动剥削程度不变甚至提高的情况下,剩余价值率会表现为一个不断下降的一般利润率。"② 同时马克思指出"一般利润率日益下降的趋势,只是劳动的社会生产力的日益发展在资本主义生产方式下所特有的表现。"③ 但马克思指出,"在资本主义生产方式的发展中,一方面表现为利润率不断下降的趋势,另一方面表现为所占有的剩余价值或利润的绝对量的不断增加"④,这是一个二重性的规律。另外,马克思还指出,"利润率因生产力的发展而下降,同时利润量却会增加,这个规律也表现为:资本所生产的商品的价格下降,同时商品所包含的并通过商品出售所实现的利润量却会相对增加。"⑤ 最后,马克思论述了平均利润率下降的内在矛盾,也即资本主义生产方式的内在矛盾。一方面,在平均利润率趋向下降的作用下,资本主义生产方式的矛盾表现为剩余价值生产和剩余价值实现的矛盾,且随着生产的发展,剩余价值生产和实现的矛盾尖锐化;另一方面,平均利润率下降的规律反映资本主义生产的目的(实现价值增值)和手段(生产扩大)的矛盾,即资本家为了达到资本增值的目的就要发展生产力、扩大生产,其结果又会引起利润率下降和资本贬值,以及创造出过剩人口,使购买力减少,生产与消费的矛盾发展到一定程度必然引起生产过剩危机。资本主义生产方式的内在矛盾是经济危机的基础;再一方面,马克思继续论述平均利润率下降的矛盾,即人口过剩和资本过剩的矛盾,进一步深化了《资本论》第一卷中有关人口过剩和产业后备军的论述。所谓资本过剩是指在利润率下降时,用于生产的一部分资本可以从利润量增加方面得到补偿,而另一部分资本则不能够得到补偿,即

---

① 马克思恩格斯全集:第31卷 [M]. 北京:人民出版社,1998:149.
②③ 马克思恩格斯全集:第46卷 [M]. 北京:人民出版社,2003:237.
④ 马克思恩格斯全集:第46卷 [M]. 北京:人民出版社,2003:248.
⑤ 马克思恩格斯全集:第46卷 [M]. 北京:人民出版社,2003:251.

后者不能用于投入生产而成为过剩资本。资本过剩必然"引起资本主义生产过程的混乱和停滞、危机、资本的破坏。"① 资本过剩的同时也伴随相当可观的相对人口过剩以及商品生产的过剩。这些过剩不是绝对意义上的过剩,而是相对的。总之,资本过剩、生产资料过剩、商品过剩以及相对人口过剩都是资本主义生产方式内在矛盾发展的必然结果,是资本主义制度特有的现象。资本主义生产方式的历史局限性表现在两个方面:一是劳动生产力发展使利润率下降,这同劳动生产力本身发生对抗,因而必须不断通过危机来克服。二是利润率是资本主义生产的推动力,随着生产的发展,利润率下降,对资本主义生产的限制即出现了。表明"资本主义生产不是绝对的生产方式,而只是一种历史的、和物质生产条件的某个有限的发展时期相适应的生产方式。"②

总之,马克思的资本有机构成理论对理解当前智能制造发展的某些方面具有启示意义。如智能制造的产生一方面源于信息通信技术和制造技术的进步,另一方面,从更深层次理解,智能制造生产模式则源于旧有大规模生产带来的平均利润率下降从而引发的经济危机中;通过发展智能制造,各厂商运用差别化、个性化的生产手段谋求超额利润,进而在竞争中取胜;此外智能设备等投入的相对增加导致不变资本投入增大,进而生产过程中资本有机构成提高,会导致短期内劳动人口的相对过剩,这对于智能制造模式下劳动力就业会产生一定影响,等等。

第二节 西方经济学相关理论

一、熊彼特创新及经济周期理论

熊彼特的经济发展理论大致包含两大方面,一是作为其经济发展理论核

---

① 马克思恩格斯全集:第46卷 [M]. 北京:人民出版社,2003:285.
② 马克思恩格斯全集:第46卷 [M]. 北京:人民出版社,2003:289.

心的"创新理论",二是建立在"创新理论"基础上的"经济周期理论"。这两大理论分别在其著作《经济发展理论——对于利润、资本、信贷、利息和经济周期的考察》(1911)以及《经济周期:资本主义过程之理论的、历史的和统计的分析》(1939)中集中阐述。而其经济周期理论又成为此后新熊彼特学派经济演化理论及技术—经济范式理论的来源和基础。

(一) 熊彼特创新理论

熊彼特在《经济发展理论》第二章"经济发展的根本现象"中指出,"我们所意指的发展是一种特殊的现象,同我们在循环流转中或走向均衡的趋势中可能观察到的完全不同。它是流转渠道中的自发的和间断的变化,是对均衡的干扰,它永远在改变和代替以前存在的均衡状态。"① 由此将"发展"定义为"执行新的组合",这个概念包括五种情况:一是"采用一种新的产品或一种产品的一种新的特性";二是"采用一种新的生产方法";三是"开辟一个新的市场";四是"掠夺或控制原材料或半制成品的一种新的供应来源";五是"实现任何一种工业的新的组织"。② 由此提出了创新的五种形式,可以简单概括为产品创新、技术创新、市场创新、原材料供应源创新以及组织创新。这些创新模式对理解智能制造本身有重要意义,从创新视角看,智能制造可以被认为是几种创新的组合,即至少涉及产品创新、技术创新以及组织创新。另外,熊彼特还指出"新组合意味着对旧组合通过竞争而加以消灭"③,即所谓"创造性破坏"的概念。"企业家"精神会围绕创新活动"积聚",从而成为实现新组合的主体。在第六章"经济周期"中,熊彼特运用他的创新理论体系对经济周期理论进行了初步的论述,指出创新也即"新的组合",并不是"随时间推进而呈均匀分布的……而是以非连续状蜂拥而现",这也是为什么经济发展没有沿着"平滑的直线"前行,而表现为周期性推进的原因。张培刚在《经济发展理论》中译本序言中所说,"熊彼特尚未发展到'多层次'的'三种周期'理论;当时他考虑的主

---

① [美]约瑟夫·熊彼特.经济发展理论[M].何畏,易家详等译.北京:商务印书馆,1990:74.
②③ [美]约瑟夫·熊彼特.经济发展理论[M].何畏,易家详等译.北京:商务印书馆,1990:76.

要还是为期大约 9 年到 10 年的'尤格拉周期',也就是仍为单一的经济周期理论。"熊彼特自己在"经济周期"一章开始时也说到,"我在这方面的工作还只是个骨架;我自己所许诺的彻底研究尚未完成"。①

(二) 熊彼特经济周期理论

1935 年 5 月,熊彼特在美国《经济统计评论》杂志上发表了题为《经济变动的分析》一文,已经比较完整地提出了多层次的"三个周期"理论的主要轮廓,可以说是后来两大卷的《经济周期理论》的雏形。② 在这篇文章中,熊彼特指出,包括改进生产技术、占领新市场、投入新产品等的"创新"是经济变动的影响因素。同时提出这样的命题,即"经济周期这样一种波浪式运动是伴随于工业变动的……工业变动是由于外部因素的作用,由于增长的非周期性要素,以及由于创新的结果。"③ 熊彼特将经济周期分为四个阶段,即繁荣、衰退、萧条和复苏阶段。并提出了"三周期"体系,即为时 54~60 年的"康德拉季耶夫长波"④,约 9~10 年的"尤格拉周期"以及平均大约 40 个月的所谓"短周期"或"短波",又称"基钦周期"。熊彼特通过分析认为几个周期会同时运行且彼此交织干扰,而且长周期的变动同各个周期内的生产技术变革密切相关,这印证了创新理论的正确性。1939 年熊彼特出版了两卷本约 1100 页的《经济周期:资本主义过程之理论的、历史的和统计的分析》(*Business Cycles: A Theoretical, Historical, and Statistical Analysis of the Capitalist Process*)一书,进一步详细分析了其经济周期的思想。在第五章中明确承认三种周期同时存在,并用图表描绘了三种周期的发展状态。接着用三章的篇幅对 1787~1913 年英国、美国和德国的历史进行解析,划分了三个康德拉季耶夫长波阶段,分别是 1787~1842 年第一个

---

① [美] 约瑟夫·熊彼特. 经济发展理论 [M]. 何畏, 易家详等译. 北京: 商务印书馆, 1990: 6.
② [美] 约瑟夫·熊彼特. 经济发展理论 [M]. 何畏, 易家详等译. 北京: 商务印书馆, 1990: 7.
③ [美] 约瑟夫·熊彼特. 经济发展理论 [M]. 何畏, 易家详等译. 北京: 商务印书馆, 1990: 298.
④ 康德拉季耶夫 (Nikolai Kondratiev, 1892~1938) 是 20 世纪 30 年代一位有影响力的俄罗斯经济学家,他的决定性贡献是提出了资本主义发展的长波假设,后被熊彼特命名为"康德拉季耶夫长波"。

康德拉季耶夫长波，1843~1897年第二个康德拉季耶夫长波，以及1898~1913年第三个康德拉季耶夫长波的前16年，并在其中穿插分析了朱格拉周期；在这三个长波中熊彼特还归纳出三个重大创新相对集中的时期，即所谓的工业革命，分别是以棉纺织、焦炭炼铁以及始于18世纪80年代的瓦特蒸汽机为代表的第一次工业革命，以19世纪30~40年代的铁路以及60年代的钢铁为代表的第二次工业革命，以及20世纪之交的以电力、化工和内燃机为代表的第三次工业革命。[①] 这一划分为后来研究工业革命的历史划分提供了重要的参考依据。后来的新熊彼特学派及演化经济学正是参考了熊彼特的这一划分，分析了技术创新与经济进步的演进关系。

总之，熊彼特建立的关于创新和经济周期的理论逻辑，对理解当前发生的技术革命以及智能制造的演化具有重要启示作用。可以认为当前新一轮工业革命正在进行当中，这其中的技术浪潮可以包含20世纪70年代计算机芯片及此后互联网的发展，以及21世纪以来信息通信技术对其他行业领域，尤其是对制造业的渗透和扩散，进而推动了新工业革命的爆发。

二、弗里曼工业创新及演化经济学理论

熊彼特之后，有关技术进步和经济周期的研究逐渐边缘化。全球经济自第二次世界大战后迎来了一个快速发展时期，20世纪70年代爆发石油危机导致世界经济震荡，再次引起学界关注技术进步和经济周期理论研究。其中主要以新熊彼特学派或演化经济学派为代表，包括弗里曼、门施、纳尔逊、温特、多西、佩蕾丝等学者。他们以熊彼特创新理论为出发点，将技术创新作为其关注的焦点，并由此扩展到对组织创新、经济周期、长波理论、技术—经济范式等方面的研究。另外，他们的研究还批判了作为主流经济学的新古典经济学忽视技术创新对经济发展的影响，后者将技术创新看成是经济增长的外生变量或仅仅是经济增长的余值。

克里斯托弗·弗里曼（Christopher Freeman）是新熊彼特学派的代表人

[①] Joseph A. Schumpeter. Business Cycles: A Theoretical, Historical, and Statistical Analysis of the Capitalist Process, Volume I [M]. New York and London: McGraw-Hill Book Company, Inc, 1939.

物,是继熊彼特之后较早将技术创新要素置于经济发展的核心位置的学者,为此后新熊彼特学派理论的构建和发展奠定了基础。弗里曼是英国苏赛克斯大学(University of Sussex)科学政策研究所的创始人和领军人物,该研究所是创新经济学和创新系统领域研究的先驱机构,引领了20世纪70~80年代该领域的研究。

(一) 弗里曼工业创新经济学理论

1974年弗里曼出版了《工业创新经济学》(*The Economics of Industrial Innovation*)的第一版。与传统的经济学著作不同,弗里曼将注意力集中于独立组织和专业化的、以科学为基础的大规模研究和开发。书中第一部分关注了三个领域的技术创新、化学工艺与核能生产、塑料与其他合成材料以及电子工业。在关于过程创新的论述中,弗里曼描述了现代创新将逐步占据主导地位的路径。第二部分则关注企业层面的技术创新,论述工业创新的成功与失败案例,并认为机构研发的失败更多是由于与市场联系的不充分,而非科学与技术专业知识的缺乏;弗里曼还比较了第二次世界大战后英国小企业和大企业的创新,发现相较于创造就业和增加值的比例,小企业在创新方面所占比例更小,现代创新更倾向于在大企业中进行。最后则简单论述了政府在创新中的作用。[1]

1982年弗里曼等的《失业与技术创新:关于长波和经济发展的研究》(*Unemployment and Technical Innovation: A Study of Long Waves and Economic Development*)出版,这本书是对1973年后世界经济增长的不确定性的思考。其主旨是,失业问题以及经济的全局性管理与科技创新并非相互孤立,而是同等重要;缺乏技术视角的经济分析与政策制定不能很好地解决当前面临的问题;失业问题的解决不仅与短期的需求调控和货币供应相关,也与长期的技术和结构的变迁相关。弗里曼等运用"理性历史"的分析方法,试图以工业化国家主导技术和组织的创新及其在经济中渗透的视角,来解释国际经济增长的长期变迁。此外,弗里曼等还提出了本质上是熊彼特主义的观点,

---

[1] Christopher Freeman. The Economics of Industrial Innovation [M]. Harmonds-worth: Penguin Books, First Edition, 1974.

即由科学发现形成的创新的"蜂聚"导致了所谓的"新技术体系"的形成，这是新兴产业快速增长时期，以及随之而来的大量激励性成果，但最终被经济体系吸收并随之产生一段增长相对缓慢的时期。[1]

为了应对20世纪八九十年代新技术的不断涌现，弗里曼又分别在1982年和1997年出版了《工业创新经济学》第二版和第三版。第二版对原第一版有关创新政策的内容进行了较大的修改，在"创新与政府"一章中，增加了关于第二次世界大战后第二和第三阶段的科学与技术政策，以及战略优先领域的内容。此外，弗里曼还概述了熊彼特试图用技术创新来解释经济增长的周期，然后对第二次世界大战后几项重要的新技术——包括电子、石油化工、合成材料、药物和喷气式飞机等——同时爆炸性增长而产生的繁荣，给出了新熊彼特式的解释，即由于随着新兴产业的成熟，大量模仿者和改进者在竞争利润方面的影响，导致彼时的萧条。[2] 到了20世纪90年代，一方面技术革新的速度加快，人们对经济技术创新的关注多了起来；另一方面，这一时期微电子和计算机大规模兴起，以及汽车工业从大规模生产向精益生产转变，使得作者更多地关注信息和通信技术以及与之相关的信息社会的发展。《工业创新经济学》第三版在这一时期出版，它首先强调历史分析的视角，借鉴熊彼特关于商业周期及工业革命划分的理论和方法，分析了工业革命中机械化的崛起、19世纪末的电气化，以及21世纪的石油和化学品工艺创新、合成材料、大规模生产与汽车业、电子与计算机业；其次，从微观经济学视角分析了企业创新的问题。相对于小企业，大公司开展研发有利，因为可以把非常高的研发成本分摊到巨大的销售量上。但无论对大企业还是小企业而言，技术创新的高度不确定性是基本的特征，从而导致企业内部决策的不确定性。因此公司决策并不全然如新古典理论所认为的理性和有序的计算，而是类似"蒙混过关"的过程；最后，弗里曼转向宏观的视角，认为创新的成效与其所属的制度环境密切相关，两个世纪以来各个国家在经济增长率上存在很大差异，很大程度上取决于技术水平的差距。弗里曼还介绍了

---

[1] Christopher Freeman, John Clark, and Luc Soete. Unemployment and Technical Innovation: A Study of Long Waves and Economic Development [J]. Greenwood Press, Westport, Connecticut, 1982.

[2] Christopher Freeman. The Economics of Industrial Innovation [M]. London: Frances Printer, Second Edition, 1982.

其所关注的技术扩散、国际投资流动以及国家创新系统,并分析了政府在科学、技术和创新中的责任。

(二) 弗里曼演化经济学理论

2001年,弗里曼和卢桑合作的《光阴似箭:从工业革命到信息革命》(As Time Gose By – From the Industrial Revolutions to the Information Revolution)出版,集中阐释了他们一直以来关于社会经济演化过程的研究,即社会经济演化具有清晰可辨的模式,它取决于技术创新、社会结构、经济发展、制度框架和文化水平之间的关系。重点对现代工业资本主义经济进行探讨,讨论它们如何变化、因何变化、如何形成长期的波动,即所谓的康德拉季耶夫长波。① 弗里曼和卢桑在第一部分首先对"计量史学"进行批判,并对熊彼特和康德拉季耶夫等承认周期性结构变化之历史重要性的经济学家进行评判;而后在第一部分结论当中提出了理性历史的分析方法,包括技术创新、社会结构变化、经济、制度、文化共同演化的经济史方法,构建了包括科学、技术、经济、政治、文化五个子系统在内的理论分析框架,五个子系统既相互独立又相互作用,对经济增长过程产生巨大影响;在第二部分,弗里曼和卢桑根据连续发生的技术革命向经济系统扩散,对过去两个世纪现代资本主义的发展进行描述。他们认为创新的出现和扩散是一个不均衡的过程,创新的"蜂聚"可能引发一种称之为"技术革命"的现象。为此作者引用了一些标志重大技术革命的显著事件,清楚地显示出重大新产品、新工艺不仅在技术上可行,而且盈利潜力巨大。②

在第二部分的引言中,弗里曼和卢桑提出,一个技术系统的生命周期可以粗略地简化为六个阶段:第一阶段,实验室发明阶段,最初的原型、专利、小范围证明及早期应用;第二阶段,技术和商业可行性的决定性证明,广泛的潜在应用价值;第三阶段,爆炸性的起飞和增长阶段,期间新调节体制逐步建立起来,同时伴随着经济动荡的结构性危机和政治调和危机;第四

---

① [英] 克里斯·弗里曼,弗朗西斯科·卢桑. 光阴似箭:从工业革命到信息革命 [M]. 沈宏亮译. 北京:中国人民大学出版社,2007:5.

② [英] 克里斯·弗里曼,弗朗西斯科·卢桑. 光阴似箭:从工业革命到信息革命 [M]. 沈宏亮译. 北京:中国人民大学出版社,2007:144 – 146.

阶段，持续高增长阶段，技术系统成为常识并主导世界经济领先国家的技术体系，应用的产业和服务范围更广；第五阶段，随着系统的成熟和新技术的挑战，进入增长减慢、利润率下降阶段，并引发新的结构调整危机；第六阶段，成熟阶段，在与新技术共存中可能出现"复兴效应"，但也可能慢慢消失。① 第二至第五阶段被称为"康德拉季耶夫长波或周期"，第六阶段技术系统对经济不再有原来那样大的影响。至于第一阶段，尽管有可能持续很长时间，但对经济的影响几乎微不足道。这也是与熊彼特理论有所区别的地方，即弗里曼等更加强调技术的扩散，投资、产出和贸易高涨依赖创新的扩散及其引致的规模经济，而非熊彼特认为的早期的发明和创新。同时弗里曼等还强调伴随每次技术革命而来的管理系统的变化，而非熊彼特认为的企业家角色的重要性。弗里曼认为，信息技术和互联网的发展可以明显反映出技术系统的扩散过程，信息技术的科学和发明可以回溯至20世纪50年代，但其扩散的宏观经济效应直到20世纪最后25年才显现出来，而21世纪前25年，它们产生的影响甚至可能更大，此时信息和通信技术在世界范围内的扩散将影响所有的国家和各个经济部门。② 当前信息通信技术的爆炸性发展恰好印证了弗里曼当时的预想。此外，弗里曼还重点运用佩蕾丝（1983）"技术—经济范式"理论关于技术系统发展演化模式的观点，并在接下来分析历次康德拉季耶夫长波中予以检验和说明。

在第二部分结论中，弗里曼首先给出了技术和经济变革的周期性特征：一是新技术和组织创新集群的周期性出现与扩散，每一次创新都为创新企业带来超乎寻常的超额利润；二是重大技术和组织创新集群在经济和社会系统中扩散，必然造成结构、职业和管理系统的深刻变革，从而引起周期性的结构性调整危机。接下来弗里曼和卢桑对长波中的大企业发展规律进行分析，即每次长波都会培育出一批新兴大企业，经过一定时期会上升为领导者行列。在经历几次长波后，只有少数大企业仍能维持领导地位。在每次革命中，大企业的相对持久性和新竞争者的异军突起，都取决于是否能够取得较

---

① ［英］克里斯·弗里曼，弗朗西斯科·卢桑. 光阴似箭：从工业革命到信息革命［M］. 沈宏亮译. 北京：中国人民大学出版社，2007：150.
② ［英］克里斯·弗里曼，弗朗西斯科·卢桑. 光阴似箭：从工业革命到信息革命［M］. 沈宏亮译. 北京：中国人民大学出版社，2007：151.

高的利润水平以及有形和无形资产的积累程度。最后他们对宏观的国际调节体制做出了分析,认为国家和国际调节体制的周期性重构不仅是对新技术扩散的反应,也是对各种社会亚系统——如政治、经济和文化的反应;且世界经济的非均衡发展和新技术的非均衡扩散,给调节体制造成了异乎寻常的困难。

总之,通过长期以来对技术扩散和经济增长的跟踪及研究,弗里曼逐渐形成了不同于一般经济学理论的创新观点,即经济增长是呈周期性的,而每个周期都以一种技术集群为标志,这些技术集群的进步和发展推动经济增长。并且在技术扩散中,组织结构的创新必须提供有力的支撑,即包括科技、政治、经济、文化的整体系统。不同国家之所以在不同时代先后领先,主要原因在于领先国家的各个子系统能够相互匹配并为关键技术提供完善的支撑结构。

三、佩蕾丝技术—经济范式及技术革命周期演化理论

卡萝塔·佩蕾丝(Carlota Perez)同样是新熊彼特学派的重要代表人物,自 20 世纪 80 年代开始研究基本创新、技术、组织变迁和经济发展的关系,她提出的"技术—经济范式"(techno-economic paradigm)理论受到广泛关注。弗里曼是佩蕾丝的导师,二者在学术方面有着密切的合作。

(一)佩蕾丝技术—经济范式理论

1983 年佩蕾丝发表了一篇具有里程碑意义的论文——《结构性变迁与新技术在经济和社会系统中的吸收》(*Structural Change and Assimilation of New Technologies in The Economic and Social Systems*)[①]。其重要意义体现在三个方面:首先,此文指出重大的技术变革不仅意味着一批新产业的迅速发展,而且意味着许多"老"产业在新产业的影响下,找到了利用新技术的方法,并伴随着组织和管理上的变革。佩蕾丝将生产系统中的各种新思维方

---

① 弗里曼在佩蕾丝 2002 年出版的著作《技术革命与金融资本:泡沫与黄金时代动力学》(*Technological Revolutions and Financial Capital: The Dynamics of Bubbles and Golden Ages*)一书序言中给予该篇文章以极高的评价。

式，包括组织、技术及其相互依赖结合起来，称之为"技术—经济范式"的变革；其次，佩蕾丝指出了一种影响整个经济的"元范式"（meta-paradigm）变迁，这种变迁包含着对关键投入品非常广泛的应用。如历次技术革命中具有关键意义的要素投入——铁、煤、钢或是芯片等，它们的生产都可能产生巨大的规模经济效应，且由于经济和技术的原因，关键投入品变得十分廉价且普遍可得；最后，佩蕾丝指出所谓"技术决定论"的谬误，认为任何技术变革都只能发生在社会变革与组织管理变革的互动与合作中，这表明范式的变化不仅影响企业层面的管理和组织，而且影响整个社会规制体系。

1988年多西等主编的《技术进步与经济理论》一书中，收录了弗里曼和佩蕾丝的《结构调整危机：经济周期与投资行为》一文，其中心观点是，"技术—经济范式"变迁对所有经济部门都将产生广泛的影响，以至于它们的扩散伴随着调整而引起大的结构危机，在这种情况下，社会和机构制度的变革必然带来新技术和社会经济管理体系或"规则体系"之间更好地"匹配"。[①] 首先，多西等给出了创新的分类，包括增量创新、基础创新、技术体系变革、技术—经济范式变革/技术革命四种。其次，多西等将"技术—经济范式"的概念初步界定为，包括产品、生产工艺、技术、组织以及管理等创新的集合，进而导致生产力的大幅跃升，创造新的投资和盈利机会。[②] 新技术—经济范式一旦形成，则具体表现为以下几个方面：（1）厂商或在工厂水平上，一种新的"最切实可行的"组织形式；（2）对劳动质量和数量产生影响，并且与收入分配格局相对应的一个新的劳动力技能状况；（3）那些充分利用低成本关键生产要素的产品将被投资优先选择；（4）基本创新和增量创新的新趋势是，使创新适合新关键生产要素的充分利用，来取代其他成本相对较高的生产要素；（5）随着相对成本结构的变革转变成比较收益，不但在国内而且在国际上将形成投资地点的新格局；（6）推动便于新产品和新工艺在各处运用的基础设施投资的一个特殊浪潮；（7）小

[①] G. 多西，C. 弗里曼，R. 纳尔逊，G. 西尔弗伯格，L. 苏蒂. 技术进步与经济理论 [M]. 钟学义，沈利生，陈平等译. 北京：经济科学出版社，1992：49.

[②] G. 多西，C. 弗里曼，R. 纳尔逊，G. 西尔弗伯格，L. 苏蒂. 技术进步与经济理论 [M]. 钟学义，沈利生，陈平等译. 北京：经济科学出版社，1992：60.

厂商进入新的迅速扩张的经济部门,并在某些情况下开创全新的生产部门趋势;(8)大厂商通过迅速发展或通过经营多样化,瞄准那些充分利用关键生产要素的行业,承担发动机的角色;(9)商品消费与服务的一个新格局以及分配与消费行为的新类型。①

最后,多西等对20世纪80年代信息技术发展及其技术—经济范式进行简要分析,指出随着微电子、计算机和电信技术的发展,彼时大规模生产的路径已不再适宜。理想的信息密集型生产组织日益将设计、管理、生产和销售连接成一个一体化的体系,产品的生产更有灵活性,生产组织一体化的费用将降至极低的水平。在技术水平和管理技能上向更高级转换,在输出设备上,计算机愈加与其他生产设备联系起来,如数控机床、机器人、过程控制仪器等。在深层次结构方面,与新模式相关的高水平技能将长期短缺,而能源密集型产业生产能力则过剩。②

(二)佩蕾丝技术革命周期演化理论

2002年佩蕾丝的代表性著作《技术革命与金融资本:泡沫与黄金时代的动力学》(Technological Revolutions and Financial Capital: The Dynamics of Bubbles and Golden Ages)完整阐述了其技术—经济范式及技术革命周期演化理论。首先,佩蕾丝分析了五次相继出现的技术革命及其对应的技术—经济范式。指出技术革命是一个紧密交织的技术创新集群,它一般包括一种重要的、普遍的、低成本的投入品,它往往是一种能源,有时是一种重要的原材料以及新产品、新工艺和新基础设施。并且,只有当这些技术突破远远超出了它们起初的行业或部门的界限,并传播到更广泛的领域时,它们才是真正的技术革命。每个技术革命提供了一组相关和类似的技术和组织原则,实际上有助于经济活动生产力提升,并使整个生产系统现代化。"技术—经济范式"是扩散的主要载体。佩蕾丝将"技术—经济范式"定义为经济的"最佳实践模式",它由一组通用和类似的技术和组织原则组成,这些原则一旦

---

① G. 多西, C. 弗里曼, R. 纳尔逊, G. 西尔弗伯格, L. 苏蒂. 技术进步与经济理论[M]. 钟学义, 沈利生, 陈平等译. 北京: 经济科学出版社, 1992: 73-74.
② G. 多西, C. 弗里曼, R. 纳尔逊, G. 西尔弗伯格, L. 苏蒂. 技术进步与经济理论[M]. 钟学义, 沈利生, 陈平等译. 北京: 经济科学出版社, 1992: 75-76.

得到普遍采用,就成为所有活动和组织系统的基础。①

其次,佩蕾丝将长波的概念界定为"发展的巨潮"(great surge of development),技术革命及其范式在整个经济系统传播的过程不仅带来了生产、分配、交换和消费方面的结构变化,而且也带来了社会深刻的变化。这个过程先从有限的部门和区域开始,依赖运输和通信基础设施的能力,逐渐包括国家的大量活动,并扩散到越来越远的外围地区。②佩蕾丝还将约50年一次的技术革命的生命周期分为四个阶段(见图2-1),在技术革命集中爆发前通常有一段较长时间的酝酿期,在爆发后的第一个阶段,经济系统出现大量创新以及新产业的爆炸性增长,新的范式形成;第二阶段,新产业、新技术体系、新基础设施表现强劲,大量投资带来市场繁荣;第三阶段,新的技术经济范式得以充分展开,高速增长得以继续;第四阶段,技术革命的势头和影响逐渐降低,尽管有新产品和新产业的出现,但创新数量很少且不再重

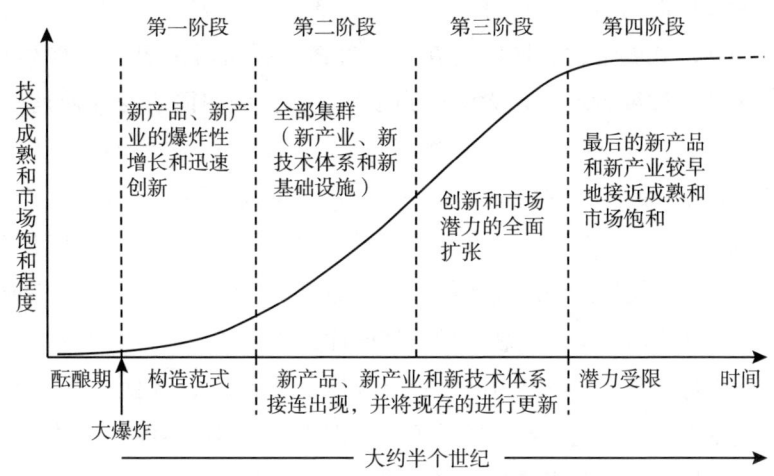

图2-1 一次技术革命的生命周期

资料来源:卡罗塔·佩蕾丝.技术革命与金融资本:泡沫与黄金时代的动力学[M].田方萌等译.北京:中国人民大学出版社,2007:35.

---

① 卡罗塔·佩蕾丝.技术革命与金融资本:泡沫与黄金时代的动力学[M].田方萌等译.北京:中国人民大学出版社,2007:21.
② 卡罗塔·佩蕾丝.技术革命与金融资本:泡沫与黄金时代的动力学[M].田方萌等译.北京:中国人民大学出版社,2007:25.

要。主导产业出现市场饱和,技术创新收益逐步递减,随着产业发展的日益成熟,整个一轮的技术革命动力逐步走向衰竭。①

再次,佩蕾丝指出技术革命的轨迹并不像图2-1那样平滑而连续,而通常要经历两个性质非常不同的时期——导入期和展开期,二者之间通常经历一个转折或衰退时期,涉及对整个系统特别是调节框架的重组。导入期和展开期是经济和组织制度之间关系的破裂和再度耦合的过程。佩蕾丝将这两个时期分为四个阶段,包括爆发、狂热、协同和成熟阶段。②

因此,一个完整的技术革命浪潮包括五个基本阶段:(1)爆发阶段,这一阶段开启了技术革命的浪潮。可能实现的新设计、产品和利润空间点燃了企业家们的想象,而处于旧范式中的产业在技术上已经成熟,市场面临着饱和,试图寻求新的解决方案;(2)狂热阶段,这是金融的时代,金融资本支配了整个经济体系的运作,虚拟经济与实体经济相分离,是投机、腐败和贪恋财富的时代。但也正是在狂热阶段,人们开始逐渐探索由技术革命开辟的所有可能道路,通过大量试探性的投资,人们充分挖掘正在扩散的新范式的潜力,同时也在整个经济和投资者的思维中牢牢扎根。但这一时期的过度投资常常无法达到预期,因此狂热阶段的晚期是一段金融泡沫时期;(3)转折点,这一阶段开始反思和调整发展路线。转折点表示经济从狂热方式转型到协同方式——牢固地依托于逐渐增长的生产能力;(4)协同阶段,这一阶段属于生产的时代,可称作真正的"黄金时代",充满活力的扩张和规模经济所需要的条件已经具备,增长趋于稳定,就业相对充分。范式的革新力量及其新基础设施的优势使更高水平的生产率和品质在整个经济中得到普及。虽然金融资本继续推动经济增长,但增长方式更直接与生产联系在一起,且收益也通过不同的方式渗透到社会各个阶层。新的范式占据统治地位,其逻辑渗透到各项活动中;(5)成熟阶段,这一阶段中范式逐渐成熟,直至显露出自身的局限性。市场表现出饱和状态,技术日趋成熟,技术以及产品的生命周期大为缩短,利润也受到限制。整个增长方式

---

① 卡罗塔·佩蕾丝. 技术革命与金融资本:泡沫与黄金时代的动力学[M]. 田方萌等译. 北京:中国人民大学出版社,2007:35-36.
② 卡罗塔·佩蕾丝. 技术革命与金融资本:泡沫与黄金时代的动力学[M]. 田方萌等译. 北京:中国人民大学出版社,2007:55.

的衰落和下一次技术革命的舞台已经搭好。①

最后，佩蕾丝详细地分析了金融资本在工业革命展开的各个阶段所起的不同作用。提出了一个历史框架，从系统的、包含技术和组织制度的视角分析每次浪潮中一再重复出现的序列，其属于演化经济学的范畴。佩蕾丝进而总结了资本主义体系运作的三项特征：技术变迁、经济变迁和组织制度变迁。技术变迁是以创新集聚的形式发生的，这种创新导致了连续的、不同的技术革命，同时还使得整个生产组织结构朝向现代化发展。在追求利润的过程中，金融资本与生产资本有着一定的关联，但它们通常采取不同的标准和行为，并相互作用共同推动经济变迁。在变革发生过程中，相比较技术、经济范式的持续变化，组织范式则存在着大得多的惰性和阻力。②

总之，佩蕾丝的重要贡献在于其基于技术创新和演化理论，提出了"技术—经济范式"的分析方法，为我们分析主导技术及其生产组织范式的特征提供了理论依据。同时佩蕾丝根据历次技术革命发展演化的历程，刻画了技术革命发展的生命周期和基本特征，为当前爆发的技术革命的演化趋势提供了分析思路。

四、其他新熊彼特学派学者的创新和演化经济学理论

除弗里曼和佩蕾丝外，其他新熊彼特学派学者对技术创新经济学理论也做出重要贡献。门施（Gerbard Mensch）在其1979年的著作《技术的僵局：创新克服萧条》（*Stalemate in Technology：Innovations Overcome the Depression*）中，通过计算和比较不同时期的重大创新，以此界定与衰退相耦合的一组技术，提出了被认为是技术创新经济学的观点，即基础创新的重大集群（创新潮）大约每50年出现一次，这与康德拉季耶夫长波相一致；创新潮通常密集地出现于经济萧条时期；"技术的僵局"是导致经济萧条的根源；技术僵局下的经济萧条很难快速克服，因为能够带来稳定就业的可持续性的基础

---

① 卡罗塔·佩蕾丝. 技术革命与金融资本：泡沫与黄金时代的动力学 [M]. 田方萌等译. 北京：中国人民大学出版社，2007：56-61.
② 卡罗塔·佩蕾丝. 技术革命与金融资本：泡沫与黄金时代的动力学 [M]. 田方萌等译. 北京：中国人民大学出版社，2007：167.

创新很难在短期内实现。① 但门施有关技术创新是集中出现的观点受到弗里曼②等学者的批评，后者通过统计分析认为重大创新在时间上其实很分散，真正对增长起重要影响的是结合在一起的各种创新的扩散。

演化经济学代表学者纳尔逊和温特 1982 年出版了《经济变迁的演化理论》，该书将熊彼特视为演化理论的先行者，称"以'新熊彼特'这一名词是我们整个分析的适当名称……为了成为新熊彼特派，我们才成为演化的理论家"③。纳尔逊和温特在这一著作中提出了一个重要的概念——"惯例"（routine），用以表明企业的规则和可预测的行为方式，如从明确规定的生产技术惯例，到管理、投资、研发，再到产品多样化以及海外投资战略等。其中，"惯例"起着类似基因的作用，并决定有机体的可能行为，而且惯例是可以继承和选择的。④ 在第五章中，纳尔逊和温特探讨了组织惯例的功能，包括作为组织的记忆的惯例，作为停止争辩（休战）的惯例，作为达成控制、复制和模仿的目标的惯例。⑤ 企业有一套行之有效的惯例，生产就可以"自动"完成。企业的惯例通常保持不变，但当市场发生改变，而企业在竞争中处于不利地位，并且不能保证继续生产和发展时，就要寻找新的生产技术和惯例，即创新。在他们建立的演化模型中，根据企业的惯例建立一系列函数，各种外在变量（主要是市场情况）和内在变量（如企业平均利润率）决定一个企业所做的事。可以参照惯例的演化过程来理解现有的惯例特点，并区分三类惯例，包括支配短期行为的"经营"惯例，决定企业资本量的惯例，以及企业拥有较高层次的、能够适时修改企业经营特点的决策规则体系的惯例。⑥ 总之，组织的惯例这一概念对于我们理解智能制造模式的界定，以及各国在智能制造标准制定方面的竞争具有重要意义。

---

① Gerhard Mensch. Stalemate in Technology: Innovations Overcome the Depression [M]. Ballinger, Cambridge, Massachusetts, 1979.
② Christopher Freeman. Innovation and Long Cycles of Economic Development [A]. Paper presented at the Internacional Seminar on Innovation and Development at the Industrial Sector, 1982: 4.
③ [美] 理查德·R. 纳尔逊, 悉尼·G. 温特. 经济变迁的演化理论 [M]. 胡世凯译. 北京: 商务印书馆, 1997: 47.
④ [美] 理查德·R. 纳尔逊, 悉尼·G. 温特. 经济变迁的演化理论 [M]. 胡世凯译. 北京: 商务印书馆, 1997: 19-20.
⑤ [美] 理查德·R. 纳尔逊, 悉尼·G. 温特. 经济变迁的演化理论 [M]. 胡世凯译. 北京: 商务印书馆, 1997: 112-139.
⑥ [美] 理查德·R. 纳尔逊, 悉尼·G. 温特. 经济变迁的演化理论 [M]. 胡世凯译. 北京: 商务印书馆, 1997: 21-24.

1988 年出版的《技术进步与经济理论》被认为是新熊彼特学派及演化经济学的集大成之作,作者囊括了多西、弗里曼、纳尔逊、西尔弗伯格、苏蒂、佩蕾丝、博耶、艾伦等一批新熊比特学派的代表人物,他们从经济动态系统、理论模型、微观企业、国家创新系统、国际技术扩散等方面,构建不同于新古典经济学的技术进步经济学理论框架。如序言所说,"许多经济学家……越来越不满意主流经济学对技术进步的论述……任何忽视技术进步的基本作用和特殊性而对它进行的分析,即使从短期看,也是站不住脚的。"① 由此可见,研究论述技术进步在经济发展中的作用的时机已经成熟。

总之,熊彼特、弗里曼、佩蕾丝等学者从技术创新的角度对经济发展及长波演化的分析,为当前智能制造发展演化提供了分析的思路。考察智能制造的发生和发展可知,技术创新是催生智能制造的决定因素,也是推动智能制造向前发展的关键力量,熊彼特及新熊彼特学派有关技术进步及其生产组织方式变迁的创新理论逻辑恰好能够解释智能制造的发生、发展和演化过程。

---

① G. 多西,C. 弗里曼,R. 纳尔逊,G. 西尔弗伯格,L. 苏蒂. 技术进步与经济理论 [M]. 钟学义,沈利生,陈平等译. 北京:经济科学出版社,1992:1.

第二章 智能制造发展演化的机理及技术—经济范式

在智能制造研究的理论基础上,对智能制造本体进行解构和剖析,界定智能制造的定义和内涵,分析智能制造产生的动力机制及其生产组织方式特征,并在工业革命发展演进背景下对智能制造的技术—经济范式体系进行分析,以准确把握智能制造发展演化的规律特征。

第一节 智能制造的定义及内涵界定

一、有关智能制造的定义概述

自智能制造的概念提出以来,国内外政府、研究机构、企业以及专家学者对智能制造进行了多种定义,以下列举一些具有代表性的概念界定。

(一) 国外关于智能制造的定义

1. 日本、美国和欧洲于1991年共同发起智能制造国际合作研究计划,他们将智能制造定义为一种先进的生产系统,即能贯穿整个制造过程,将智能活动和智能机器有机结合,并灵活地整合了从订货、产品设计、生产到销售的整个制造过程。

2. 美国智能制造领导联盟(Smart Manufacturing Leadership Coalition,SMLC)在其2009年发布的"智能工艺制造:操作和技术路线图"(Smart

Process Manufacturing：An Operations and Technology Roadmap）中，对智能工艺制造（smart process manufacturing，SPM）进行了定义，即一个集成的、知识型、善用模型的企业，其所有操作行为是明确的，且应用最优信息和广泛的性能指标来有预见地执行。① 2011年，美国智能制造领导联盟在"实施21世纪智能制造"报告中，把智能制造定义为，能够实现先进智能系统（Advanced Intelligent Systems，AIS）强化应用、产品需求动态实时响应、生产过程以及供应链网络实时优化的制造。② 从原材料进口到产品交付市场，智能制造能够覆盖制造业的全部过程，它创造了一个横跨产品、操作以及商业系统的知识密集型环境，连接了工厂、分拨中心、企业以及整个供应链。③

3. 美国通用电气公司（GE）2012年发表了《工业互联网：突破智慧和机器的界限——GE工业互联网白皮书》，其中将工业革命带来的机器、机组、物理网络，与智能设备、智能网络和智能决策等互联网革命成果相融合，称为"工业互联网"。这里的"工业互联网"的概念与智能制造在本质上是共通的，可以相互借鉴。

4. 2013年，德国"工业4.0"工作组发布报告《保障德国制造业的未来：关于实施工业4.0战略举措的建议》，与工业互联网类似，"工业4.0"仍旧描述的是未来制造业的情形，指出将物联网和服务应用到制造业正引发第四次工业革命，即"工业4.0"。企业在未来将建立覆盖全球的网络，并且把企业的机器、网络化系统以及生产设施全部融入信息物理系统（CPS）中，这将从根本上改善生产的生命周期全过程。因此，"工业4.0"的本质包括将CPS技术集成应用在制造业和物流行业中，还包括将物联网和服务技术应用到工业生产过程，这将对商业模式、价值创造以及工作组织等领域产生影响。

5. 最早出版《智能制造系统》一书并创办《智能制造杂志》的美国学者库夏克（A. Kusiak，2018）指出，虽然智能制造尚没有一个被普遍接受

---

① Smart Process Manufacturing Engineering Virtual Organization Steering Committee. Smart Process Manufacturing: an Operations and Technology Roadmap ［A］. 2009：3.
② 王媛媛，张华荣. 全球智能制造业发展现状及中国对策［J］. 东南学术，2016（6）.
③ SMLC. Implementing 21st Century Smart Manufacturing ［A］. SMLC, 2011：1.

的定义，但可以将智能制造理解为利用网络物理系统、物联网、云计算、面向服务的计算、人工智能和数据科学等技术，将当今和未来的制造资产与传感器、计算平台、通信技术、数据密集型建模、控制、仿真和预测工程集成在一起。一旦实施，这些相互重叠的概念和技术将使制造业成为下一次工业革命的标志。智能制造具有六大支柱，分别是制造技术和流程、材料、数据、预测工程、可持续性、资源共享和网络化。

（二）国内关于智能制造的定义

1. 政府规划中对于智能制造的定义

2012年中华人民共和国科学技术部印发《智能制造科技发展"十二五"专项规划》，将智能制造定义为面向产品全生命周期，实现泛在感知条件下的信息化制造。智能制造技术是在现代传感技术、网络技术、自动化技术、拟人化智能技术等基础上，通过智能化的感知、人机交互、决策和执行技术，实现设计过程、制造过程和制造装备智能化，是信息技术和智能技术与装备制造过程技术的深度融合与集成。工业和信息化部印发的《2015年智能制造试点示范专项行动实施方案》将智能制造定义为，以新一代信息技术为基础，覆盖设计、生产、管理、服务等产品全生命周期，具有信息深度自我感知、智能优化自我决策、精确控制以及自我执行等先进制造工艺、系统和模式的总称。它以工厂为载体，以关键制造环节为核心，以端到端数据为基础，以网络互联为支撑，可以实现产品开发周期缩短、运营成本降低、生产率及产品质量提高、对资源和能源的消耗减少等优点。《国家智能制造标准体系建设指南（2015年版）》提出了智能制造体系的基本结构模型。从生命周期、系统层次和智能功能三个维度阐述了智能制造的内涵。智能制造标准体系由基本通用标准、关键技术标准和关键行业标准三部分组成。关键行业标准包括智能设备、智能工厂、智能服务、工业软件与大数据以及工业互联网五个部分。2016年中国智能制造"十三五"规划——《智能制造发展规划（2016－2020年）》出台，指出智能制造是建立在新一代信息通信技术以及先进制造技术相互融合的基础上，并涵盖诸如设计、生产、管理、服务等活动环节，具有自我感知、自我学习、自我决策、自我执行、自我适应等功能的新型生产模式。

2. 专家学者对智能制造的定义

两院院士、著名机械工程专家路甬祥（2009）认为，智能制造是一个人机一体化智能系统，这个系统包括人类专家和智能机器两个组成部分，通过人与智能机器的合作，实施分析、判断、决策等制造过程的智能活动，进而实现扩展以及部分替代人类专家的脑力活动。它更新并扩展了制造自动化的概念，使之具有灵活性、智能化和高度集成化。

安筱鹏（2012）指出，新一轮产业革命的本质是智能制造生态主导权之争，无论"工业4.0"还是"两化融合"，其核心和本质都是智能制造。从广义上讲，智能制造不仅指智能制造装备，还包括产品、装备、生产方式、管理以及服务的智能化。

制造强国战略研究项目组（2015）将智能制造定义为新一代信息技术与制造技术的融合，具有感知信息、决策优化、控制执行等功能，面向产品全生命周期的制造系统，目的在于高效、优质、敏捷地制造产品并服务用户。智能制造包括以下几个方面的内容：制造装备、设计过程、加工工艺、管理以及服务的智能化。

黄群慧（2016）认为智能制造是基于大数据、物联网等新一代信息技术与制造技术的集成，能自主、动态适应制造环境变化，实现从产品设计制造到回收再利用的全生命周期的高效、优质、绿色、网络、个性化等目标的制造模式，包括智能生产、智能产品、智能服务等广泛内容。

总之，从国内外有关智能制造的定义可知，从技术上看，都是突出人工智能、物联网、大数据等新一代信息技术与制造业实体的结合；从流程看，都强调智能制造是覆盖原材料、设计、生产、物流、销售、回收等全产业链和生命周期的过程；从目标看，都能够发挥最大生产力、实现网络化实时优化制造、缩短制造周期、提升产品质量、降低能耗等。可以看出，当前主要是从技术视角对智能制造概念进行界定，而对智能制造与当前迅猛发展的新工业革命的关系并未过多分析，似乎与其作为新工业革命核心的地位不相称，因此不能够很好地从整体上前瞻性地把握未来智能制造以及工业革命的发展趋势。

二、本书对于智能制造概念的界定

借鉴已有的关于智能制造技术的相关概念,并进一步对智能制造对未来生产及组织模式变迁产生的巨大影响进行描述和界定。本书将智能制造定义为信息通信及自动化技术对制造业全面、深度渗透,并提高制造业生产效率的一种先进制造模式。它包含智能产品、智能生产、智能服务和智能系统,具有个性化、灵活性、低能耗、服务化等特点,最终能够推动生产组织方式的变革。

(一)从内涵来看,智能制造包含两个关键要素,即"智能"和"制造"

这里的"智能"指的是信息技术和自动化机器的结合,即所谓的"人工智能"(artificial intelligence,AI),人工智能具有对外部世界的感知能力、记忆和思维能力、学习和自适应能力、行为决策能力、执行控制能力等基本特点。一般来说,计算智能、感知智能和认知智能是人工智能的三个阶段。计算智能是快速计算和记忆存储能力,感知智能是视觉、听觉、触觉等感知能力,而认知智能则代表理解与思考,认知智能是目前机器与人差距最大的领域。[①] 根据我国《战略性新兴产业重点产品和服务指导目录》(2016 版),新一代信息技术产业包括下一代信息网络产业、信息技术服务、电子核心产业、网络信息安全产品和服务以及人工智能五个方面,具体包括网络设备、信息终端设备、网络运营服务、新兴软件及服务、"互联网+"应用服务、大数据服务、集成电路、新型显示器件、新型元器件、高端储能、关键电子材料、电子专用设备仪器、其他高端整机产品、网络与信息安全硬件、网络与信息安全软件、网络与信息安全服务、人工智能平台、人工智能软件、智能机器人及相关硬件、人工智能系统。

"制造"则是把原材料变成有用物品的过程,广义上包括产品前期设

---

① 李培根,邵新宇. 智能制造的内涵和特征 [A] // 国家制造强国建设战略咨询委员会,中国工程院战略咨询中心. 中国制造 2025 系列丛书·智能制造 [M]. 北京:电子工业出版社,2016:40 - 41.

计、材料的选取、生产加工、管理和营销等相互联系的活动；狭义上指从原料到成品的生产过程，具体包括零件加工、毛坯制造、产品装配、检验、包装等具体环节。对制造概念广义和狭义的理解使"制造系统"成为一个相对的概念，小的如柔性制造单元（Flexible Manufacturing Cell，FMC）以及柔性制造系统（Flexible Manufacturing System，FMS），大至一个车间、企业乃至以某一企业为中心的、包括其供需链而形成的系统，都可称之为"制造系统"。从包括的要素而言，制造系统是人、设备、物料流/信息流/资金流、制造模式的一个组合体。① 因此，智能制造是将新一代信息技术应用到广义的制造系统的过程，其中制造是根本和落脚点，智能是改进制造全部流程的手段。

（二）从外延看，智能制造包括智能产品、智能生产、智能服务和智能系统

智能产品和装备是指深度嵌入信息技术（高端芯片、新型传感器、智能控制系统、互联网接口等），在其生产、物流运输、使用和服务等过程中，体现出自我感知、自我诊断、自我适应、自我决策等智能化特征的产品。② 智能产品是智能制造的主体，它包括面向使用过程的智能终端产品，如智能手机、智能穿戴设备、无人驾驶汽车等；包括面向生产过程的智能设备，包括智能数控机床、智能原材料、零配件、智能工业机器人等；还包括面向服务过程的智能设备，如对于大型工程设备、航空发动机、电力装备等精密和高价值的大型设备，为了便于运行监测和数据诊断，具有远程的智能服务是非常重要的。

智能生产是智能制造的主体，它包括智能设计、智能生产和智能管理服务。设计需求首先由智能数据分析而获取，然后通过智能仿真和优化策略实现产品性能的提升，并通过与用户相协同的策略来实现设计信息的有效反

---

① 李培根，邵新宇. 智能制造的内涵和特征［A］//国家制造强国建设战略咨询委员会，中国工程院战略咨询中心. 中国制造2025系列丛书·智能制造［M］. 北京：电子工业出版社，2016：40.

② 李培根，邵新宇. 智能制造的内涵和特征［A］//国家制造强国建设战略咨询委员会，中国工程院战略咨询中心. 中国制造2025系列丛书·智能制造［M］. 北京：电子工业出版社，2016：50.

馈，从而大大缩短产品研发周期，提高产品设计品质；生产的智能化是指为制造企业或车间引入智能技术和管理手段，实现生产资源的优化配置、生产过程任务和物流的实时优化调度，实施精细化管理和明智的科学管理决策。① 制造工厂或车间的智能特征体现为三方面，一是制造车间具有自适应性，具有柔性、可重构能和自组织能力，从而高效地支持多品种、多批量、混流生产；二是产品、设备、软件之间实现相互通信，具有基于实时反馈信息的智能动态调度能力；三是建立有预测制造机制，可实现对未来的设备状态、产品质量变化、生产系统性能等的预测，从而提前主动采取应对策略；② 管理服务的智能化目标是通过泛在感知、系统集成、互联互通、信息融合等信息技术手段，将工业大数据分析技术应用于生产管理服务和产品售后服务环节，实现科学的管理决策，为企业创造新价值。③

智能制造不仅代表产品和生产的智能化，更重要的是在更高层次上构筑覆盖整个制造体系的智能化系统，即德国"工业4.0"中提出的信息物理系统（CPS），或美国提出的工业互联网。在制造环境中，CPS中的设备能够自动地交换信息、触发行动和自我控制。正在兴起的智能工厂采取了一种全新的生产方式，智能产品是唯一的和可识别的，随时可以定位，并知道它们的历史、当前状态以及为达到最佳目标状态的替换路径。嵌入性制造系统使企业与工厂在业务流程上进行纵向连接，同时还能够和分散的价值网络实现实时管理的横向连接——从下单的一刻到出境物流。此外，它们都能够且需要贯穿整个价值链的端到端工程。④ 智能制造系统的层次如图3-1所示。

---

① 李培根，邵新宇. 智能制造的内涵和特征 [A]//国家制造强国建设战略咨询委员会，中国工程院战略咨询中心. 中国制造2025系列丛书·智能制造 [M]. 北京：电子工业出版社，2016：56.

② 李培根，邵新宇. 智能制造的内涵和特征 [A]//国家制造强国建设战略咨询委员会，中国工程院战略咨询中心. 中国制造2025系列丛书·智能制造 [M]. 北京：电子工业出版社，2016：57.

③ 李培根，邵新宇. 智能制造的内涵和特征 [A]//国家制造强国建设战略咨询委员会，中国工程院战略咨询中心. 中国制造2025系列丛书·智能制造 [M]. 北京：电子工业出版社，2016：61.

④ Communication Promoters Group of the Industry – Science Research Alliance. Securing the Future of German Manufacturing Industry：Recommendations for Implementing the Strategic Initiative Industrie 4.0 [R]. German Federal Ministry of Education and Research，April 2013：5.

第三章 智能制造发展演化的机理及技术—经济范式

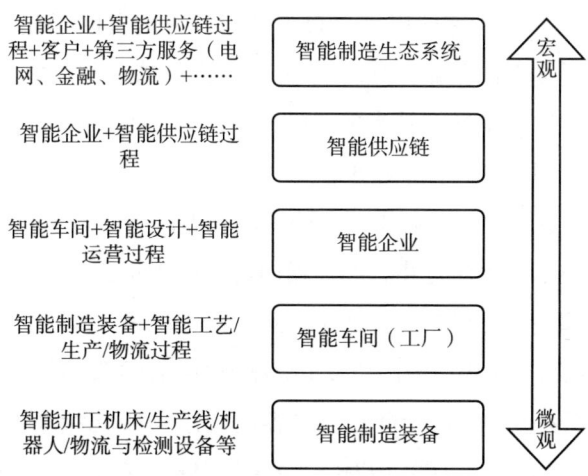

图 3-1 智能制造系统的层次

资料来源：李培根，邵新宇．智能制造的内涵和特征 [A]//国家制造强国建设战略咨询委员会，中国工程院战略咨询中心．中国制造 2025 系列丛书·智能制造 [M]．北京：电子工业出版社，2016：46．

第二节 智能制造产生的动力分析

一、技术进步是智能制造产生的根本动力

智能制造是信息通信技术（information and communication technology，ICT）对制造业渗透与融合的产物，因此信息通信技术和制造业技术高度发展是智能制造产生的内在推动力。

（一）信息通信技术的发展

信息通信技术广义上包括信息技术和通信技术，狭义上是指信息技术。大致包含微电子芯片、计算机硬件及软件、互联网以及电信等技术。虽然早在 19 世纪后期以及 20 世纪初，电话、无线电以及真空管已经发明，但真正的微电子技术突破是在第二次世界大战以后，且到 20 世纪 70 年代信息技术才开始广泛传播。

1947年，贝尔实验室的巴丁、布莱顿和肖克利发明了晶体管，为半导体的诞生奠定了重要的基础。1957年美国德州仪器公司研制了世界上第一块集成电路，引发了半导体技术的飞速发展。从1959~1962年，半导体价格下降了85%，此后10年价格更是从1962年的50美元下降到1971年的1美元。① 1971年英特尔工程师霍夫发明了微处理器，开始了微电子芯片应用的历程，随着技术的不断进步，芯片朝向集成能力更强（体积越小）、记忆容量更大和处理速度更快飞速发展。例如，1971年微处理器线宽大约是6500纳米，到了2018年，美国超威半导体公司已经开发出线宽仅为7纳米的处理器；从记忆容量看，1971年记忆体容量只有1024比特（bit），到如今记忆体容量已经用太字节（TB）（$1TB = 8.8 \times 10^{13} bit$）来衡量；从速度看，1971年英特尔处理器速度只有108千赫（KHz），现如今处理器的速度则是以千兆赫（GHz）（$1GHz = 10^6 KHz$）为单位。

微电子技术的发展也推动了电脑由大型机器向小型计算机的转变，处理能力也快速提升。20世纪80年代，苹果公司和国际商用机器公司（IBM）相继推出个人电脑系列。随着微软公司的成立，电脑软件也获得了不断的发展。90年代开始，微电脑由仅仅执行存储和运算功能向网络化、互动式转变；电信技术方面，由于"节点"技术、路由器以及传输技术的发展而产生革命性变化。20世纪70年代，集成电路芯片的技术进步使得交换器的速度和强度提升。光纤传输技术的发展也推动了电信传输向长距离、大容量、高质量等方向发展，移动通信技术也因此获得了巨大进步。

互联网是20世纪最伟大的发明之一，它将孤立分散的电脑和其他终端通过网络连接起来，形成一个网络世界，深刻改变了人类的生产、生活方式。20世纪60年代，互联网是作为美国国防部"高级研究计划局"（Advanced Research Projects Agency，ARPA）所执行的项目推出的，目的是设计出不易被核弹攻击的通信系统。随着项目的进展和国际局势的缓和，该项目的应用逐渐转向民间，最初用于美国几个大学之间发送电子邮件，此后随着

---

① 曼纽尔·卡斯特. 网络社会的崛起 [M]. 夏铸九，王志弘等译. 北京：社会科学文献出版社，2001：47-48.

互联网的不断发展,提供的服务业务也不断扩展。20世纪七八十年代,技术发展使得数台电脑之间可以互相连接并相互传送信息,1990年全球信息网(world wide web,WWW)技术的发明使互联网扩散进入社会的主流,1994年网景公司(Netscape)制作了第一个可靠的互联网浏览器,互联网时代真正得以到来。总之,20世纪最后30年,微电子芯片、计算机、通信设备、移动电话及互联网等技术集群式创新发展,促进了信息技术的全面发展,也为当前新一代信息通信技术的全面爆发奠定了基础。

(二) 制造业技术的进步

一部制造业发展史就是一部工业革命史。迄今为止,制造业的发展大致经历了机械化生产、电气化生产、自动化生产以及智能化生产几个阶段。18世纪后半叶,蒸汽机、工具机等加工机械的发明标志着从手工作坊向以工厂为中心的机器制造业转变;19世纪中叶,随着电气技术的发展,使机械结构和生产效率发生重大变化,制造业开启了电气化的飞速发展阶段;20世纪初,内燃机的发明又引发制造业的革命,制造业进入以汽车制造为代表的大批量生产时代;第二次世界大战以后,随着微电子、计算机和自动化等技术的发展,推动制造业生产模式由大批量自动化生产转向多品种、小批量、柔性自动化生产转变。在此期间,形成了一系列柔性制造技术,如数字控制(Numerical Control,NC)、计算机控制(Computer Numerical Control,CNC)、柔性制造单元(Flexible Manufacturing Cell,FMC)、柔性制造系统(Flexible Manufacturing System,FMS)、柔性制造生产线(Flexible Manufacturing Line,FML),等等[1];20世纪80年代以来,制造技术出现了并行工程、敏捷制造、虚拟制造等模式。2000年前后,制造技术与新兴信息技术、智能技术等融合,产生了网络化制造、云制造、智能制造等新型制造模式。图3-2给出了自20世纪60年代以来先进制造技术发展的特点。[2]

---

[1] 王隆太. 先进制造技术(第2版)[M]. 北京:机械工业出版社,2015:5.
[2] 制造强国战略研究项目组. 制造强国战略研究·智能制造专题卷[M]. 北京:电子工业出版社,2015:4.

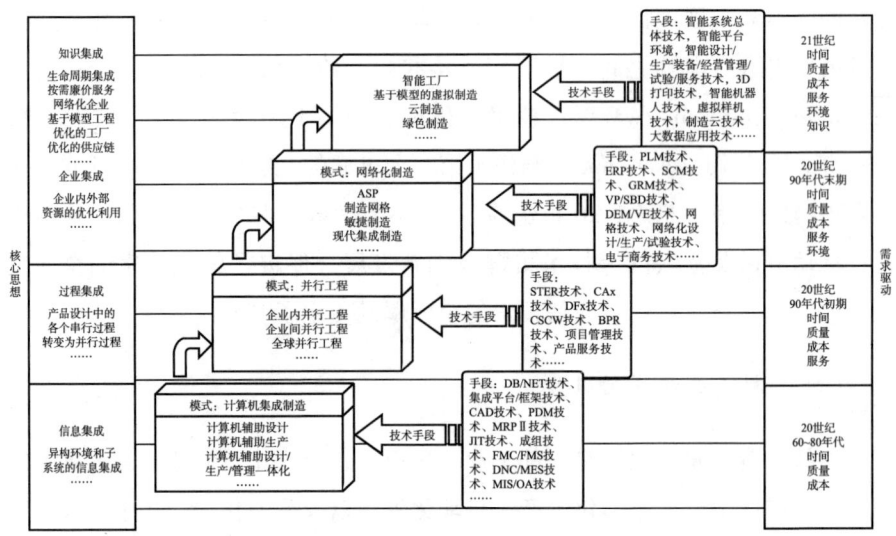

图 3-2 先进制造模式发展过程

资料来源：制造强国战略研究项目组. 制造强国战略研究·智能制造专题卷 [M]. 北京：电子工业出版社，2015：5.

（三）信息通信技术对制造业渗透融合推动智能制造的产生

进入 21 世纪以来，在信息技术不断进步和演化的基础之上，大数据、云计算、物联网、人工智能等新一代信息通信技术不断涌现并快速发展，信息通信技术的产业融合范围不断从生活领域扩散到生产领域，新的技术、产业、业态和模式不断涌现。其中新一代信息技术与制造业的深度融合正全面改变制造业生产的各个环节，大大提升了制造业的生产效率，为制造业全面向智能制造转型提供了基础和保障。在制造业的设计领域，信息技术通过计算机辅助工具功能，使制造业向集成化、虚拟化和多维化研发设计技术转变，新产品开发周期更短，成本更低，品质和性能更高，更能满足用户的个性化和多样化需求；在工厂生产环节，信息技术使工业控制系统以及机床等生产设备更加集成化、智能化和精准化，进而提高了生产的精度与效率，实现了生产过程高度自动化；在生产管理领域，随着对信息化技术的使用，企业管理系统向集成化、平台化和网络化方向发展；在物流领域，基于无线识别技术、物流设备自动化、跟踪技术精准化以及物流技术标准化，使制造业的运输配送、存储保管、装卸搬运、分类包装、流通加工等环节实现智能化操作;① 在服务领域，运用大数据等信息技术，能够全面实时掌握制造产品状态，进而进行远程决策和维护；制造业企业之间则通过信息物理系统实现网络化互联互通。总之，一个信息通信技术全覆盖的智能制造系统就此形成。

二、经济危机是智能制造产生的催化剂

如果信息通信技术和制造技术的高度发展及融合是智能制造产生的内在动力，那么经济危机则是智能制造产生的外部动力和催化剂。按照马克思关于经济危机的论述，技术的进步使劳动生产率和资本有机构成提高，造成利润率的下降，进而引发生产过剩和资本主义经济危机。马克思认为资本主义经济危机是不可避免的。熊彼特本质上继承了马克思的观点，认为"资本主义本质上是经济变动的一种形式或方法，它从来不是静止的"，即所谓"不断从内部革新经济结构，不断地破坏旧的"过程，并且"这种创造性的破坏过程是关于资本主义的本质性的事实"。② 这是熊彼特的"创造性破坏"（creative destruction）理论，是建立在创新基础之上的动态变化过程，也就是创新不断推动经济结构的更新，从而引起资本主义周期性的经济危机。可以认为，技术创新和经济危机是互为动力、相互牵引地推进经济的发展。一方面，为了获取超额利润，作为创新主体的企业家不断从现有的技术和生产系统中创造出新的技术，推动生产的进步。但随着新技术的普及及生产的扩张，企业家利润率逐渐下降，进而引起生产和资本过剩的危机，经济危机被唤醒；另一方面，经济危机的爆发及恢复过程中，企业家为生存和发展，也在不断探索新的生产技术和方法，进而推动了技术创新。这样，一个推动经济周期性发展的闭环就形成了。

金融资本在技术进步中扮演着两面性的角色。一方面，在新技术的初创及上升时期，金融资本能够起到很好的引导和扶持作用，使新技术得以生存和发展，并使新的技术革命得以传播开来；但另一方面，资本的投机性和贪

---

① 安筱鹏.制造业服务化路线图：机理、模式与选择［M］.北京：商务印书馆，2012：63-64.
② 熊彼特.社会主义，资本主义与民主［M］.北京：商务印书馆，1992：序言4.

婪性也会导致大量资金涌入新领域，造成了泡沫，为危机埋下种子。实际上，在信息技术革命的上升阶段，即所谓"新经济"时期，正是大量金融资本涌入新兴的互联网产业部门，并最终导致20世纪90年代末互联网泡沫的破裂。在接下来的近10年中，信息通信技术继续发展，并逐步渗透到生产生活的各个方面，尤其在工业领域，信息技术正发挥越来越重要的作用，新一轮技术革命蓄势待发。

新一轮变革首先发生在技术领域，信息通信技术和制造技术不断取得进步和融合，催生了大批新技术、新产品和新产业。新技术不断扩散并与旧的生产技术和组织方式发生冲突，发生"创造性破坏"，一定程度上表现为大规模生产组织方式的危机，进而催生了新的与智能化技术相适应的生产组织方式，即智能制造生产模式。随着智能制造技术和生产模式向更广阔的生产、生活领域扩散，智能制造的技术—经济范式形成（见图3-3）。

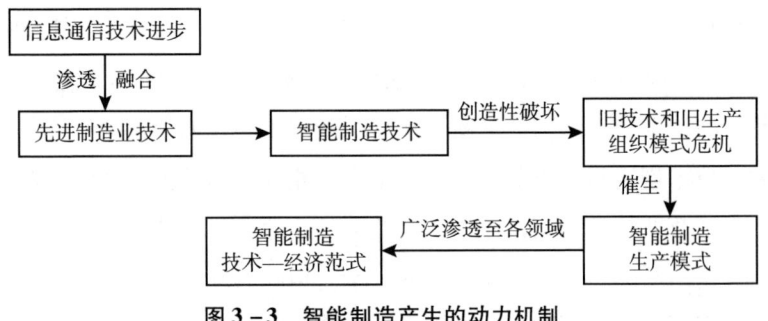

图3-3 智能制造产生的动力机制

2008年全球金融危机恰似新技术革命乃至工业革命的"助产士"，它的爆发一方面体现为虚拟经济过度扩张带来的危害，另一方面更深层次上则表明自20世纪30年代开始的大规模生产组织方式已不适应新的智能制造生产技术，因此亟须生产组织方式领域的变革。金融危机后，无论美国提出的工业互联网战略还是德国提出的"工业4.0"战略，本质上都是因应制造领域技术变革而制定的与之适应的新的生产组织方式——智能制造模式。

第三节 智能制造的生产组织模式

一、制造业生产组织模式变迁

制造业生产组织模式自手工制作阶段至今已经历四个阶段,即少量定制生产、少量标准化生产、大批量标准化生产以及大批量定制生产阶段。

(一)少量定制生产阶段

这一时期约始于公元前 1500 年的铁器时代,持续到公元 1500 年左右。由于生产力的落后,这阶段的制造业水平很低,基本靠手工来生产,生产的技术水平完全依赖于工匠的手艺,各工序耗时长、成本高。人们对产品的需求量也很小,而且即使是完全相同的产品也要区分开来、逐个生产,因此每件产品都是订制品或孤品。

(二)少量标准化生产阶段

这一阶段大概始于公元 16 世纪,经历近 400 年的快速发展。大约在 16 世纪早期,为了提高生产速度和效率,人们开始探索可互换零件的制造方式。金属机械加工技术随着第一次工业革命的发展而进步,并促进了制造技术的极大改进,可互换零件或标准化零件生产模式得以快速发展。这种生产方式减少了对技术工人的数量以及技术依赖,降低了成本;同时能提高生产的效率,减少零部件生产误差,提高产品的质量。这种生产方式在 19 世纪的纺织机械业、切削工具以及蒸汽机等行业较为普遍,但总体产出与现代生产相比仍然很低。

(三)大规模标准化生产阶段

这一阶段时间为 20 世纪初~20 世纪 80 年代。19 世纪末,随着大众市场及大规模需求的出现,少量标准化生产已经不能满足需求,大规模标准化生产应运而生。福特 T 型车的制造开启了大规模生产的模式,世界上第一个流水线生产工厂由美国福特汽车公司于 1910 年在底特律郊区海蓝帕克建造。1908~1927 年,福特共生产 1470 万辆 T 型车,汽车的价格也从建厂初期的约 850 美元下降到 1921 年的不到 350 美元。① 这得益于工厂的流水线生产系统,流水线生产能够减少生产的误差率,又能将手工作业降到最低限度,且对工人的技术水平要求不高。生产力大规模提高,产品质量水平得到大幅提升,价格能够降到较低的水平。后来这种生产模式传播到家具、电器等其他行业中。20 世纪中期,大批量标准化生产达到顶峰,美国的汽车业几乎霸占了整个世界汽车工业。大量生产方式也快速向世界其他地区传播。尽管如此,大规模标准化生产还是存在一些缺点,典型流水线生产按照固定的程式进行,缺乏灵活性。它只适合生产相同的产品,而面对不同产品的需求及生产就难以应对自如了。

(四) 大规模定制生产阶段

大规模定制生产也被称为"精益生产"(lean production),它起源于日本汽车生产企业,尤其是丰田汽车公司创造的生产模式。1950 年,日本丰田汽车公司的工程师丰田英二对美国福特鲁奇工厂进行考察后,认为福特的大量生产方式并不适用于日本,其生产体制还有改进的可能。此后丰田逐渐形成了自己的生产模式,即精益生产方式。精益生产的概念由"国际汽车计划"(International Motor Vehicle Program,IMVP)研究人员约翰·克拉夫奇克在全面调研了日本汽车制造的优势后,于 1988 年提出。1990 年出版的首次全面介绍"精益生产"的著作——《改变世界的机器》(*The Machine That Changed the World*),将"精益生产"的特点概括为:避免单件生产成本高、批量生产灵活性差的问题,同时又拥有单件生产的差异化与批量生产的低成本化等优点。精益生产在组织的各个层次都雇用了拥有多种能力的劳动者,并且使用高度自动化的机器来生产各种各样的产品。② 丰田的精益生

---

① [英] 彼得·马什. 新工业革命 [M]. 赛迪研究院专家组译. 北京:中信出版社,2013:62-63.
② [美] 詹姆斯·P. 沃麦克,[英] 丹尼尔·T. 琼斯,[美] 丹尼尔·鲁斯. 改变世界的机器 [M]. 沈希瑾等译. 北京:商务印书馆,1999:14.

产方式在 20 世纪 80 年代达到顶峰，2008 年丰田汽车产量首次超越通用汽车公司，成为全球第一大汽车生产厂商。

二、智能制造的生产组织模式创新

进入 21 世纪以来，随着客户以及消费者对新产品的不同需求越来越多，以及网络化制造、3D 打印等先进制造技术的发展，使得基于客户需求的、小批量、个性化的智能制造成为发展的新趋势。与传统制造模式相比，智能制造在生产特点、主导力量、产品特点、企业组织模式、劳动者技能、产业组织模式等方面具有诸多优点，更能适应当下及未来一段时间的发展需求。三种典型制造模式的组织方式比较如表 3-1 所示。

表 3-1　　　　　　三种制造模式的组织方式比较

比较类目	大规模标准化模式	大规模定制模式	智能制造模式
典型生产方式	福特制大规模生产	丰田制精益生产	智能化生产
主导时期	20 世纪初～20 世纪 80 年代	20 世纪 80 年代至今	21 世纪以来
生产特点	大批量标准化生产	大批量定制化生产	小批量或单件、个性化生产
主导力量	生产者主导型（生产即服务）	生产者—客户共同主导型（生产服务分离）	客户需求主导型（服务即生产）
产品特点	黑箱式、标准化产品	半透明、可定制产品	透明化、差异化产品
企业内部管理机制	等级制、集权化	水平制、扁平化	共享制、网络化
劳动者技能	单一技能	多功能专家	个人创新单元
企业间的产业组织模式	垂直一体化	水平一体化	网络化

具体地，智能制造具有满足用户个性化需求、灵活、决策优化、高生产率和资源利用率、服务性等优势。

(一) 小批量、个性化制造

与传统的大规模制造相比,智能制造能够通过个性化功能和组件的混合、重置,在产品设计、制造、运作等环节满足客户的个性化需求,可以让客户随时参与到制造流程中,让其不再被动接受"千篇一律"的产品,即所谓的定制化生产,这样在满足客户个性化需求的同时,还可以提升企业的竞争力。另外,通过智能制造装备,如智能柔性生产线、机器人、3D打印设备来提高生产的柔性,从而适应小批量甚至单件也可以盈利的生产模式。德国"工业4.0"工作组在报告中列举汽车生产线的例子,认为今天汽车行业是静态生产线,很难对新的变异产品进行重新配置,在这种环境下也不鼓励员工个性化创新,导致不可能满足客户的个性化需求。而在未来的"工业4.0"的动态价值链下,客户和特定产品的设计、配置、订货、计划、生产和物流可以统一协调,且能够及时响应客户哪怕最后一分钟的需求变更。[①]

(二) 灵活、透明及决策优化制造

传统的制造生产线往往是整体的、不可随意拆分组合的,因此一旦遇到供应链或市场波动的影响,往往难以快速转换,导致亏损或直接倒闭。未来组成智能制造的是模块化、可以独立拆分、重组的智能单元,这有利于企业根据原料、需求、供应链和市场的变化进行动态配置和自我调适,提高了生产的灵活性。此外,传统制造企业在进行决策时往往还面临内外信息不对称或信息短缺的问题,不确定性仍是重要影响因素。而在智能制造的体系下,设备端到端之间的信息是透明和实时可见的,可以随时采集数据进行分析优化;且在大系统下,各个企业和产业链条的供求关系清晰可见,使企业能够针对各种变化因素作出快速反应和决策,且决策往往是最优化的。

---

① Communication Promoters Group of the Industry – Science Research Alliance. Securing the Future of German Manufacturing Industry: Recommendations for Implementing the Strategic Initiative Industrie 4.0 [R]. German Federal Ministry of Education and Research, April 2013: 76.

（三）高生产率、低能耗的绿色可持续制造

智能制造一个显著特点是能够提高生产率以及降低能耗。从提高生产率看，给予一定的资源能够得到更多的产出，或使用较少的资源能够产生给定的产出。因为 CPS 贯穿整个价值链网络的各个环节，对制造过程进行优化，进而提高了生产率。美国通用电气公司发布的工业互联网报告中就指出，智能设备使每个机器性能都得以优化，使运行和维护成本最小化，对全球工业体系的影响是巨大的，即使是产业层面很小的进步，如提升 1% 的效率，放大后也会对整个经济系统产生极大益处。进而列举了航空、铁路运输、发电等行业例子，说明智能系统对生产率提升和成本节约带来了实实在在的收益；从节约能耗看，当前全球面临着资源短缺、环境污染等问题，制造业能耗占全球能耗的三成，降低能耗、获得可持续发展是当务之急。智能制造明显的益处是可以降低能耗，通过传感器实时掌握能源利用情况，通过能耗和效率的智能优化提高能源利用率。同时还可以通过智能控制系统对生产间歇进行能耗控制，关掉那些不工作的程序流程可以减少能源消耗。如德国"工业4.0"工作组在报告中举出的"生产间歇的汽车车身装配线"的应用例子，指出汽车装配线在生产间歇时所消耗的能源占据其全部能源消耗的 12%，能耗主要源于机器人、通风设备、激光及其冷却系统，以便在间歇结束后立即投入生产。未来智能生产设备将保持"网络唤醒模式"的待命状态，因此即使在很短的生产间歇期内，也能够关闭智能设备，进而减少总能耗。[①]

（四）服务型制造

智能制造是一种服务型制造，CPS 中机器、设备、设施群与先进的传感器、控制装置以及应用软件连接，将服务整合延伸到产品的全生命周期中。智能制造时代产品不再代表其核心价值，而服务用户成为最重要的价值链环节，服务可以创造更多新的价值，也就是说制造业将实现从以产品为中心向

[①] Kagermann H., Wahlster W., Helbig J. Securing the Future of German Manufacturing Industry: Recommendations for Implementing the Strategic Initiative INDUSTRIE 4.0 [R]. Final Report of the Industrie 4.0 Working Group, 2013: 26.

以用户为中心的根本性转变。将来一个企业很难用制造企业还是服务型企业来加以区分和定位,服务甚至可以贯穿制造业全部流程。一是通过产品智能化升级和产品智能设计技术,实现产品创新,提升产品价值;二是通过产品个性化定制、产品使用过程的在线实时监测、远程故障诊断等智能服务手段,创造产品新价值,拓展价值链。制造业服务化正成为全球许多制造企业的战略选择,例如,国际商用机器公司(IBM)在1911年诞生时是一个典型的制造企业,20世纪中后期,IBM发展成为全球最大的电子信息产品制造企业。但20世纪90年代IBM几乎濒临破产,开始思考企业的转型,逐步注重顺应客户的需求,通过出售、并购、重组等一系列手段将IBM的产业重点从硬件制造转向软件和服务,IBM已成为"为客户解决问题"的信息技术服务型公司,2005年IBM服务业收入占总收入比重已超过半数,硬件比重则下降近三成。[①] 2008年金融危机后,IBM审时度势,结合自己长期以来积累的信息技术研发优势和面向成熟行业应用的系统综合集成能力,提出了"智慧地球"的发展理念。2008年IBM实现服务业务收入810亿美元,近年来已成为全球信息服务领域最具竞争力的企业。通用电气公司运用传感器、大数据等开展对发动机的实时监控,发展了"健康保障系统""小时付费"等商业服务模式,大大增加了飞机发动机的年营收,其中服务业收入也得到极大提高。此外,福特汽车公司销售的不仅仅是汽车,还包括消费信贷服务的产品集合;劳斯莱斯的主要产品已经从单纯的航空发动机发展到"发动机的飞行时间";苹果公司销售的产品集智能移动终端和数字内容服务于一体,等等。当前,服务的功能、质量、效率和网络等越来越成为全球制造业产品价值实现的重要来源。[②]

(五) 网络化制造

从企业内部和企业之间的产业组织模式看,智能制造具备网络化生产的组织优势。在传统的大规模、机械化、流水线生产模式中,由于信息难以顺畅、有效地在企业内部流动,使得处于上层的管理人员掌握更多信息,并获

---

① 汪应洛,李刚. 服务型制造是产业转型升级的重要方向 [A]. 国家制造强国建设战略咨询委员会,中国工程院战略咨询中心. 服务型制造 [M]. 北京:电子工业出版社,2016:36.
② 安筱鹏. 制造业服务化路线图:机理、模式与选择 [M]. 北京:商务印书馆,2012:序言V.

得更多管理权力。他们通过等级制的管理层次将信息一层层传递下去，信息交换变得低效，并往往出现信息断层，导致企业管理和生产效率较低。而在智能化生产体系中，信息在各个部门和环节之间顺畅地流动，每个原材料、机器、设备单元、产品、员工等都在共同的网络平台上，通过数据交换彼此的信息。层级制被打破，每个单元得以活跃起来。例如，思科公司早在1999年即建立了网络化生产系统，把顾客、供应商、伙伴和员工都组织在网络中，通过工程、设计和软件，使大部分企业的互动自动化。同时通过建立一个线上供应商网络，思科公司把自己的制造工作消减到最低，从开发设计到销售等环节，信息都能自由而及时地在网络上流通。从企业间的关系看，传统制造模式下，企业为了获得稳定的供应链渠道，减少生产的不确定性和交易成本，而采取纵向的垂直一体化整合策略，但这种方式一定程度上也增加了企业的管理成本。而在智能制造模式下，企业共处于网络化平台上，彼此分享信息，生产过程可以分成若干模块，如设计、生产和服务等环节都可以分离在不同的企业中进行。例如，一些"无工厂"制造商，只保留设计、销售等工作，而把制造环节外包给其他制造厂商，这样企业能够专业化地从事自身的优势业务领域。同时从整个产业链看，信息自由流动使得企业之间的交易成本没有显著上升。因此可以说，智能制造很好地化解了制造业中由高度专业化分工所带来的生产效率提升和信息等交易成本上升之间的矛盾。

第四节　智能制造的技术—经济范式

一、范式及技术—经济范式概念界定

"范式"（paradigm）一词源于托马斯·库恩在其著作《科学革命的结构》中提出的概念。库恩在"通向常规科学之路"一章中指出，"常规科学"（conventional science）是指建立在一种或若干过去科学成就的基础上，

在一段时间内被科学共同体公认为是指导实践的基础。① 这些科学成就"空前地吸引一批坚定的拥护者，使他们脱离科学活动的其他竞争模式。同时，这些成就又足以无限制地为重新组成的一批实践者留下有待解决的种种问题"。② 库恩认为，凡是共有这两个特征的成就，就称之为"范式"，这是一个与"常规科学"密切相关的术语。范式是常规科学不可分割的部分，而为科学共同体所实践的常规科学，只要还有丰富的研究可做，就会延续生命。直到为范式所规定的方法不能再应付一系列反常现象，由此危机爆发并不断持续，直到一项新的科学成就诞生，重新指导研究，并奉为新一代的范式。这种现象就是"范式的转换"③。因此，这里库恩不仅给出了范式的概念，还认为范式是不断演化的，这为后来的学者对范式概念的应用发挥了启示作用。

演化经济学者卡萝塔·佩蕾丝将库恩的范式概念迁移到对技术革命及其相适应的经济体系的描述上来，提出了"技术—经济范式"（techno-economic paradigm）的概念。在《技术革命与金融资本》一书中，佩蕾丝指出：技术革命是紧密交织在一起的一组技术创新集群，一般包括一种重要的、通用的低成本投入品，再加上重要的新产品、新工艺和新的基础设施。每次技术革命都提供了一套相互关联的、同类型的技术和组织原则，并在实际上促进了所有经济活动的潜在生产率的跃迁。④ 佩蕾丝认为，这套原则得以扩散的载体正是"技术—经济范式"，技术—经济范式是经济上的最佳惯行方式，它界定了正常的创新实践的模式和边界。与库恩的范式革命逻辑类似，佩蕾丝认为，每次技术革命都是新产品、新行业和新基础设施的爆炸性发展，它逐渐产生出新的技术—经济范式，在范式扩散期间，对企业家、创新者、投资者和消费者在个人决策及相互作用方面加以引导。⑤

实际上，佩蕾丝关于技术—经济范式变迁的概念透露出马克思关于

---

①② 托马斯·库恩. 科学革命的结构（第四版）[M]. 金吾伦，胡新和译. 北京：北京大学出版社，2012：8.

③ 托马斯·库恩. 科学革命的结构（第四版）[M]. 金吾伦，胡新和译. 北京：北京大学出版社，2012：16.

④ 卡罗塔·佩蕾丝. 技术革命与金融资本：泡沫与黄金时代的动力学[M]. 田方萌等译. 北京：中国人民大学出版社，2007：13-14.

⑤ 卡罗塔·佩蕾丝. 技术革命与金融资本：泡沫与黄金时代的动力学[M]. 田方萌等译. 北京：中国人民大学出版社，2007：14.

"生产力—生产方式—生产关系"① 的理论逻辑。马克思在《德意志意识形态》中,表达了生产方式的概念。他指出生产方式是"人们用以生产自己的生活资料的方式……更确切地说,它是这些个人的一定的活动方式,是他们表现自己生活的一定方式、他们的一定的生活方式。"② 后来在谈到人类生存的三个前提时,马克思阐述道:"一定的生产方式或一定的工业阶段始终是与一定的共同活动方式或一定的社会阶段联系着的,而这种共同活动方式本身就是'生产力';由此可见,人们所达到的生产力的总和决定着社会状况,因而,始终必须把'人类的历史'同工业和交换的历史联系起来研究和探讨。"③ 在这里马克思阐述了生产力和生产方式的直接关系,即一定的生产方式与生产力相联系,必须将生产方式和生产力联系起来研究和探讨。此后,马克思又在《资本论》等著作中表述了这一观点。马克思这一分析逻辑为"技术—经济范式"概念的界定提供了很好的思路。

因此,我们将"技术—经济范式"界定为:代表一定生产力水平的技术创新集群,以及与其相适应的生产(组织)方式所构成的有机统一体。随着技术创新的进步和生产力的发展,生产组织方式也处于演变之中,因而技术—经济范式沿着"稳定—动荡—适应—稳定"不断循环演进。

二、技术革命的划分及其技术—经济范式变迁分析

沿着技术—经济变迁的逻辑思路,对 18 世纪后半叶以来发生的工业革命、技术革命及其技术—经济范式变迁进行分析。根据主导技术和关键投入要素的不同,将迄今为止爆发的工业革命划分为约每百年一次,分别是 18 世纪 80 年代~19 世纪 70 年代以机械化生产为特征的第一次工业革命,19 世纪 70 年代~20 世纪 70 年代以大规模电气化生产为特征的第二次工业革命,以及 20 世纪 70 年代开始的以信息化、智能化生产为特征的第三次革命(见表 3-2)。

---

① 这里不是"生产力—生产关系"的直接相互作用,而是将生产方式作为中介的三者的关系。孟捷,杨志. 技术创新与政治经济学的研究对象 [J]. 政治经济学评论,2004 (2).
② 马克思,恩格斯. 德意志意识形态:节选本 [M]. 中央编译局编译. 北京:人民出版社,2003:11-12.
③ 马克思,恩格斯. 德意志意识形态:节选本 [M]. 中央编译局编译. 北京:人民出版社,2003:24.

表 3-2 历次技术革命及其技术—经济范式

工业革命阶段划分	第一次工业革命（机械化）		第二次工业革命（电气化）		第三次工业革命（智能化）	
技术革命浪潮划分（康德拉基耶夫长波）	第一次长波（水力机械化）	第二次长波（蒸汽机械化）	第三次长波（电气机械化）	第四次长波（电气自动化）	第五次长波（信息化）	第六次长波*（智能化）
	18世纪80年代	19世纪30年代	19世纪70年代	20世纪30年代	20世纪70年代	21世纪10年代*	21世纪50年代*
主导国家	英国	英国、法国、美国、德国、日本	美国、德国	美国、德国、法国、英国、日本	美国、日本、德国、中国	美国、日本、德国、中国
重大技术创新标志及发生时间[①]	英国人阿克莱特发明水力纺纱机并创办最早的机器纺纱工厂（1771年）	蒸汽动力机车"火箭号"在英国利物浦—曼彻斯特铁路上成功行驶（1829年）	法拉第在南弗里德塔拉明实验成功照明（1858年）；卡内基在匹兹堡建立贝西默酸性转炉炼钢工厂（1875年）	福特在海兰德工厂设立汽车装配流水线生产T型车；伯顿开发石油裂化工艺（1913年）	英特尔工程师特德·霍夫发明了世界上第一块商用微处理器芯片（1971年）	凯文·艾什顿提出"物联网"的概念（1999年）

·72·

续表

关键投入要素②	铁、煤炭		钢铁、石油		芯片、多元化能源	
主导的技术集群和产业部门	早期机械化技术，棉纺织，铸铁，制陶业	蒸汽机，铁路及其设备，机器机床设备制造	电力设备，钢铁，重化工业，电话电报等通信业	汽车，内燃机，石油，飞机，耐用消费品，合成材料	微电子，计算机，通信技术，互联网	智能制造，3D打印，物联网，区块链，人工智能，生物技术
重要基础设施建设	运河，收费公路，水力	铁路，航运	电网	高速公路，机场，港口等交通网，通信网	通信，互联网，物流网络	下一代信息网络，物联网，云计算，泛在智能设施
生产（组织）方式	通过工厂组织的建立和机器生产来提高生产率	可互换或标准化零件生产，由铁路运营而派生出的大企业管理方法	科学主义，大型垄断企业组织，垂直一体化，泰勒主义，督察制管理	大规模标准化生产，福特主义，大规模消费	大规模定制生产，丰田主义"精益生产"	智能制造模式，小批量，个性化，定制化，网络化生产

注：*表示第六次长波及其起止时间同步预估。
① 资料来源：卡罗塔·佩蕾丝. 技术革命与金融资本：泡沫与黄金时代的动力学[M]. 田方萌等译. 北京：中国人民大学出版社，2007：16.
② 根据佩蕾丝的理论，关键生产要素的特征表现为：(1) 显著的低成本和相对成本迅速下降；(2) 具有在很长时期内几乎无限的供应能力；(3) 通过相关创新，不仅降低成本，而且改变资本设备、劳动投入和其他人投入系统投入的质量。参见：G. 多西，C. 弗里曼，R. 纳尔逊，G. 西尔弗伯格，L. 苏蒂. 技术进步与经济理论[M]. 钟学义，沈利生，陈平等译. 北京：经济科学出版社，1992：61-62.

根据康德拉季耶夫长波理论,约每50年即发生一次经济变迁的长波周期,这也符合历史上历次技术革命及经济繁荣—萧条的周期更替规律。自18世纪80年代至今已发生了五次长波周期,每一次长波在发生的时间、主导国家、重大技术创新标志、关键投入要素、主导的技术集群和产业部门、基础设施、生产组织方式等方面都有显著特征。

(一) 第一次康德拉季耶夫长波① (18世纪80年代~19世纪30年代)

18世纪晚期,英国的工业经济迅猛增长,尤其是棉纺织业和冶铁业增长异常迅速,这主要得益于棉纺织业相关技术和组织的创新。诸如珍妮纺纱机、水力纺纱机等的发明不断涌现,阿克莱特发明机器纺纱工厂的组织制度,使生产效率不断提高,降低了棉纺织品的价格,提高了英国出口竞争力。此外,用焦炭代替木炭冶炼铁矿石,以及把生铁转化为熟铁的科特搅拌工艺是两个决定性的技术创新,使得1780~1840年廉价铁供应急剧增长,也使铁成为第一次工业革命的关键投入要素,不断广泛应用于蒸汽机、桥梁、轮船、建筑等行业中。在这一时期的基础设施建设投资中,出现了"运河热"和"公路热"。19世纪三四十年代早期,英国发生了严重的经济萧条,农村和城市失业人口剧增,经济动荡,之后爆发大规模工人运动。经济危机也标志着第一次长波的结束和第二次长波的到来。

(二) 第二次康德拉季耶夫长波 (19世纪30~70年代)

英国是第二次长波的主导国家,铁路迅速发展成为重要的产业部门,与铁路相关的蒸汽机车制造、铁路车辆及其他铁路装备也出现迅猛增长。蒸汽动力逐渐取代水力成为应用广泛的技术,因此蒸汽机制造成为机器设备制造的核心部门。机床等机器设备制造发展迅速,成为其他产业机械化的重要基础。这些产业都离不开铁和煤的大规模应用,因此煤、铁仍是第二次长波的关键投入要素。与早期的运河和公路投资热类似,19世纪三四十年代,英国又出现了遍及全国的铁路投资热潮。重要的是,铁路运营

---

① 对于第一至第四次康德拉季耶夫长波的历史分析参见克里斯·弗里曼、弗朗西斯科·卢桑:《光阴似箭:从工业革命到信息革命》第2部分:连续发生的工业革命,沈宏亮译,中国人民大学出版社2007年版。

管理中具备的高度准时、远期服务计划、定期维修、对签订分包合同的能干专家的控制、运送旅客和物品的迅捷等特征和方法，为19世纪末期大企业的管理提供了重要示范和借鉴。19世纪70年代开始，由于工业生产过剩、过度竞争等原因，英国和几个西欧国家都出现了经济结构性危机和萧条，失业大量出现。在弗里曼看来，每次经济调整的结构性危机都发生在新产品、新工艺和新服务集群迅速增长和前一次技术革命浪潮的推动力减弱的衔接点上。19世纪70年代的危机正是铁路、蒸汽机和机械化等成熟的工业部门盈利能力下降、投资机会消失、无法应对来自新的创新集群的激烈竞争的过程。危机也标志着以煤、铁大规模投入和机械化为技术特征的第一次工业革命的落幕。

（三）第三次康德拉季耶夫长波（19世纪70年代~20世纪30年代）

英国的霸权在19世纪70年代走到了尽头，美国借由铁路建设开始赶上英国，成为第三次长波的主导国家。这一时期，对科学和实验室研究的重视使电力等新兴技术得以快速发展。随着19世纪六七十年代关于电力的一系列发明和创新的推进，发电机技术才在一些主要工业国家得到大规模发展。20世纪初，电力已广泛地应用于家庭照明、运输系统，以及冶金、化学等新兴工业领域。到20世纪30年代，美国工业动力超过3/4是由电力供应。钢是第三次长波的关键投入要素，19世纪后期，炼钢工艺出现一系列创新，推动美国、德国钢产量的大幅提升，产量分别从1880年的100万吨和70万吨增加到1913年的3100万吨和1890万吨，而钢（轨）价格则从68美元/吨下降到28美元/吨。[①] 钢的广泛用途也使其成为第三次长波的关键要素，如钢轨、造船业等机械重工业、军事工业、建筑业以及很多消费品工业都用到钢。第三次长波的生产组织方式创新在于大企业组织结构的出现，以及引入泰勒"科学管理"方法的"官僚制"管理体系。它建立在对各种管理职能职业化和专业化基础之上，包括成本核算、生产控制、销售管理、设计和开发、人力资源、公共关系、市场调研等方面。"官僚制"推动了美国、德

---

① 克里斯·弗里曼，弗朗西斯科·卢桑.光阴似箭：从工业革命到信息革命[M].沈宏亮译.北京：中国人民大学出版社，2007：237-239.

国的电力、机械等大企业发展和经济赶超。第一次世界大战结束后,美国制造业占世界制造业总产出的56%,成为名副其实的世界经济领导力量。但由于生产过剩、不平衡发展、股市泡沫等因素影响,美国在1929~1933年爆发了众所周知的大萧条,随后经济危机蔓延至整个资本主义国家,第三次长波在动荡中结束。

(四)第四次康德拉季耶夫长波(20世纪30~70年代)

第四次长波之初爆发了第二次世界大战,伴随着世界范围内对商品和服务需求的增长,美国经济得以恢复和繁荣,再次成为第四次长波的主导国家。由于战争的需要以及战后爆发的冷战刺激,军用汽车、坦克、飞机、石油、合成材料等武器和能源产量急剧扩张,成为第四次长波最先兴起的部门。汽车产业是第四次长波中最为显著的部门,福特T型车流水线生产开启了大规模、标准化生产的时代。可互换零部件以及专业化分工的流水线作业使汽车的生产效率得到极大提升,进而大大降低了汽车的价格,"福特主义"支配着这一时期的生产组织方式。在关键投入要素方面,廉价的石油成为汽车产业崛起以及工业机械化、自动化发展的重要推动力。第二次世界大战后,大规模消费风潮推动了对耐用消费品的需求,使其成为快速增长的部门。除美国外,德国和日本等国由于战后重建,极大刺激了经济的繁荣和高增长,也带动了这些国家和地区的汽车、飞机、石化等行业的发展。20世纪70年代爆发了两次石油危机,对经济过度依赖石油的经济合作与发展组织国家造成重创,同时大规模生产模式和"福特主义"也遭到质疑,还有研究认为科学技术推动经济增长的极限已经到来。随着第四次长波周期的结束,以电力、钢铁和石油大规模投入的电气化工业革命发展势头趋于减弱,但这轮工业革命的影响并未消失,而继续在第五次长波中占据一定主导地位。

(五)第五次康德拉季耶夫长波(20世纪70年代~21世纪10年代)

第五次长波的重要技术特征是微电子芯片的发明以及计算机、互联网、信息通信等技术集群的出现。微电子芯片作为第五次长波的核心投入要素,自发明和商业应用开始即快速蔓延至生产和生活的各个方面,且价格快速下降，并导致生产效率的提升。美国在20世纪90年代凭借互联网新经济的发展而成为第五次长波的主导国家。在生产组织方式上，主导第四次长波的"福特主义"的大规模生产模式，由于缺乏灵活性，且等级制的管理结构限制了人的创造性，而逐渐被摒弃。源自日本"丰田主义"的"精益生产"模式逐渐被采用，"精益生产"模式的优点在于，重视不断提高工人的技能，使他们发挥在知识、经验以及创造力方面的作用，充分发挥工人在生产中的能动性；重视同协作公司的合作和共同研发；开发"看板制度"，追求"零库存"，与客户沟通，并快速响应市场需求，等等。由于对互联网等新兴行业的过度投资，20世纪末美国互联网泡沫破裂，美国新经济时期的高速增长也宣告结束，但此次危机并未对其他国家造成很大伤害。进入21世纪初年，美国经济得以恢复，但过度投资虚拟经济使美国在2008年再次遭受金融危机的冲击，而这次危机迅速蔓延至全球主要发达国家，造成了全球经济危机。这一次的经济危机从深层次看，可以视为继20世纪70年代危机后，以大规模生产为特征的第二次工业革命及其技术—经济范式遭遇的再一次危机，也预示着新的工业革命及新的范式即将到来。

三、第三次工业革命下的智能制造技术—经济范式

我们将新一轮工业革命界定为继机械化、电气化之后的以智能化为标志的第三次工业革命。它包括20世纪70年代~21世纪10年代的第五次康德拉季耶夫长波，以及始于21世纪10年代的第六次康德拉季耶夫长波。第三次工业革命是以新一代信息通信技术及智能制造技术为主导的智能化革命。其技术创新始于第五次长波，即20世纪70年代微电子芯片的发明，可以视为第三次工业革命的先导期。但应该说明的是，在20世纪最后30年中，以芯片为主导的信息技术革命的发展及其影响还主要限于信息产业内部，以及有限的服务部门，如电子商务等。而尚未扩散到其他大部分的产业，尤其是制造业等工业部门，因此还未引起真正意义上的工业革命的爆发及技术—经济范式的变革。正如佩蕾丝所论述的，只有当技术远远突破它所起源的产业或部门之界限，扩散到更为广泛的领域，才算真正意义上的

"技术革命"[①]。因此,只有信息通信技术冲出产业内部,尤其是广泛扩散到工业和制造业部门后,才使工业革命在真正意义上得以展开。

始于21世纪10年代的第六次康德拉季耶夫长波则可视为第三次工业革命的爆发期。它的技术—经济范式表现为:以芯片和新能源为关键投入要素,以物联网、云计算、大数据、智能制造、3D打印、机器人、人工智能、生物技术、新材料、新能源等技术创新集群为主导,以小批量、个性化、定制化、网络化的智能制造模式为生产组织方式。

从主导力量看,第六次长波的主导国家将是美国、德国、日本和中国,原因在于:美国是新一代信息技术原始创新国家,在半导体硬件、软件、互联网等技术创新方面处于全球领先地位。在国家创新体系方面,美国拥有大量全球顶尖的互联网企业,无论在创新引领还是市场份额等方面都首屈一指。同时美国还有全球顶尖的以基础研发创新闻名的大学、院校,其与企业的联合研发成为推动顶尖科技创新的重要动力和源泉;德国和日本的优势则在于高端制造业的发展优势,智能制造赖以发展的硬件基础,如高档数控机床、工业机器人等核心技术都掌握在这些国家的企业手里。因此,面对新的工业革命,德国和日本凭借雄厚的发展基础而具备先发优势;中国将被视为最具发展潜力的主导国家,有可能在第六次长波期间实现赶超而成为领头羊。一方面,中国是新一代信息通信技术和智能制造的最大应用国,具备智能化发展的规模效应;另一方面,经过多年的发展,中国在科技研发方面投入和创新能力方面不断提升,一些新兴技术领域已达到领先水平,具备赶超的科技实力。

在核心投入要素方面,集成电路芯片和新能源是第六次长波的核心要素。芯片是一切智能设备的"大脑",缺少芯片便不能实现智能化和万物互联。随着芯片设计和制造技术的发展,目前已实现10nm技术量产,未来将继续朝向7nm、5nm等更高集成技术发展。在应用领域方面,传统的计算机、移动通信设备等驱动已经趋缓,而继续向新兴的领域,如物联网、智能移动设备、汽车、VR、AI、机器人等扩展;此外,在历次工业革命中,能

---

① 卡罗塔·佩蕾丝. 技术革命与金融资本:泡沫与黄金时代的动力学 [M]. 田方萌等译. 北京:中国人民大学出版社,2007:13-14.

源是必不可少的投入要素,在前两次工业革命中,煤炭和石油依次成为推动工业发展的绝对主导能源。但化石燃料属于不可再生能源,面临着枯竭的可能,同时化石能源燃烧带来的环境污染问题日趋严重,因此逐步采用新的可再生能源是必然趋势。根据《BP 世界能源展望(2018 年版)》分析,可再生能源是增长最快的能源,占能源增量的 40%。到 2040 年,石油、天然气、煤炭和非化石能源预计将各提供世界能源的 1/4,形成有史以来最多元化的能源结构①。

从技术创新集群和主导产业部门看,第六次长波中,智能制造、机器人、物联网、云计算、大数据、人工智能等将是重点发展的技术和产业,其中智能制造是核心。为抢占新科技革命发展先机,迄今为止美国、德国、日本和中国等都已经布局智能制造,并提出各自的发展战略和标准。美国通用电气公司 2013 年发布工业互联网报告,2014 年联合其他主要的互联网和制造企业成立工业互联网联盟(Industrial Internet Consortium,IIC),并在 2015 年 6 月发布美国版"工业互联网参考架构体系"(Industrial Internet Reference Architecture,IIRA);德国在 2013 年 9 月发布了"工业 4.0"报告,成立工业 4.0 平台具体推动实施,2015 年 3 月推出了德国版的"工业 4.0 参考架构体系"(Reference Architecture Model Industrie 4.0,RAMI 4.0);2015 年 5 月中国发布《中国制造 2025》,并在 2015 年 12 月发布《国家智能制造标准体系建设指南》,提出了中国版的"智能制造系统架构"(Intelligent Manufacturing System Framework,IMSF);2013 年后日本政府陆续发布"日本振兴战略""第五期科学技术基本计划""机器人新战略"等,并在 2016 年 12 月发布了智能制造参考框架"工业价值链参考架构体系"(Industrial Value Chain Reference Architecture,IVRA)。

技术创新固然是新一轮科技革命的重要推动力,但同时,也需要与其相适应的生产组织方式的变革。旧有的大规模生产方式已经不能很好地适应新技术的发展需求,亟须变革。首先,可以实现个性化生产,由于新一代信息技术的发展,虚拟制造技术可以让消费者也实时参与到产品的设计、生产等

---

① BP. BP 世界能源展望 2018 年版 [R/OL]. https://www.bp.com/zh_cn/china/home/news/reports/bp-energy-outlook-2018.html.

环节，并依据消费者的不同需求不断进行改进，直至成品出现；其次，可以实现小批量甚至单件生产，由于模块化生产技术的进步，智能化生产并不再受限于生产设备和生产线，制造千篇一律的产品，而是可以根据客户需要改变计划。例如，成熟后的 3D 打印技术可以实现生产一件产品也可盈利的情况；再其次，在各个价值链环节分工方面，信息物理系统技术使机器设备、生产的各个环节、人员、产品等要素处于同一个互动网络中，能够随时掌握各种信息，基本消除了旧生产模式下横亘于各个环节之间的信息传递障碍，大大降低由分工带来的交易费用；最后，在产业组织结构方面，网络化协同制造模式使企业不用通过纵向一体化的模式来实现产业链各环节的配合。而在同一行业中，通过精细化分工找到自身的利基领域，进而减少横向一体化造成的垄断，中小企业将有更多发挥的空间。

总之，智能化技术和生产方式将主导未来一段时间的经济和产业发展，至于能持续多少年仍是不可预测的。我们按照每 50 年发生一次康德拉季耶夫长波计算，第六次长波大概持续到 21 世纪中叶。

第四章 智能制造关键基础性产业全球发展态势比较分析

智能制造作为一种先进的制造模式，目前还缺乏权威和统一的定义，也无明确的产业所指。但有一些产业能够深刻影响甚至决定智能制造的发展水平。本书从能够反映智能制造发展水平的几个关键基础性产业入手，分析和比较全球及各主要国家智能制造发展的能力水平。选取体现"硬实力"和"软实力"两个方面的五个产业，分别是集成电路、智能传感器、高档数控机床、工业机器人以及软件和信息技术服务业。在智能制造实施过程中，这几个行业分别可以拟人化地理解为智能制造的"大脑""五官""躯干""四肢"以及"思维"。下面从技术、生产、市场、投资等几个方面对全球及各主要地区和国家的这些产业加以比较分析。

第一节 集成电路和传感器产业

通过前面对智能制造的技术—经济范式分析已知，集成电路（integrated circuits，IC），又称芯片①，是第五次和第六次康德拉季耶夫长波周期的"关键生产要素"，其满足在经济系统及许多产品和工艺中普遍使用、通过技术创新降低成本、提高生产率、有几乎无限的供应能力等条件。集成电路是智能制造的大脑，是智能制造赖以发展的最为核心的基础产业。智能传感

---

① 芯片是内含集成电路的硅片，它是集成电路的载体，因此通常成为集成电路的简称。

器是智能制造的感知系统,通过传感器检测到的信号与微处理器的信号处理功能有机结合,将采集到的数据用于智能决策。由于集成电路和传感器同属于半导体产业,且集成电路大约占半导体市场产值的八成左右,而传感器在半导体中占比相对较低,大概在3%左右。因此在统计上有时以半导体来指代集成电路的发展情况。我们以半导体产业的统计数据来表征集成电路及智能传感器产业的发展。

一、半导体产业发展概况

从集成电路的技术发展历程看,1957年美国德州仪器公司研制了世界上第一块集成电路,两年后美国仙童公司制造出了第一块实用化的集成电路芯片,开创了微电子时代新纪元。1965年美国人戈登·摩尔(Gordon Moore)在《电子杂志》(*Electronic Magazine*)发表的文章中提出了"摩尔定律"(Moore's Law),未来一块芯片容量(包含的晶体管数量)大约每年增加一倍,1975年又修正为每两年增加一倍。根据比尔·盖茨估计,截至1995年,芯片扩容的真正速度大约是每18个月翻一倍。1968年摩尔和诺伊斯创立了英特尔(Intel)公司,并逐步发展成为全球半导体设计和生产的巨擘。20世纪70年代集成电路的发展经历了由大规模集成到超大规模集成阶段,80年代后期则进入特大规模集成阶段。此后半导体技术一路突飞猛进,至2017年,集成电路制造的龙头企业台积电已经开始量产10nm晶圆。集成电路将在微缩化、高性能、规模供应、成本走低的道路上继续前进,为信息技术及其他产业发展奠定广阔的基础。另外,近年来由于物联网、大数据、云计算、汽车电子、人工智能、指纹识别等应用市场日益扩大,对传感器的需求旺盛,可以预测传感器市场将继续迎来快速发展时期。

从半导体产业转移看,自20世纪50年代开始,世界半导体产业发展经历了从美国到欧洲,再到日本、韩国等国及中国台湾地区的产业转移,这些地区也分别形成了自身半导体产业链的突出优势环节。如美欧的优势在于半导体的设计,日本的优势则在于半导体设备制造,韩国的优势在于记忆体制造,中国台湾地区的优势在于晶圆代工制造。目前,中国大陆已经迎来半导体的新一轮产业转移,由于我国庞大的应用市场,对半导体需求量很大。近几年政府重视半导体产业发展,半导体的投资和技术日渐成熟,国际半导体巨头几乎都有在中国大陆投资建厂,一定程度上推动了我国半导体产业的快速发展。因此,可以预见中国大陆将成为半导体产业转移的下一个重镇。①

二、半导体产业市场发展情况

全球经济增长以及电子系统市场的发展是影响全球半导体市场的主要因素。根据"集成电路观察"(IC Insights)报告,近年来智能手机、汽车电子、数据中心服务器和云计算、物联网、虚拟现实和增强现实(VR/AR)、人工智能、可穿戴智能设备等电子市场逐步发展和成熟,加速推动了半导体市场发展。全球半导体产业规模不断扩大,销售额在 2010 年接近 3000 亿美元。2017 年全球半导体市场持续走高,市场规模已突破 4100 亿美元,实现年增长率约 22% 的高速增长。其中,集成电路销售额约 3400 亿美元,占全球半导体市场份额的 83.3%;传感器市场销售额为 125.71 亿美元,同比增长 16.2%,占全球半导体市场份额的 3%。②

从国家和地区看,根据世界半导体贸易统计组织发布的报告(见表 4-1),2017 年美国半导体销售额 888.94 亿美元,同比增长 35.0%,占全球总销售额的 21.5%;欧洲销售额 383.11 亿美元,同比增长 17.1%,占全球总销售额的 9.3%;日本销售额 365.95 亿美元,同比增长 13.3%,占全球总销售额的 8.9%;亚太地区销售额 2488.21 亿美元,同比增长 19.4%,占全球总销售额的 60.4%。其中中国大陆的销售额为 802 亿美元,增长率为 24.8%,占亚太市场规模的 32.2%,占全球总销售额的 19.46%。

---

① 王媛媛. 当前两岸经济合作及产业竞合关系探析 [J]. 亚太经济, 2018 (2): 127.
② 上海市经济和信息化委员会, 上海市集成电路行业协会. 2018 年上海集成电路产业发展研究报告 [M]. 北京: 电子工业出版社, 2018.

表 4-1　　2016~2018 年全球各主要国家/地区半导体市场规模

国家/地区	销售额（亿美元）			增长率（%）		
	2016 年	2017 年	2018 年	2016 年	2017 年	2018 年
美国	655.37	888.94	1033.40	-4.7	35.0	16.8
欧洲	327.07	383.11	408.26	-4.5	17.1	6.6
日本	322.92	365.95	390.13	3.8	13.3	6.6
亚太地区	2083.95	2488.21	2680.51	3.6	19.4	7.7
合计	3389.31	4122.21	4512.30	1.1	21.6	9.5

资料来源：WSTS, Market Statistic Reports 2018，其中 2018 年为预测值。

从厂商排名看，2017 年三星集团超过英特尔，成为全球最大的半导体厂商。全球十大厂商排名如表 4-2 所示。十大厂商合计营业收入约 2453 亿美元，比 2016 年增长了 32.00%，占全球半导体市场份额的 58.47%。

表 4-2　　　　　2017 年全球十大半导体厂商排名

2017 年排名	2016 年排名	厂商	总公司所在地	2017 年销售额（亿美元）/市场份额（%）	2016 年销售额（亿美元）	2017/2016 增长率（%）
1	2	三星（Sumsung）	韩国	612.15/14.6	401.04	52.6
2	1	英特尔（Intel）	美国	577.12/13.8	540.91	6.7
3	4	SK 海力士（SK Hynix）	韩国	263.09/6.3	147.00	79.0
4	6	美光（MicroTecnology）	美国	230.62/5.5	129.50	78.1
5	3	高通（Qualcomm）	美国	170.63/4.1	154.15	10.7
6	5	博通（Broadcom）	新加坡	154.90/3.7	132.23	17.1
7	7	德州仪器（Texas Instrument）	美国	138.06/3.3	119.01	16.0
8	8	东芝（Toshiba）	日本	128.14/3.1	99.18	29.2
9	17	西部数据（Western Digital）	美国	91.81/2.2	41.70	120.2
10	9	恩智浦（NXP）	欧洲	86.51/2.1	93.06	-7.0
		小计		2453.03/58.7	1857.78	32.0
		其他		1725.90/41.3	1577.36	9.4
		合计		4178.93/100.0	3435.14	21.7

资料来源：IC Insights, The McClean Report 2018。

三、半导体产业资本支出情况

根据 IC Insights 发布的数据,2017 年全球半导体资本支出 908 亿美元,比 2016 年增长 35%,创近 7 年来的新高。根据预测,2018 年全球半导体资本支出将突破 1000 亿美元。2017 年全球半导体支出最大的十家厂商排名如表 4-3 所示,合计资本支出 690 亿美元,占 2017 年全球半导体资本支出总额的 76%。其中三星集团的投资达到 260 亿美元,占全球资本支出的 28.6%,比其 2016 年的支出增长 130%,被 IC Insights 称为"三星泡沫"(Samsung Bubble)。

表 4-3　　2017 年全球资本支出排名前十的半导体厂商

排名	厂商	总部所在地	2015 年（亿美元）	2016 年（亿美元）	2017 年（亿美元）	2017/2016 增长率（%）
1	三星（Sumsung）	韩国	130.10	113.00	260.00	130
2	英特尔（Intel）	美国	73.26	96.25	120.00	25
3	台积电（TSMC）	中国	80.89	102.49	100.00	-2
4	SK 海力士（SK Hynix）	韩国	60.11	51.88	60.00	16
5	美光（MicroTecnology）	美国	45.00	57.60	50.00	-13
6	中芯国际（SMIC）	中国	14.01	26.26	23.00	-12
7	联电（UMC）	中国	18.99	28.42	20.00	-30
8	格罗方德（Global Foundries）	美国	39.85	15.00	20.00	33
9	东芝（Toshiba）	日本	17.45	18.40	19.00	3
10	西部数据（WD/Sandisk）	美国	14.60	17.50	18.00	3
	合计		494.26	526.80	690.00	31

注:"台积电"和"联电"总部位于中国台湾地区,"中芯国际"总部位于中国大陆地区。
资料来源:IC Insights, The McClean Report 2018。

四、半导体产业研发支出情况

从研发支出看,2017 年全球半导体研发支出总额近 590 亿美元,相比

2016 年增长 4.2%。其中前十大半导体厂商研发支出总计约 359.21 亿美元，占全球半导体产业研发支出的六成左右（见表 4－4）。仅英特尔一家企业研发支出就高达 130.98 亿美元，占十大厂商研发支出总额的 36.5%。

表 4－4　　　　　2017 年全球十大半导体厂商研发经费

排名	厂商	总部所在地	研发经费（亿美元）	研发经费/销售额比重（%）	2017/2016 增长率（%）
1	Intel（英特尔）	美国	130.98	21.2	3
2	Qualcomm（高通）	美国	34.50	20.2	-4
3	Broadcom（博通）	新加坡	34.23	19.2	4
4	Sumsung（三星）	韩国	34.15	5.2	19
5	Toshiba（东芝）	日本	26.70	20.0	-7
6	TSMC（台积电）	中国	26.56	8.3	20
7	MediaTek（联发科）	中国	18.81	24.0	9
8	MicroTecnology（美光）	美国	18.02	7.5	8
9	Nvidia（英伟达）	美国	17.97	19.1	23
10	SK Hynix（SK 海力士）	韩国	17.29	6.5	14
	合计		359.21	13.0	6

注："台积电"和"联发科"总部位于中国台湾地区。
资料来源：IC Insights, The McClean Report 2018。

五、半导体产业链环节发展情况

从集成电路的产业链——IC 设计、晶圆代工（IC 制造）和 IC 封测环节发展来看，根据 IC Insights 的统计数据，2017 年全球 IC 设计业的营业收入为 1006.10 亿美元，首次突破一千亿美元大关，比 2016 年上涨 11%。人工智能、高性能计算、5G、物联网、传感器等领域是驱动 IC 设计发展的动力。2017 年全球十大 IC 设计厂商排名如表 4－5 所示，其营业收入总额占全球 IC 设计业全部销售收入的 73.7%，比 2016 年提高了 12%。按照 IC 设计厂商总部所在地分布，美国 IC 设计厂商销售规模占全球的 53%、中国台湾地区占 16%、中国大陆地区占 11%、欧洲和日本厂商则仅占 2% 和 1%，其他地区占 17%，如图 4-1 所示。

表 4-5　　　　　　　　2017 年全球十大 IC 设计厂商排名

排名	厂商	总部所在地	2016 年销售额（亿美元）	2017 年销售额（亿美元）	2017/2016 增长率（%）
1	高通（Qualcomm）	美国	154.14	170.78	11
2	博通（Broadcom）	新加坡	138.46	160.65	16
3	英伟达（Nvidia）	美国	63.89	92.28	44
4	联发科（Media Tek）	中国	88.09	78.75	-11
5	苹果（Apple）	美国	64.93	66.60	3
6	超微（AMD）	美国	42.72	52.49	23
7	海思（Hisilicon）	中国	39.10	47.15	21
8	赛灵思（Xilinx）	美国	23.11	24.75	7
9	马威尔（Marvell）	美国	24.07	23.90	-1
10	紫光集团（Unigroup）	中国	18.80	20.50	9
	以上 10 家合计		657.31	737.85	12
	其他		246.94	268.25	9
	设计/系统厂商合计		904.25	1006.10	11

注："联发科"总部位于中国台湾地区，"海思"和"紫光集团"总部位于中国大陆地区，紫光集团包括展讯通信和锐迪科。

资料来源：IC Insights, The McClean Report 2018。

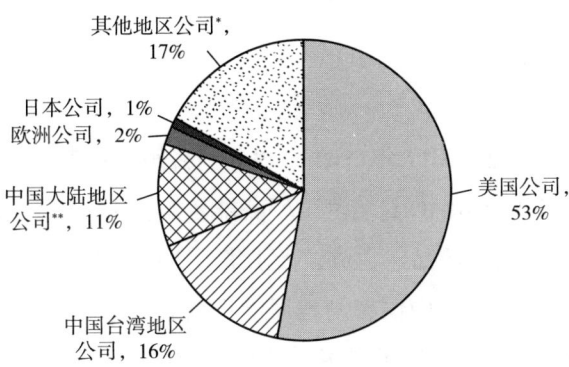

图 4-1　2017 年全球 IC 设计销售额地区分布

注：* 博通（Broadcom）的总部在新加坡，其销售规模占全球 IC 设计业的 16%。

** 如果计及华为海思、中星微电子和大唐自用的 IC 产品，则中国大陆地区占全球 IC 设计业销售规模的 16%。

资料来源：IC Insights, The McClean Report 2018。

IC 制造（晶圆代工）方面，2017 年全球晶圆代工销售规模超过 540 亿美元，比 2016 年增长 8.0%。2017 年全球十大纯晶圆代工厂商排名如表 4-6 所示，其中中国台湾地区的厂商台积电 2017 年营业收入达 320.40 亿美元，市场占有率为 55.9%，继续保持全球晶圆代工领先地位。

表 4-6　　　　　　　　2017 年全球十大纯晶圆代工厂商排名

排名	厂商	总部所在地	销售收入（亿美元）2016 年	销售收入（亿美元）2017 年	2017/2016 增长率（%）	2017 年市场份额（%）
1	台积电（TSMC）	中国	294.37	320.40	8.8	55.9
2	格罗方德（Global Foundries）	美国	49.99	54.07	8.2	9.4
3	联电（UMC）	中国	45.87	48.98	6.8	8.5
4	三星（Samsung）	韩国	42.84	43.98	2.7	7.7
5	中芯国际（SMIC）	中国	29.14	30.99	6.4	5.4
6	塔富（TowerJazz）	以色列	12.49	13.88	11.1	2.4
7	力晶（Powerchip）	中国	8.70	10.35	18.9	1.8
8	世界先进（Vanguard）	中国	8.01	8.17	2.1	1.4
9	华虹宏力（HuaHongGrace）	中国	7.21	8.07	12.0	1.4
10	东部高科（DongbuHiTek）	韩国	6.66	6.76	1.5	1.2
	合计		505.28	545.65	8.0	100

注："台积电""联电""力晶"和"世界先进"总部位于中国台湾地区，"中芯国际"和"华虹宏力"总部位于中国大陆地区。

资料来源：Trend Force。

IC 封装测试方面，2017 年全球 IC 封测销售额达 517.3 亿美元，比 2016 年增长 2.2%。全球十大 IC 封装测试厂商排名如表 4-7 所示，依次是日月光、安靠、长电科技、矽品、力成、天水华天、通富微电、京元電、联合测试、南茂。其中总部位于中国台湾地区的厂商有 5 家，营业收入占全球 IC 封装测试总营收的 37%；位于中国大陆地区的厂商有 3 家，营业收入占全球 IC 封装测试总营业收入的 17.5%；美国和新加坡则各 1 家。2017 年全球前 10 大 IC 封装测试厂商合计营业收入为 209.91 亿美元，占全球 IC 封装测试营业收入总额的 70.5%。

表 4-7　　　　　　2017 年全球十大 IC 封装测试厂商排名

排名	厂商	总部所在地	2017 年营收（亿美元）	2016 年营收（亿美元）	营收增长率（%）	2017 年市场占有率（%）
1	日月光（ASE）	中国	52.07	48.96	6.4	19.2
2	安靠（Amkor）	美国	40.63	38.94	4.3	15.0
3	长电科技（JCET）	中国	32.33	28.74	12.5	11.9
4	矽品（SPIL）	中国	26.84	26.26	2.2	9.9
5	力成（PTI）	中国	18.93	14.99	26.3	7.0
6	天水华天（Tianshui Huatian）	中国	10.56	8.23	28.3	3.9
7	通富微电（Nantong Fujitsu）	中国	9.10	6.89	32.0	3.3
8	京元電（KYEC）	中国	6.75	6.23	8.3	2.5
9	联合测试（UTAC）	新加坡	6.74	6.89	-2.2	2.5
10	南茂（ChipMOS）	中国	5.96	5.68	4.9	2.2
	合计		209.91	191.81	9.4	70.5

注："日月光""矽品""力成""京元電"和"南茂"总部位于中国台湾地区，"长电科技""天水华天"和"通富微电"总部位于中国大陆地区。

资料来源：拓璞产业研究所。

总之，通过对 2017 年全球各主要国家和地区半导体产业统计数据进行分析，可以大致绘制出集成电路及智能传感器产业发展的实力地图。(1) 从消费市场规模看，亚太地区占据全球半导体消费市场的近六成，其中仅中国就占据全球近两成的半导体消费，仅次于美国市场，表明亚洲地区尤其中国是半导体消费的重镇。(2) 从厂商占据的市场规模看，全球前十大半导体厂商被美国（5 家）、韩国（2 家）、新加坡（1 家）、日本（1 家）和欧洲（1 家）企业占据。其中美国企业销售额占全球市场近三成，韩国企业销售额占全球市场两成，中国尚无企业进入前十名。(3) 从半导体企业的资本支出看，全球资本支出排名前十名的半导体厂商中，韩国有 2 家，其中仅三星一家企业的资本支出就占 2017 年全球半导体资本支出的近三成；美国有 4 家；中国台湾地区有 2 家，而中国大陆仅有 1 家——中芯国际，其资本支出全球排名第六，表明我国半导体企业正加速追赶。(4) 从研发支出看，美国（4 家）、新加坡（1 家）、韩国（2 家）、日本（1 家）等国家和中国台湾地区（2 家）企业占据全球研发支出前十名。其中美国 4 家企业的研发支出占全球半导体研发支出近六成，仅英特尔一家企业的研发支出就高达 130.98 亿美元，占2017年全球半导体研发支出的近四成,足以看出美国在引领全球半导体产业创新方面的强大实力。(5)从集成电路的设计、制造和封装测试这三个主要的产业链环节发展实力看,全球前十大IC设计厂商排名中,美国企业有6家,市场销售份额占全球的38%。中国大陆的企业有2家,分别是海思和紫光集团,位列第七和第十名,2017年中国大陆IC设计厂商销售额占全球的11%,表明我国半导体设计环节具有与半导体强国竞争的实力。在半导体制造环节,全球10大半导体制造厂商中,中国台湾地区有4家企业,分别是台积电、联电、力晶、世界先进,2017年占全球半导体制造市场份额的67.6%,其中仅台积电一家的市场份额就占全球市场份额的55.9%。中国大陆企业中芯国际和华虹宏力分别排名第五和第九,共占全球半导体制造市场份额的6.8%。在半导体封装测试环节的全球10大厂商中,中国台湾地区厂商有5家,占全球半导体封装测试市场份额的40.8%;中国大陆地区厂商有3家,分别是长电科技、天水华天、通富微电,2017年共占全球半导体封测市场份额的19.1%,可见我国的半导体封测环节在全球具有相当的竞争实力。

第二节　高档数控机床产业

机床是一切制造的基础,机床制造业是实现制造技术和工业现代化的基石,同时也是保障国防工业和高技术产业发展的战略支撑。机床最早诞生于第一次工业革命时期,其获得大规模运用是在20世纪初期的汽车工业生产中。1952年美国研制出世界上第一台数控机床,世界数控机床产业开始获得长足的发展。随着汽车、航空航天等先进和高端制造业的发展,对数控机床的要求越来越高。21世纪以来,随着信息技术的发展,数控机床技术进一步向着高柔性化、高精度、高可靠性、智能化等更高水平发展。[①]

一、数控机床产业发展概况

当今数控机床的性能、质量和拥有量已成为衡量一个国家工业化水平和

---

① 盛伯浩. 中国战略性新兴产业研究与发展·数控机床 [M]. 北京:机械工业出版社,2013:2-3.

综合国力的重要标志之一，也反映一个国家智能制造发展的水平和能力。美国、德国、日本三国是世界数控机床技术发展、开拓的先驱，是当今公认的数控机床制造工业强国。当前世界四大国际机床展上数控机床技术方面的创新主要来自这三国。美国数控机床工业的发展得到政府的高度重视，各制造业部门通过指引发展方向、提供经费和人才等措施推动机床产业发展，因而机床技术很快跃居世界首位。美国的机床制造厂主要分布在中西部和东北部各州，著名机床公司包括马格（MAG）、哈斯（Haas）、格里森（Gleason）、哈挺（Hardinge）等；德国的机床生产比美国晚50年，但经过快速发展，德国机床出口和产值分别在1969年和1976年跃居世界第一位。2006年德国机床生产占据世界机床市场份额的21%。德国政府十分重视机床工业的战略地位，重视培养机床方面的人才，注重企业精神与企业文化的发展。德国对机床的设计、制造、使用技术精益求精，尤其是在高精尖机床以及机床配套件的生产上居世界前列。德国知名的机床公司包括吉特迈（Gildemeister）、德国通快（TRUMPF）、舒勒（Schuler）和埃马克（Emag）等；日本是继美国和德国之后，发展成为机床工业强国的国家，在20世纪80年代超越德国成为世界最大的机床生产国。日本政府十分重视数控机床产业的发展，出台一系列政策措施，通过引进先进技术设备，吸收别国成果，加快自身机床产业发展速度。日本对信息通信技术的重视使其数控机床技术处于世界前列。另外，与美国、德国供应高档的数控机床不同，日本则偏重生产面向大中小企业所需的中高档数控机床。日本知名的机床企业包括马扎克（MAZAK）、天田（Amada）、大隈（Okuma）、捷太科特（Jtekt）、牧野（Makino）、小松（KomatsuNTC）等。

中国是世界最大的机床生产、消费和进口国，对全球机床市场影响较大，也拥有大型的机床生产企业，如沈阳机床、大连机床、秦川机床等。但我国机床生产主要集中在中低端产品上，而高端数控机床及功能部件、数控系统、伺服驱动装置等高精尖技术和产品都远不及德国、日本、瑞士、美国等机床生产强国，因此高端数控机床产业的差距还有待进一步弥补。

二、全球机床产业产值和消费情况

根据知名咨询机构加德纳（Gardner）《2016 世界机床调查》报告，世界机床消费自 2003~2011 年处于爆发期，除了 2009 年受金融危机影响急降 35% 外，随后两年又迅速上升，至 2011 年达到最高峰。随后世界机床消费开始收缩，除 2014 年有小幅回升外，2015 年则同比下降 11.9%。2003~2008 年机床消费受亚洲和欧洲相对均衡的驱动影响，而 2010~2011 年机床消费的增长主要受亚洲市场的驱动，原因在于其巨大的市场以及金融和制造业的发展。2015 年世界机床消费达 791 亿美元，其中亚洲市场消费 455 亿美元，欧洲市场消费 211 亿美元，北美市场消费 108 亿美元。机床生产方面，2015 年世界机床生产同比下降 11.9%，亚洲的产值下降 10.7%，而欧洲则下降 13.1%。

从主要的机床消费和生产的国家和地区来看，自 2002 年起中国就连续成为全球最大的机床消费国和进口国。2015 年中国大陆地区消费额高达 275 亿美元，之后依次是美国 73.6 亿美元，德国 63.6 亿美元，日本 58 亿美元，韩国 38.2 亿美元。2015 年全球二十大机床消费国家和地区消费额情况如图 4-2 所示。同时，中国自 2009 年起成为世界最大的机床生产国，2015 年中国大陆地区机床产值 221 亿美元，之后依次是日本 134.9 亿美元，德国 124.2 亿美元，意大利 53.06 亿美元，韩国 47.58 亿美元。全球二十大机床生产国家和地区产值情况如图 4-3 所示。

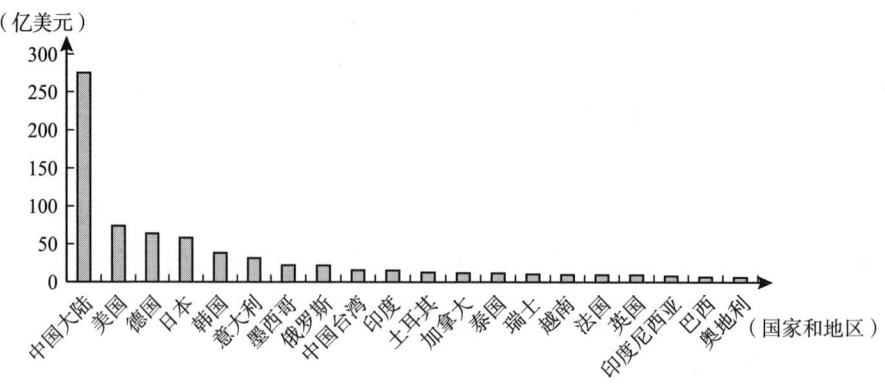

图 4-2 2015 年全球二十大机床消费国家和地区机床消费额

资料来源：Gardner Research. 2016 World Machine Tool Survey。

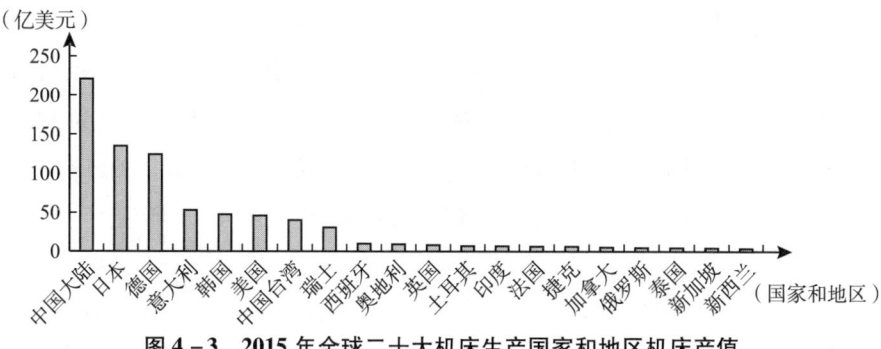

图 4-3　2015 年全球二十大机床生产国家和地区机床产值

资料来源：Gardner Research. 2016 World Machine Tool Survey。

三、全球机床进出口情况

2015 年中国成为机床进口额最多的国家，大陆地区机床进口额达 86 亿美元，进口消费比为 31%；其次是美国，机床进口额 45.06 亿美元，进口消费比为 61%；第三名是德国，机床进口额 27.31 亿美元，进口消费比为 43%；第四名是墨西哥，机床进口额 21.88 亿美元，进口消费比为 99%；第五名是俄罗斯，机床进口额 17.56 亿美元，进口消费比为 81%。中国香港特别行政区和比利时因机床转口贸易导致进口消费比畸高。2015 年全球二十大机床进口国家和地区进口额及进口消费比的情况如图 4-4 所示。

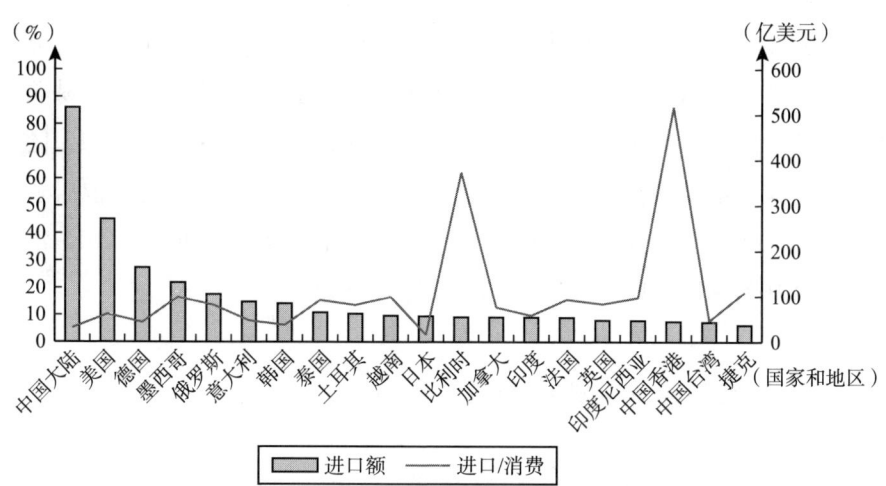

图 4-4　2015 年全球二十大机床进口国家和地区进口额及进口消费比

资料来源：Gardner Research. 2016 World Machine Tool Survey。

2015年德国出口机床87.92亿美元,出口消费比达71%;日本出口机床86.26亿美元,出口消费比达64%;意大利出口机床36.41亿美元,出口消费比达69%;中国大陆地区出口机床32亿美元,出口消费比仅为14%;中国台湾地区机床出口额31.86亿美元,出口消费比达79%。2015年全球二十大机床出口国家和地区的出口额及出口消费比如图4-5所示。

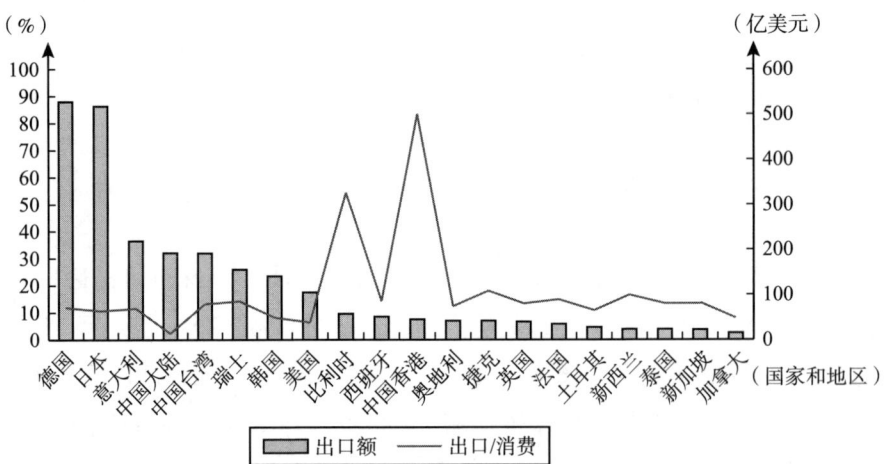

图4-5 2015年全球二十大机床出口国家和地区机床出口额及出口消费比

资料来源:Gardner Research. 2016 World Machine Tool Survey。

从进出口平衡看,2015年日本机床贸易顺差76.85亿美元,位居全球第一位。接下来依次是德国贸易顺差60.61亿美元,中国台湾地区贸易顺差24.66亿美元,意大利贸易顺差21.70亿美元,瑞士贸易顺差20.15亿美元。而中国大陆地区机床由于大量进口导致贸易逆差54亿美元,位居全球第六十位。美国贸易逆差27.61亿美元,位居全球第五十九位。2015年全球十大机床贸易顺差国家和地区情况如图4-6所示。

四、主要国家人均机床消费情况

2015年瑞士人均机床消费126.6美元,位列第一;德国人均机床消费78.6美元、韩国人均机床消费75.9美元、斯洛文尼亚人均机床消费

75.3美元、奥地利人均机床消费75美元。中国大陆地区人均机床消费为20.2美元，位居第二十位。2015年全球二十大人均机床消费国家和地区人均消费额情况如图4-7所示。

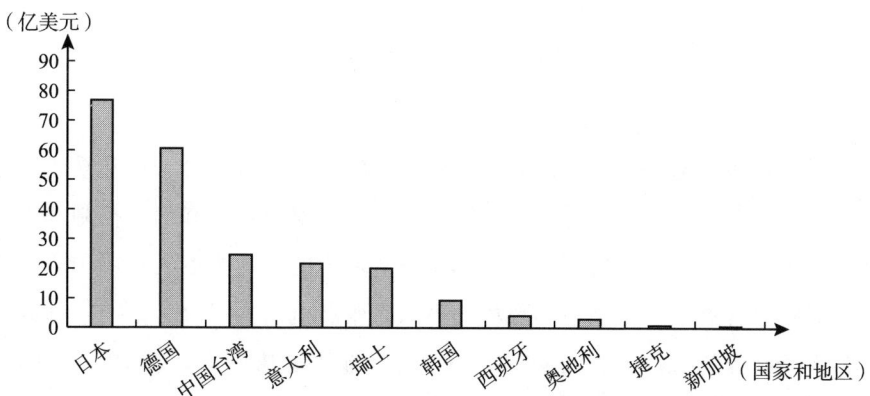

图4-6　2015年全球十大机床贸易顺差国家和地区顺差额

资料来源：Gardner Research. 2016 World Machine Tool Survey。

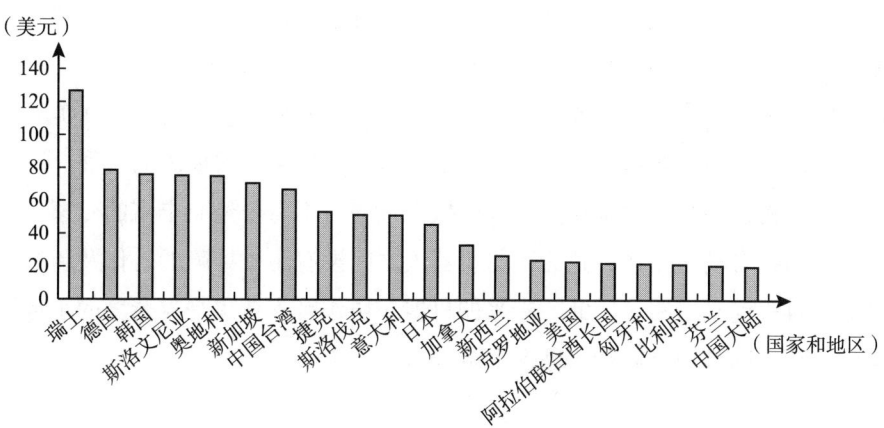

图4-7　2015年全球二十大人均机床消费国家和地区人均消费额

资料来源：Gardner Research. 2016 World Machine Tool Survey。

总之，从全球机床产业发展看，进入21世纪以来，全球机床生产和消费快速增长，这与包括中国在内的亚洲巨大市场密切相关。中国自2002年和2009年起分别成为全球最大的机床消费和生产国。在机床出口方面，德国和日本遥遥领先其他国家。从机床人均消费看，2015年全球前二十大人均机床消费国家和地区中，多为欧美国家，而高档数控机床的生产更为德国、瑞士、日本、美国等发达国家所掌控。

第三节 工业机器人产业

对于智能制造来说，机器人是不可或缺的重要组成部分，也几乎成为智能制造的代名词。机器人是集现代制造技术、新材料技术和信息控制技术为一体的半自动或全自动机器，包括用于制造环境的工业机器人和用于非制造环境的服务机器人。根据应用环境的不同，服务机器人可分为面向家庭或直接为人类服务的机器人和面向特殊环境的专业服务机器人。自1961年诞生了世界上第一台工业机器人，机器人逐渐朝向自动化、智能化方向发展。当前，以汽车、通信电子设备、交通装备、航空、轨道交通、电力装备等为代表的产业快速发展，带动生产方式的革命，形成以工业机器人为代表的自动化改革热潮。工业机器人成为各国产业转型升级的重要手段。随着机器人技术和产业的发展，ABB（瑞士）、库卡（德国）、安川（日本）和发那科（日本）成为全球四大机器人生产企业。在未来智能制造过程中，真实的生产越来越与虚拟的数据世界相连接，推动机器人自主学习能力的发展。同时未来工业机器人具备更加快速直观的操作程序，不需要经验丰富的专家人员即可以引入自动化生产，这为人与机器人之间没有防护屏障的协作及新的柔性生产过程铺平道路。因此，未来的机器人协作将支持更高复杂度的小批量柔性生产，助推智能制造不断向高端发展。

一、全球工业机器人销售和出货量情况

国际机器人联合会（IFR）2018年6月统计数据显示，2017年全球工业机器人销售额达154亿美元（见图4-8），其中亚洲、欧洲和北美地区的机器人销售额分别为99.2亿美元、29.3亿美元和19.8亿美元，分别占全球销售额的64.4%、19%和12.9%。

第四章 智能制造关键基础性产业全球发展态势比较分析

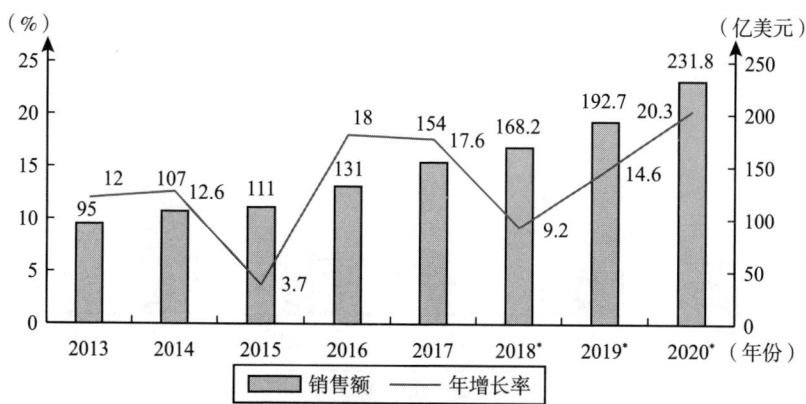

图 4-8 全球工业机器人销售额及增长率（2013~2020 年）

注：*表示 2018~2020 年数据为预测值。本书是 2018 年福建社会科学院项目"组织变迁、产业政策与制造业智能化发展研究"成果，书中数据为截至 2018 年的情况，因此 2018 年以后的数据为预测值。下同。

资料来源：笔者根据国际机器人联合会、中国电子学会资料整理。

从出货量看，国际机器人联合会 2018 年 6 月的统计数据显示，2017 年全球工业机器人年出货量 38.7 万台（见图 4-9），同比增长 31.6%。工业机器人销量全球前五名为中国大陆地区及日本、韩国、美国和德国（见图 4-10），占全球销量的 72%。除以上地区和国家，全球工业机器人销量前十名的地区和国家还包括中国台湾地区及越南、意大利、墨西哥和法国。从具体的行业拉动来看，汽车工业、电气/电子和金属制造业是全球工业机器人需求增长的主要拉动力（见图 4-11）。

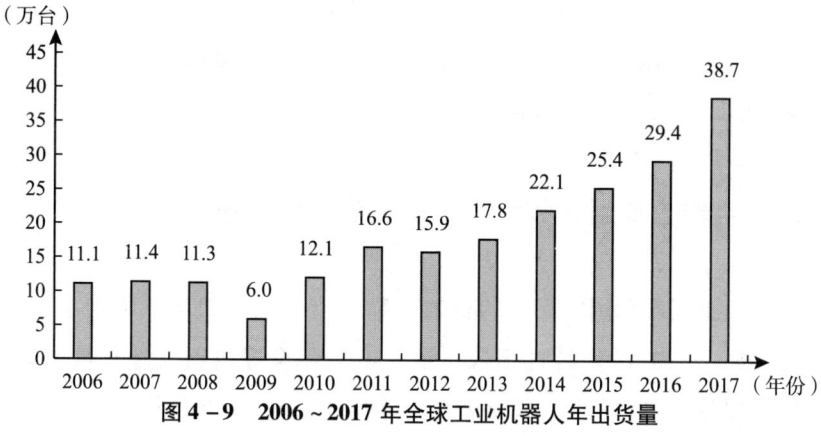

图 4-9 2006~2017 年全球工业机器人年出货量

资料来源：IFR Statistical Department。

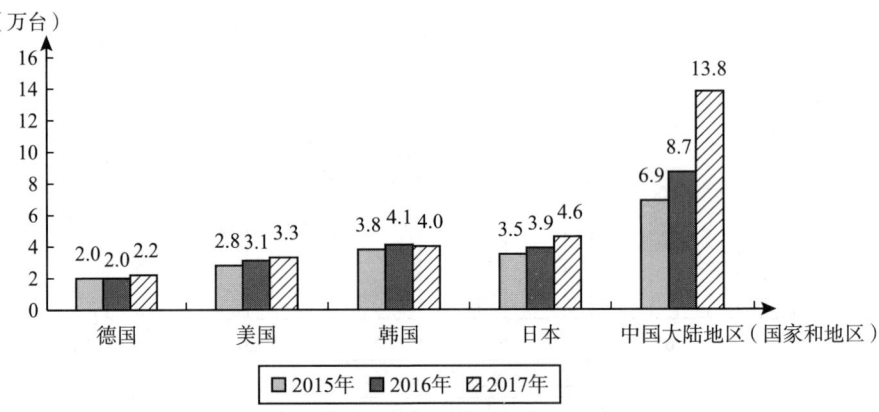

图4-10 2015~2017年全球主要市场工业机器人年出货量

资料来源：IFR Statistical Department。

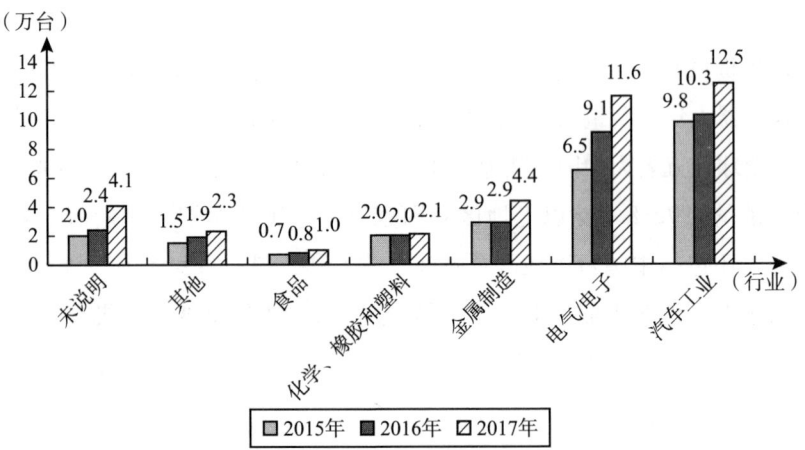

图4-11 2015~2017年各行业利用工业机器人数量

资料来源：IFR Statistical Department。

二、全球主要国家和地区工业机器人保有量

从各主要区域和国家保有的机器人数量看，国际机器人联合会（IFR）《世界机器人（2017）》统计报告显示，2016年全球机器人保有量182.8万台，如果按每年14%的增长率计算，到2020年全球机器人保有量将达305.3万台（见图4-12）。从全球各主要区域看，亚洲/大洋洲、欧洲和美

洲2016年工业机器人保有量分别为102.5万台、46万台和30万台,预计到2020年这三个地区的工业机器人保有量将分别达191.2万台、61.2万台以及45.3万台(见图4-13)。从中国和日本这两个工业机器人保有量大国看,2016年中国大陆地区和日本的工业机器人保有量分别为34万台和28.7万台,预计2020年两国工业机器人保有量将分别达95万台和31.6万台(见图4-14)。

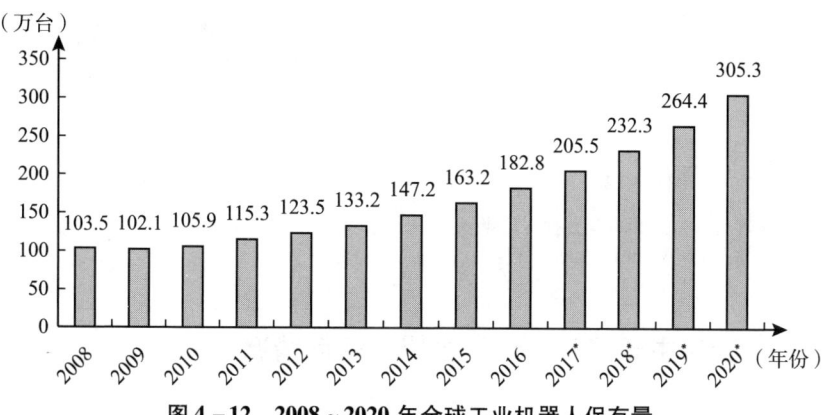

图4-12　2008~2020年全球工业机器人保有量

注:＊表示2017~2020年数据为预测值。
资料来源:IFR World Robotics 2017。

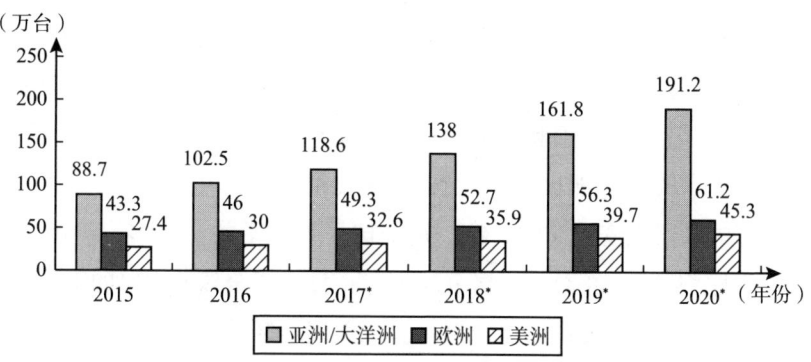

图4-13　2015~2020年全球主要区域工业机器人保有量

注:＊表示2017~2020年数据为预测值。
资料来源:IFR World Robotics 2017。

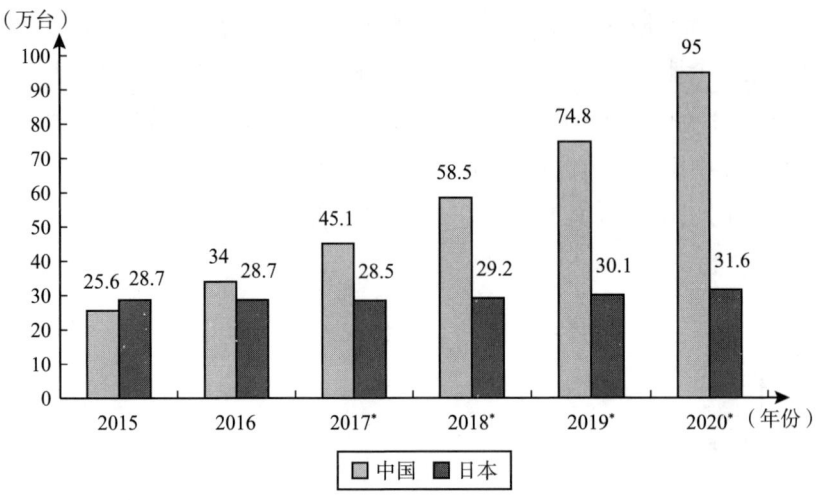

图 4-14 2015~2020 年中国和日本工业机器人保有量

注：＊表示 2017~2020 年数据为预测值。
资料来源：IFR World Robotics 2017。

三、全球主要国家和地区机器人密度情况

机器人密度（每万名雇员的机器人安装量）是考量各国制造业自动化程度的最佳标准。根据 IFR 发布的 2017 年世界机器人统计数据，2016 年全球制造业机器人平均密度为 1 万名员工中有 74 台机器人，比 2015 年多 8 台。从地区来看，机器人平均密度最高的三个地区分别是欧洲（99 台）、美洲（84 台）、亚洲（63 台）。韩国、新加坡、德国、日本、瑞典、丹麦、美国、意大利、比利时等国和中国台湾地区是全球自动化程度最高的前 10 个国家和地区。从亚洲地区看，韩国机器人密度自 2010 年一直保持第一，2016 年韩国机器人密度（631 台）是全球平均水平的 8 倍多；2016 年新加坡的机器人密度是 488 台，位居全球第二；日本是全球最主要的工业机器人制造国，其机器人密度排名全球第四。从美洲地区看，得益于对生产设施的更新，美国机器人密度 2016 年大幅增至 189 台（全球排名第七）。从欧洲地区看，德国是欧洲自动化程度最高的国家，2016 年机器人密度是 309 台（全球排名第三）。2016 年机器人密度 3 台以上的国家和地区情况如图 4-15 和图 4-16 所示。

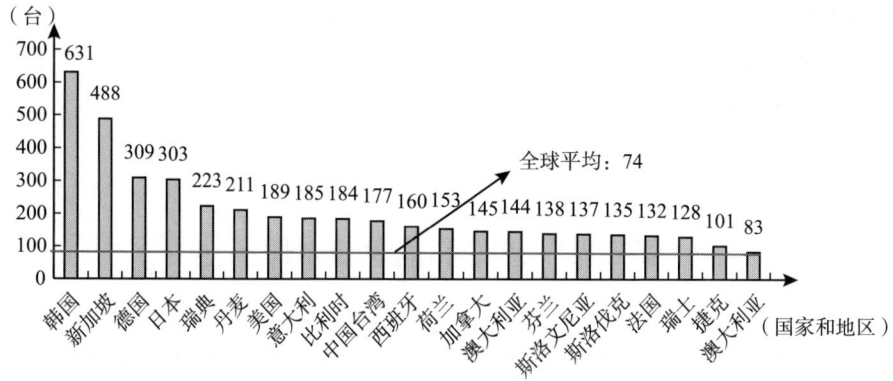

图4-15　2016年各主要国家和地区机器人密度

资料来源：IFR World Robotics 2017。

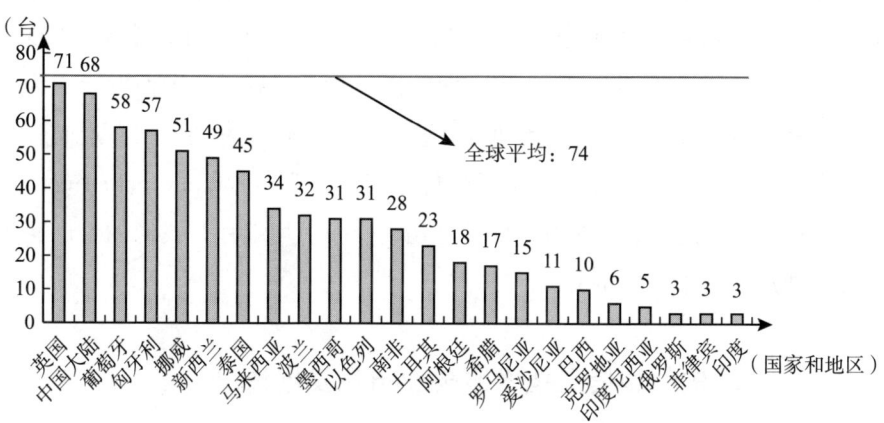

图4-16　2016年各主要国家和地区机器人密度（续）

资料来源：IFR World Robotics 2017。

总之，从全球主要国家和地区工业机器人生产和消费看，高端工业机器人生产仍掌握在瑞士、德国和日本等国家和地区的企业手中。中国大陆地区仍是全球最大的工业机器人消费市场，2017年中国大陆地区机器人出货量占全球机器人出货量的1/3，2016年中国大陆地区机器人保有量超过日本，占全球机器人保有量的18%。从机器人密度看，2016年欧洲、美洲和亚洲是全球机器人密度最高的三个地区，韩国、新加坡、德国、日本、瑞典等国机器人密度较高，其中韩国自2010年起机器人密度一直保持世界第一，表明这些国家在生产自动化程度方面占据全球领先水平。2016年中国大陆地区的机器人密度为68台,全球排名第二十三位,低于世界平均水平(74台),表明我国的生产自动化水平还有待进一步提升。

第四节 软件和信息技术服务业

在智能制造中,智能芯片、数控机床及工业机器人等智能硬件相互协作,共同执行智能制造任务。但如何完成、遵循什么程序就需要思维地图给予导航,软件即承担了思维的角色。软件如水,将智能制造的各个环节、各种产品串联融合起来;软件也是智能制造的"灵魂",指导着智能制造活动的顺利展开。软件的发展经历四个阶段,最早软件是硬件的附属品,表现为软硬一体化阶段;20世纪70年代中期软件逐步开始独立,进而发展成为一个巨大的产业;20世纪90年代随着互联网应用的快速发展,软件走向服务化、网络化;当前世界正在进入"软件定义网络"(software define networking)的时代,其特征表现为万物皆可互联,一切均编程,我们的生产、生活都将通过软件来重新定义。

一、全球软件和信息技术服务业市场发展情况

根据知名咨询公司加德纳(Gartner)预测,2018年全球整体信息技术(IT)支出将达3.74万亿美元,比2017年增长6.2%。其中企业软件开支3910亿美元,增长率高达11%,预计2019年企业应用软件将继续保持增长态势。2018年全球信息技术服务业支出预计超过1万亿美元,增长率为7.4%(见表4-8)。自2010年以来,受到云计算、大数据、物联网、人工智能等新一代信息技术的影响,企业谋求数字化、智能化和服务化转型,带动软件及IT服务业务的增长,未来新一代信息技术服务支出将有更大幅度的增长(见图4-17)。

表4-8　　　　2009~2019年全球信息技术（IT）支出情况　　　单位：亿美元

支出类别	2009年	2010年	2011年	2012年	2013年	2014年	2015年	2016年	2017年	2018年*	2019年*
数据中心系统	—	—	—	1400	1400	1420	1710	1700	1810	1880	1900
企业软件	2210	2440	2680	2850	3000	3130	3140	3330	3520	3910	4240
终端设备	3330	3750	4040	6760	6770	6930	6620	5880	6630	7060	7150
信息技术服务	7770	7930	8480	9060	9320	9480	8660	8990	9330	10030	10480
电信服务	18920	20150	17020	16410	16240	16140	14000	13840	13920	14520	14680
整体IT支出	32230	34270	32220	36480	36730	37100	34130	33740	35210	37400	38450

注：* 表示2018年、2019年为预测值。
资料来源：加德纳历年全球IT支出预测报告。

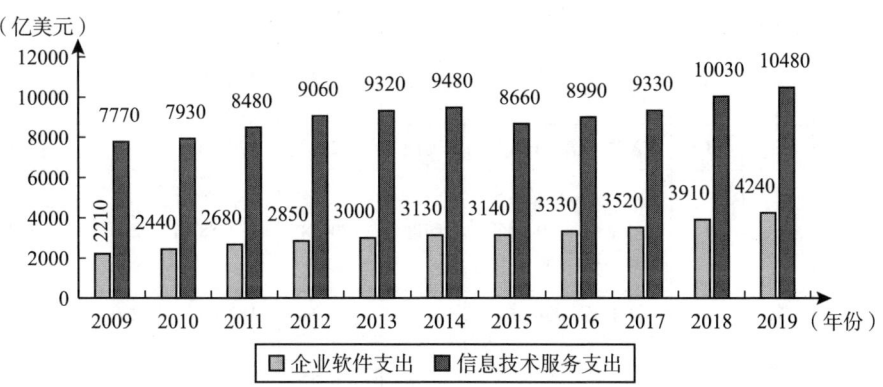

图4-17　2009~2019年全球企业软件和信息技术服务支出

注：2018~2019年为预测值。
资料来源：加德纳历年全球IT支出预测报告。

根据加德纳全球IT支出预测报告，2018年，以美国、加拿大为主的北美地区IT服务业产业规模达4463亿美元，比2017年增长5.4%，市场规模占全球IT服务市场的44.5%；英国、德国、芬兰等16个欧洲国家IT服务产业规模合计2762亿美元，同比增长11.6%，占全球份额的27.5%；日本IT服务市场规模为680亿美元，同比增长2.8%；中国IT服务市场规模为545亿美元，全球占比为5.4%。

从IT服务供应商看，2017年全球市场份额排名前十的IT服务供应商排名及市场规模情况如表4-9所示,其中总部位于美国的有3家、位于英国的有2家、位于日本的有2家、位于爱尔兰的有1家、位于印度的有1家、位于法国的有1家。

表4-9　　2017年全球市场份额排名前十的IT服务供应商

2016年排名	2017年排名	排名变化	供应商	总部所在地	2016年市场份额（亿美元）	2017年市场份额（亿美元）	2017年市场占有率（%）	年增长率（%）
1	1	—	国际商业机器公司（IBM）	美国	474.21	461.29	5.0	-2.7
2	2	—	埃森哲（Accenture）	爱尔兰	341.47	372.30	4.0	9.0
4	3	1	德勤（Deloitte）	美国	230.24	253.96	2.7	10.3
24	4	20	DXC科技（DXC Technology）	美国	72.89	196.90	2.1	170.1
6	5	1	普华永道（PwC）	英国	172.98	190.96	2.1	10.4
7	6	1	塔塔咨询服务公司（Tata Consultancy Services）	印度	170.58	182.88	2.0	7.2
5	7	2	富士通（Fujitsu）	日本	188.24	182.83	2.0	-2.9
9	8	1	NTT数据（NTT DATA）	日本	146.92	175.69	1.9	19.6
8	9	1	安永（EY）	英国	150.14	162.08	1.7	8.0
10	10	—	凯捷（Capgemini）	法国	138.50	144.00	1.5	4.0

资料来源：加德纳历年全球IT支出预测报告。

二、新一代信息技术服务业发展情况

进入21世纪以来，信息技术服务谋求新的转型，电子商务巨头亚马逊在2005年建立了一种新的IT服务模式——"亚马逊网络服务"（amazon web services，AWS），即"云计算"（cloud computing）服务。自此，微软、IBM、谷歌等互联网和IT企业纷纷开始提供不同层面的云计算服务，云计算成为全球信息技术产业界公认的发展重点。美国计算机行业协会（Computing Technology Industry Association，CompTIA）将 IT 发展描述为三个阶段，大型机时代、PC/互联网时代以及云/移动时代。在云时代，很多企业将逐渐抛弃传统的分散购买、建设和维护 ICT 设备和系统的模式，转而将企业的相关业务和要素放到公共云平台上来。随着时间的推移，"云"对于企业来说将如同"电网"和"互联网"一样，成为企业的标配，而云计算将成为 IT 行业未来发展的主导力量。IT 服务行业发展因此形成了两级分化的态势，一方面传统信息技术服务市场，包括系统集成、外包、销售服务等的规模目前占绝对优势，但发展趋缓或下降；另一方面新生的云计算服务等虽然规模占比尚小，但增长速度呈现两位数，成为 IT 服务中增长最快的领域。

云计算是一种通过网络统一组织和灵活调用各种 ICT 信息资源，实现大规模计算的信息处理方式。按照云计算服务提供的资源所在层次，可以分为"基础设施即服务"（Infrastructure as a Service，IaaS）、"平台即服务"（Platform as a Service，PaaS）和"软件即服务"（Software as a Service，SaaS）。按照面向机构内部或公众使用不同，云计算又可分为私有云、公有云以及混合云等。① 云计算产业当前还处于发展初期，整体的市场规模还不大，但云计算带动了传统信息通信产业的转型，具有十分广阔的发展空间。

根据加德纳的数据，2017 年全球公有云市场规模已超 1000 亿美元，与上年相比增速近 30%，预计到 2021 年市场规模将达 2500 亿美元（见图 4-18）。分类看，2017 年全球 IaaS、PaaS、SaaS 市场规模分别达 326 亿、128 亿、656 亿美元，与上年相比增速分别为 35.3%、28.0%、26.6%。SaaS 是公有云的主要部分，2017 年 SaaS 市场规模占公有云市场规模的 59.1%。

从全球各主要国家和企业看，近年来美国在全球云计算市场规模占比一直保持在六成左右，主要得益于美国云计算厂商，如亚马逊、微软、谷歌、IBM 等在全球市场的绝对优势。根据加德纳发布的 2017 年全球公有云 IaaS 市场份额分析报告，亚马逊、微软、阿里云、谷歌云、IBM 占据全球云市场的前五名，且 5 家的市场份额达 70.9%（见表 4-10）。除阿里云是唯一入选的中国云服务商，其他 4 家都是美国企业。公有云对技术门槛要求比较

---

① 中国工业和信息化部电信研究院. 云计算白皮书（2012）[R]. 2012, 4: 2.

高，同时需要大量的资金与服务投入，目前其市场壁垒已经形成，几大巨头云服务商优势明显，整体格局难以撼动。

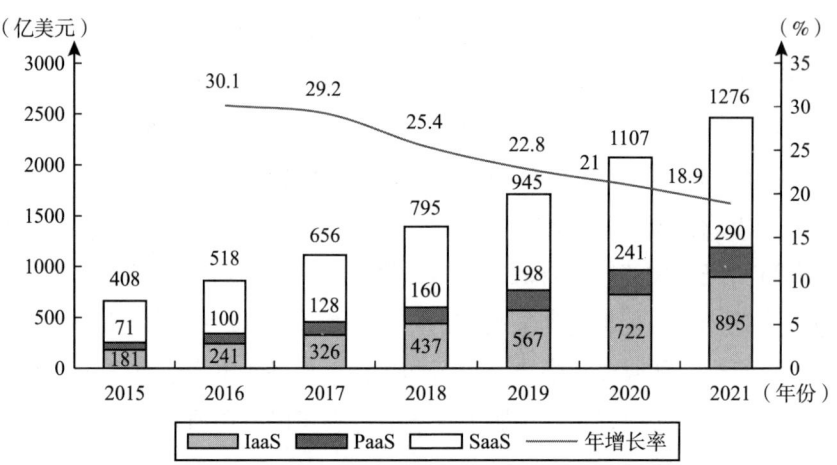

图 4-18　2015~2021 年全球云计算服务市场规模及增速

注：2018~2021 年为预测值。

资料来源：加德纳历年全球 IT 支出预测报告。

表 4-10　　　　　　　　2017 年全球云 IaaS 市场份额占比

服务商	2016 年（亿美元）	2017 年（亿美元）	2017 年市场份额（%）	2017 年增长率（%）
亚马逊（AWS）	97.75	122.21	54.10	25.00
微软（Azure）	15.79	31.30	8.70	98.20
阿里云	6.70	10.90	3.70	62.70
谷歌云	5.00	7.80	2.80	56.00
IBM	2.97	4.57	1.60	53.90
其他厂商	52.45	56.99	29.10	8.60
总计	180.66	233.77	100.00	29.40

资料来源：加德纳历年全球 IT 支出预测报告。

总之，对全球信息技术服务业的分析看，美国、欧洲和日本等国家和地区占据全球 IT 服务业顶端，2018 年美国的 IT 服务业规模占全球市场的四成，英国、德国等欧洲国家则占全球市场的三成；从企业层面看，2017年全球市场份额排名前十的IT服务供应商被美国、英国、爱尔兰、印度、日本以及法国的企业占据。在新型云计算服务方面，美国的市场规模全球占比六成左右，亚马逊、微软、谷歌、IBM等美国企业在云计算市场占据了绝对竞争优势。随着我国对云计算发展的重视，一些互联网企业如阿里巴巴等也在全球云计算市场占有一定竞争优势。

本章对智能制造发展的关键基础性产业——集成电路、智能传感器、高档数控机床、工业机器人以及软件和信息技术服务业发展态势进行分析，并比较各主要国家和地区的产业发展水平。结果显示，智能制造所需的关键基础性产业的发展优势和主导力量仍主要掌握在美国、德国、日本、韩国以及欧洲等发达国家和地区手中，尤其是在高端产品和技术方面形成对全球市场的把控。中国则依靠强大的市场需求在一定程度上影响全球市场，并在中低端产品生产方面占据一定优势。从未来发展趋势看，中国在市场、技术和企业竞争力等方面的影响力将进一步上升，但在关键核心技术方面仍有差距要弥补。

第五章 G20国家智能制造发展水平实证分析

第一节 智能制造发展水平的分析思路及方法

当前全球制造业发展还处于向智能化逐步转型的过程中，尚没有国家已完全实现智能制造，即便制造业发达的德国也只表示有三成的企业具备了实施智能制造的能力。因为除了机械自动化技术外，智能制造是利用高度发展的信息通信技术与制造业深度融合才能实现的一种先进制造模式。因而我们分析二十国集团（G20）国家智能制造的发展水平，实质上是分析各个国家制造业向着智能化发展的水平和程度。

一、智能制造发展水平的分析思路

智能制造是信息通信及自动化技术对制造业全面、深度渗透，并提高制造业生产率的一种先进制造模式。因此，衡量一个国家智能制造发展水平，可以以包含信息通信技术和自动化技术在内的智能化技术对制造业的融合渗透水平来体现。进一步地，可以通过制造业中含有的智能化产品有效投入来衡量。

这里涉及对产业融合的测度问题，关于产业融合的测度，国内外已有不少文献，国外偏重技术视角的融合研究，而国内则偏向于产业层面的融合研究。国外文献方面，测量产业融合的程度通常用到专利系数法，因为不同产业间融合迹象通常由专利指标显示出来。如库兰等（Curran et al.，2010；2011）基于可公开获取的数据，建立多重指标和监控融合的概念，对研发密集领域的融合情况进行监控。对七千多个科学专利参考文献进行分析，用以测度产业间及科学领域的距离，指出随着融合的推进，它们之间的距离会越来越小，直到出现新的替代性或融合的领域。卡梅龙等（Cameron et al.，2005）从生产力增长角度将融合与技术转移联系起来，数据分析具有一定的统计学意义。此外，还有赫芬达尔系数、熵指数、集中度和剩余法（Bryce and Winter，2009）等。

  国内文献中，有不少利用投入产出法来衡量产业间相互依赖关系的，尤其以分析生产性服务业或信息产业与制造业融合程度的研究居多。程大中（2008）运用投入产出法对中国和经济合作与发展组织（Organization for Economic Co-operation and Development，OECD）等14个经济体的生产性服务业发展水平、结构差异、对国民经济和三次产业的影响进行比较。文章用直接消耗系数来表征和衡量生产性服务业总体水平，得出相对于其他OECD国家，中国的生产性服务业投入比重相对较小的结论。徐盈之和孙剑（2009）基于产业融合理论，运用投入产出法对OECD国家及部分发展中国家信息产业和制造业的融合程度进行测算，也是将制造业中信息产业投入在其总产出中的比重，视为信息产业和制造业融合度的指标，该值越大表明两个产业的融合度越深，即制造业信息化程度越高。刘华等（2013）对中国制造业与信息化产业融合程度，及其对制造业全要素生产率变化的关系进行实证分析，研究得出两者之间存在正相关关系。对于制造业与信息化产品的融合度计算，则以制造业中信息产品中间投入占所有中间投入比重来衡量。楚明钦（2014）基于OECD投入产出表，对包括中国在内的10个国家生产性服务业与装备制造业融合程度进行比较分析，运用中间需求率、中间投入率、影响力系数和感应度系数等几个变量来表征融合度。王小波（2016）同样运用中间需求率和中间投入率、直接消耗系数和完全消耗系数、影响力系数和感应力系数三组指标，对中国生产性服务业与制造业的融合情况进行测度，以及对七国集团（G7）国家和中国的生产性服务业和制造业融合情况进行了比较分析。

  总之，目前国内研究产业融合的文献大多运用投入产出法中的几个重要系数来表征，比如用直接消耗系数来衡量生产性服务业与制造业的融合程度，制造业对生产性服务业的消耗越高，表明二者融合程度越高。但这里忽略了技术效率问题，即直接消耗系数值大，并不一定代表两者的融合水平高，相反也可能表明了生产的技术效率低，即单位产出需要消耗更多的中间产品。因此需要对直接消耗系数进行调整，消除技术效率的因素，才能得到产业的有效融合度。我们正是以投入产出分析中的"直接消耗系数"为基础，并考虑技术效率的因素，提出"制造业智能化指数"的概念，进而比较G20国家智能制造发展的水平。

二、投入产出分析方法及直接消耗系数

投入产出分析是研究经济系统各个部分（作为生产单位的产业部门、行业、产品等）之间，表现为投入与产出的相互依存关系的经济数量分析方法。所谓投入，是指产品生产所需原材料、辅助材料、燃料、动力、固定资产折旧和劳动力投入；所谓产出是指产品生产的总量及其分配使用的方向和数量，如用于生产消费（中间产品）、生活消费、积累和净出口等（后三者总称为最终产品）。① 投入产出分析方法是由美国经济学家瓦西里·列昂惕夫提出的。1931年列昂惕夫利用美国国情普查资料，编制了1919年和1929年的美国投入产出表，分析美国的经济结构和经济均衡问题，并于1936年发表了《美国经济制度中投入产出数量关系》一文，标志着投入产出分析的诞生。1953年列昂惕夫等出版了《美国经济结构研究》一书，详细阐述了投入产出分析的基本原理及其发展。②

投入产出分析的一个重要作用是能深入分析部门间以及产品间复杂的相互依存关系以及主要的比例关系，揭示国民经济各种活动间的连锁反应。使国民经济核算体系不仅能综合描述国内经济发展的概貌，而且能分析国民经济复杂的因果联系和相互关系。按照所反映的时间因素不同，投入产出模型可以分为静态模型和动态模型，静态模型反映一个时间点上（一般为一年）

---

① 钟契夫. 投入产出分析 [M]. 北京：中国财政经济出版社，1987：1.
② 钟契夫. 投入产出分析 [M]. 北京：中国财政经济出版社，1987：2.

经济系统各个部分的投入产出数量相互依存关系。静态模型的理论和方法较为成熟,得以较多地应用于经济分析中。而按照使用价值和价值的统一,投入产出模型又可以分为实物型和价值型模型,前者反映国民经济中各类产品生产过程中的生产技术联系与产品供需平衡情况,后者可反映国民经济中部门的技术经济联系,各部门产品供需情况与价值形成过程。与实物表相比,价值表以价值量为计量单位,可以把不同种类的产品归为一个部门,因此除了能包括全部物质生产部门外,还能把一些非物质生产部门包括进来,因此价值形态投入产出表更多地应用到数量分析和比较中。

投入产出模型是根据投入产出表建立的,静态产品的价值型投入产出表是由两张表相互垂直交叉形成的,即水平的横表和垂直的竖表(见表5-1)。横表是产出表,其主栏是国民经济中的各个部门,宾栏是价值表的三个组成部分——中间使用、最终使用及总产出,通过横表可以说明各个部门在一定时期内所生产产品的分配使用情况,即反映各个部门产品的实物运动情况;竖表是投入表,其主栏就是国民经济中各个部门,宾栏是价值表的三个组成部门——中间投入、增加值和总产出(总投入),通过竖表可以说明各部门产品的价值形成过程。表5-1就是价值形态投入产出表,其中的X_{ij}表示j部门生产中消耗i部门产品的数量,或i部门生产的产品中,分配给j部门作为中间产品的数量;V_n表示n部门产品的增加值;F_n表示n部门产品作为最终使用的数量;X_n表示n部门产品的总产出量。

表 5-1　　　　　　　　　价值形态投入产出

投入		中间使用				最终使用	总产出
		部门 1	部门 2	…部门 j	部门 n		
中间投入	部门 1	X_{11}	X_{12}	…, X_{1j}	X_{1n}	F_1	X_1
	部门 2	X_{21}	X_{22}	…, X_{2j}	X_{2n}	F_2	X_2
	⋮	⋮	⋮	…, ⋮	⋮	⋮	⋮
	部门 i	X_{i1}	X_{i2}	…, X_{ij}	X_{in}	F_i	X_i
	部门 n	X_{n1}	X_{n2}	…, X_{nj}	X_{nn}	F_n	X_n

续表

投入		中间使用				最终使用	总产出
		部门1	部门2	…部门j	部门n		
增加值	固定资产折旧	V_1	V_2	…, V_j	V_n		
	劳动者报酬						
	生产税净额						
	纯收入						
总投入（产出）		X_1	X_2	…, X_j	X_n		

直接消耗系数通常以 a_{ij} 表示，它反映在单位 j 部门生产过程中所消耗的第 i 个部门产品的数量，即：

$$a_{ij} = \frac{x_{ij}}{X_j}(i, j = 1, 2, \cdots, n) \quad (5.1)$$

其中，x_{ij} 表示 j 部门生产中消耗的 i 部门产品数量，X_j 表示 j 部门总产值。直接消耗系数越大，表明 j 部门对 i 部门产品的消耗量越大，依赖性越强。直接消耗系数又称为技术投入系数，它反映各类产品生产过程中的技术联系以及国民经济的生产技术结构。直接消耗系数受到部门的技术水平和管理水平、产品结构、产品的相对价格水平等几个方面因素的影响。直接消耗系数是静态投入产出模型的核心[1]，引入它可以把经济因素与技术因素有机地结合起来，进而结合技术因素来做经济分析。

三、制造业智能化指数的概念及其对智能制造发展水平的表征

我们以"制造业智能化指数"（intelligent manufacturing index，IMI）来表征智能制造的发展程度和水平。所谓"制造业智能化指数"是指，单位制造业产出中所使用的智能化产品的有效数量。"制造业智能化指数"越高，亦即一单位制造业产出所使用的智能化产品的有效数量越多，则表明该制造业的智能化水平越高，智能制造的发展水平就越高；反之则反是。

---

[1] 钟契夫. 投入产出分析 [M]. 北京：中国财政经济出版社，1987：72.

在具体计算中，引用投入产出分析法中的直接消耗系数概念——即制造业生产中所消耗的智能化产品的数量，以之为基础计算"制造业智能化指数"。但同时还要考虑各个国家制造业生产中相对技术效率不同的问题。例如，有的国家制造业由于技术水平、管理水平等较高，则其对智能化产品的利用率较高，从而消耗的智能化产品数量相对较少；相反，有的国家由于技术效率较低，其对智能化产品的利用率低，则消耗的智能化产品数量可能更多。因此，为了消除技术效率的影响，在直接消耗系数基础上，引入增加值率这一能够表征技术效率的因素，使各国在相对一致的效率水平上进行比较，得到各国一单位制造业产出中所凝结的有效智能化产品投入的数量，进而较为准确地衡量和比较各国智能制造的发展水平。

第二节　相关产业的界定

在运用投入产出法计算智能制造发展水平过程中，需要对作为投入品的智能化产品/产业所包含的具体类别做出界定。从智能制造的本质和特征看，其发展离不开网络、通信、软件服务等信息通信技术，以及数控机床、工业机器人等机械自动化技术的支撑。因此，所谓智能化产品/产业可大致概括为信息通信技术产业/产品和机械自动化产品两类。下面对信息通信技术产业/产品、机械自动化产品的类别做出界定。

一、信息通信技术产业的界定

对于信息通信技术产业，一些国家和经济组织自20世纪90年代开始已尝试做出界定并不断修正。OECD较早对信息经济及ICT产业进行研究和界定。1998年，OECD首次对信息通信技术部门进行了定义，认为ICT产业是集合制造业和服务业并获取、传输以及以电子方式展示数据和信息的部门。这一定义基于联合国国际标准产业分类第三版（ISIC Rev.3）。2002年，OECD在1998年定义的基础上进行了修订，包括ICT制造产业和ICT服务产业。2007年OECD基于联合国国际标准产业分类第四版（ISIC Rev.4），对ICT产业类别进行重新定义和界定,即ICT产业的生产(产品和服务)必须主要是以电子方式满足和实现信息处理和通信功能,包括传输和展示。"使用电子处理来检测、测量或记录物理现象或控制物理过程"的产品被排除在外,同时增加了软件出版、电脑及通信设备维修等ICT服务业。可以看出,2007年版缩减了ICT制造部门而增加了ICT服务部门。2002年和2007年的ICT产业分类对比如表5-2所示。

表 5-2　　　　　　　　OECD 对 ICT 部门的定义

分类	2002 年		2007 年	
	ISIC Rev. 3.1 代码及部门名称		ISIC Rev. 4 代码及部门名称	
ICT 制造业	3000	办公室、会计和计算设备制造		
	3130	绝缘电线电缆制造		
	3210	电子真空管以及其他电子设备制造		
	3220	电视和无线电发射机及电话电报线路用设备的制造	2610	电子元器件和电路板的制造
			2620	电脑及周边设备制造
	3230	电视、广播接收机、录音录像设备及有关物品的制造	2630	通信设备制造
			2640	消费电子产品制造
	3312	制造除工业过程控制设备外,用于测量、检验、测试、航行和其他目的的仪器和器具	2690	磁光介质的制造
	3313	工业过程控制设备制造		
ICT 服务业	5151	电脑、电脑周边设备及软件批发	4651	电脑、电脑周边设备及软件批发
	5152	电子和电信零部件及设备的批发	4652	电子和电信设备及零配件批发
	6420	电信	5820	软件出版
	7123	租用办公室机器及设备(包括电脑)	61	电信
			62	计算机编程、咨询及相关活动
	72	计算机及相关活动	631	数据处理、托管及相关活动;门户网站
			951	电脑及通信设备维修

注:2007 年的分类,除了 ICT 制造和服务业,还增加了 ICT 贸易业,并且将 4651 和 4652 两个部门放入 ICT 贸易业中。在本表中,仍将这两个产业部门归类到 ICT 服务业中。

资料来源:(1) OECD. Measuring the Information Economy [R]. 2002. (2) Working Party on Indicators for the Information Society. Information Economy – Sector Definitions Based On The International Standard Industry Classification (ISIC 4) [R]. OECD, 2007.

随着ICT产业的发展,OECD的研究由起初的信息经济(information economy)转变成数字经济(digital economics),2014年以来连续出版三份数字经济报告①，报告将 ICT 产业视为数字经济的基础，并对数字经济的规模、投资、创新效应、就业拉动、安全和隐私、物联网等新趋势都进行了研究和分析。报告根据国际标准产业分类第四版（ISIC Rev.4），将 ICT 产业界定为："26 计算机、电子和光学产品""582 软件的发行""61 电信""62-63 计算机程序设计、咨询及有关活动，信息服务活动"。更加明确和聚焦了产业类别，有助于对 ICT 产业进行衡量和各种数量分析。

美国也一直重视对信息经济和数字经济的跟踪和研究。20 世纪 90 年代，信息技术和互联网经济在美国经济的繁荣中起到十分重要的推动作用。1998 年美国商务部经济与统计管理局（Economics and Statistics Administration，ESA）发布"崛起中的数字经济"（The Emerging Digital Economy）报告。指出美国经济在 90 年代的表现超出预期，预算赤字减少、低利率、稳定的宏观经济环境、较少的贸易壁垒以及有效的私营部门管理等。在这一稳定发展过程中，互联网及信息技术的进步是背后的重要推动力量。互联网的迅速发展在于其作为通信、教育和娱乐媒介以及作为电子商务工具发挥了重要作用。同时在其他领域，如企业等开始使用互联网进行企业内部管理，进而降低运营成本。预计信息技术将在未来多年推动经济持续增长，表现在：互联网接入人群的扩张正推动计算机、软件、服务和通信投资的大幅增长；企业对电子商务应用的大幅增加；商品和服务通过互联网进行电子交付的增长；有形商品通过互联网进行零售的迅速增长。此份报告也对信息产业进行了界定，其信息产业选择的标准是"工业生产流程或传递商品和服务信息中间需求，最终产品、行业提供必要的基础设施运营互联网和电子商务"。可见美国对于信息产业的划分注重对电子商务的应用，这与当时信息技术的发展主要应用于服务领域有关。在报告的附件一中详细列明了信息技术产业的类别，分为硬件、软件和服务、通信设备和通信服务四个大类，如表 5-3 所示。

---

① 这三份报告分别是：Measuring the Digital Economy: A New Perspective [R]. OECD, 2014; OECD Digital Economy Outlook 2015 [R]. OECD, 2015; OECD Digital Economy Outlook 2017 [R]. OECD, 2017.

表 5-3 美国 ESA 对于信息技术产业的分类

硬件		软件和服务	
SIC 代码	产业名称	SIC 代码	产业名称
3571, 2, 5, 7	计算机和设备	7371	计算机编程服务
5045pt	计算机和设备批发	7372	预包装软件
5734pt	计算机和设备零售	5045pt	软件批发
3578, 9	未分类的计算和办公设备	5734pt	软件零售
5695	电磁及光学录制媒介	7373	计算机集成系统设计
3671	电子管	7374	计算机处理,数据准备
3672	印刷电路板	7375	信息检索服务
3674	半导体	7376	计算机服务管理
3675-9	无源电子元件	7377	计算机租赁
3823	工业测量仪器	7378	计算机维护和维修
3825	电测量仪器	7379	未分类的计算机相关服务
3826	实验室分析仪器		
通信设备		通信服务	
SIC 代码	产业名称	SIC 代码	产业名称
3651	家用视听设备	481, 22, 99	电话和电报通信
3661	电话和电报设备	4832	广播
3663	广播和电视通信设备	4833	电视
		4841	有线电视和其他付费电视服务

注:信息技术行业是基于美国商务部管理和预算厅 1987 年《标准工业分类(SIC)手册》的定义选出的。

资料来源:Lynn Margherioetc. The Emerging Digital Economy [R]. U. S. Department of Commerce, 1998.

接下来,美国商务部经济与统计管理局(ESA)又分别在 1999 年、2000 年、2002 年和 2003 年发布了"数字经济"(Digital Economy)报告,其对信息技术的界定与第一份报告基本保持一致,只在 SCI 代码基础上加入了新的北美产业分类系统(North American Industry Classification System,NAICS)。该系统扩大了产业分类的数量,特别是在新的信息部门。

此后美国持续关注数字经济的发展,2018 年 3 月,美国商务部经济分析局(Bureau of Economic Analysis,BEA)发布"定义和衡量数字经济"(*Defining and Measuring the Digital Economy*)报告,对数字经济及其产品进行了进一步细化和罗列，尤其是基于信息通信技术（ICT）的界定。报告指出，正如衡量数字经济的概念已经存在多年一样，衡量数字经济的挑战也同样存在。最根本的挑战之一，是缺乏一个精确和普遍的定义，以澄清在衡量数字经济时应包括哪些活动。定义数字经济之所以困难，部分原因在于技术的迅速变化。因此，数字经济的定义应该考虑到它所包含内容不断变化的性质。因此，在这份报告中，BEA 主要从互联网和相关信息通信技术（ICT）的角度定义数字经济。ICT 部门是 BEA 定义数字经济的起点，二者包含的类别在很大程度上是重叠的。BEA 将数字经济划分为：（1）计算机网络存在和运行所需要的数字支持的基础设施；（2）使用该系统进行的数字交易（"电子商务"）；（3）数字经济用户创造和获取的内容（"数字媒体"），具体如表 5－4 所示。此外，BEA 还基于北美产业分类系统，在三大分类项下确定了 200 多种数字产品和服务的细类。①

表 5－4　　　　　　　　　美国 BEA 对于数字经济的分类

大类	中类
数字智能基础设施	计算机硬件
	软件
	通信设备和服务
	结构
	物联网
	支持性服务
电子商务	企业对企业电子商务（B2B）
	企业对用户电子商务（B2C）
	端对端电子商务（P2P）
数字媒体	直销数字媒体
	免费数字媒体
	大数据

资料来源：根据 Kevin Barefoot, Dave Curtis, William Jolliff, Jessica R. Nicholson, Robert Omohundro. Defining and Measuring the Digital Economy [R]. Bureau of Economic Analysis, 2018: 6–8 整理。

---

① Kevin Barefoot, Dave Curtis, William Jolliff, Jessica R. Nicholson, Robert Omohundro. Defining and Measuring the Digital Economy [R]. Bureau of Economic Analysis, 2018, pp. 21–23.

可以看出,美国对于信息通信技术产业的划分并非如 OECD 一样将制造业和服务业严格区分开来,而是以产业和产品为主要对象,再按照制造业和服务业区分进行分类,例如,美国 ESA 在硬件行业分类中加入了计算机的批发和零售业。而在美国 BEA 版本的分类中,则完全是按照信息通信产业的不同功能和业务进行划分,在基础设施类别中既有计算机硬件等制造业类别产品,也包含相应的服务业类别。

比较 OECD 和美国对于 ICT 产业的划分后,本书对于 ICT 产业的界定将参照 OECD 的标准,将 ICT 产业分为 ICT 制造业和 ICT 服务业两大类。因为如果按美国的细项分类方法,从具体业务、具体产品入手,将面临 ICT 技术及其应用不断发展的局面,如近年来的物联网、云计算、大数据等技术不断涌现,从业务和产品角度界定将不能穷尽。因此,将 ICT 产业划分回归到传统的三次产业角度更具有相对的稳定性。总之,本书对于 ICT 产业划分,结合 OECD 的分类方法及其投入产出表(Input–Output Tables ISIC Rev. 4)中的行业分类,将 ICT 产业确定为:(1)"计算机、电子和光学产品"(computer, electronic and optical products);(2)"电信(telecommunications)";(3)"信息技术和其他信息服务"(IT and other information services)。但与 OECD 在数字经济报告中的界定相比,我们去除了"软件的发行"这一类别,考虑到 OECD 投入产出表中只列出了"出版、试听及广播活动"(publishing, audiovisual and broadcasting activities)大类,而未将其子类"软件的发行"单独列出来,介于数据可得性,故此将这一子类去除。

二、机械自动化产业的界定

对于智能制造,信息通信技术产业及产品是最为核心的投入,但同时智能制造的发展也离不开机械自动化产品的投入。当前,以高档数控机床、工业机器人、3D 打印等为代表的高端机械产品是推动智能制造发展的重要组成部分。因此衡量一个国家制造业智能化发展水平,同样要考察机械自动化产品的投入水平。因为当前尚缺乏对高档数控机床和工业机器人等新产业进行单独统计的数据,因此,我们参照国际标准产业分类(ISIC Rev. 4),同时结合 OECD 统计数据库的分类,将机械自动化产业界定为"机械设备"

(Machinery and equipment n. e. c.) 行业，如表 5-5 所示。

表 5-5　　　　　　　　智能化产业/产品的界定

分类		ISIC Rev. 4 编号及行业类别
智能化产业/产品	ICT 产业	ICT 制造业
		26　计算机、电子和光学产品
		ICT 服务业
		61　电信
		62~63　信息技术和其他信息服务
	机械自动代产业	机械自动化产品制造业
		28　机械设备

第三节　制造业智能化指数的计算及数据来源

一、制造业智能化指数的计算方法

在实证分析中，根据制造业对智能化产品的直接消耗系数，同时考虑制造业技术效率的因素，来衡量制造业中含有的智能化产品有效投入数量。考虑到直接消耗系数除受到技术条件影响外，还受到价格与部门内部产品结构等因素的影响①，为消除各国产品结构和价格等因素的差异，假设各国部门内部产品结构保持相对稳定，各国智能化投入产品的相对价格一致。

首先，根据 OECD 投入产出表，选取该表中横列的"计算机、电子和光学产品""未明确分类的机械和设备""电信"以及"信息技术和其他信息服务业"的智能化产品投入数值，选取竖列中"食品、饮料和烟草"至"其他制造；机械设备的维修和安装"共 16 个制造行业类别的产出数值，计算制造分行业对这四类智能化投入产品的直接消耗系数 a_{ij}，表示制造各

---

① 钟契夫. 投入产出分析 [M]. 北京：中国财政经济出版社，1987：72.

行业对智能化产品的直接消耗情况。即 $a_{ij}=x_{ij}/X_j(i,j=1,2,\cdots,n)$，其中，$x_{ij}$ 表示 j 部门生产中消耗的 i 部门产品数量，X_j 表示 j 部门总产值。

其次，如前面分析，由于各国在制造业技术效率水平上的差异，造成对智能化产品利用效率上的不同，进而在智能化产品的消耗量上存在不同。制造业技术效率水平高的国家，对智能化产品的投入和消耗可能较低。为更准确地比较各国制造业一单位产出中所包含的智能化产品的有效投入规模，我们引入制造业的增加值率（v）来表征制造业的技术效率水平，即 $v=V_j/X_j$，表示某一行业所创造的增加值（V_j）占整体产出（X_j）的比重。增加值率一定程度上反映了制造业的技术效率水平，增加值率越高，表明单位投入产生的增加值越高，则投入产出的效果越好，技术效率也越高。在此基础上，为了更好地比较各国制造各行业的技术效率水平差异，将中国的制造各行业增加值率作为基准（即把中国制造各行业的"相对增加值率"设定为1），计算在中国的技术效率水平条件下，其他国家制造业对智能化产品的相对有效消耗情况。于是，用其他国家制造各行业增加值率除以中国相应行业的增加值率，得到各国制造分行业的相对增加值率 v_j，即 $v_j=v_o/v_c$，这里 v_o 表示其他国家制造分行业的增加值率，v_c 表示中国制造分行业的增加值率。

再其次，计算各国制造业分行业的智能化水平，即以制造业各分行业对智能化产品的直接消耗系数（a_{ij}）乘以制造业各分行业的相对增加值率（v_j），得到一单位制造业分行业所包含的智能化产品的有效投入数量。

最后，计算各国制造业总体的智能化水平，即制造业智能化指数（IMI）。因各个国家各具体制造行业在其整体制造业中的比重有所差异，同时单个制造行业的信息化水平也存在差异，这两个变量共同决定各国制造业总体的智能化水平。故此，我们进一步将各国各制造分行业产出占制造业总产出的比重，作为测算各国制造业总体智能化水平的权重（w_j），将各权重与上述各制造分行业智能化水平相乘后加总，即得到制造业总体一单位产出所包含的智能化产品的有效投入数量，即制造业智能化指数（IMI）。另外，为了便于从数据上进行直观比较，清晰了解各国制造业智能化水平，在制造业智能化指数基础上乘以100，最后得到：

$$IMI = \sum a_{ij} \times v_j \times w_j \times 100$$

其中，IMI 表示制造业智能化指数，a_{ij} 表示制造业分行业对智能化产品的直接消耗系数，v_j 表示制造业分行业的相对增加值率，w_j 表示制造业分行业占制造业总体产出的权重。

二、研究的国别及数据来源

选取 G20 国家作为研究对象，比较这些国家智能制造发展水平。考虑到欧盟的几个主要成员国都已经包括在 G20 成员国家内，且从数据可得性考虑，故将欧盟排除。研究的国家分别是阿根廷、澳大利亚、巴西、加拿大、中国、法国、德国、印度、印度尼西亚、意大利、日本、韩国、墨西哥、俄罗斯、沙特阿拉伯、南非、土耳其、英国、美国。

本书中各国的投入产出数据以及制造业增加值、产值的数据来源于 OECD 统计网站（https://stats.oecd.org/），投入产出表是基于国际标准产业分类第四版——Input-Output Tables ISIC Rev.4 的数据，数据时间区间为 2005～2015 年。

第四节 实证结果分析

一、各国智能制造总体发展水平比较分析

根据前一节对于制造业智能化指数计算的方法，以及 OECD 投入产出表数据，得到 2005～2015 年 G20 国家制造业智能化指数，并计算了 2005～2015 年的平均值（见表 5-6）。另外，根据平均值得到 G20 国家 2005～2015 年制造业智能化指数排名（见表 5-7）。

表 5-6　　2005~2015 年 G20 国家制造业智能化指数

国家	2005年	2006年	2007年	2008年	2009年	2010年	2011年	2012年	2013年	2014年	2015年	平均值
美国	8.608	8.543	8.198	8.605	8.719	7.584	7.922	8.552	9.488	9.334	11.023	8.780
阿根廷	1.920	2.047	1.837	1.591	1.611	1.476	1.427	1.486	1.379	1.314	1.236	1.575
澳大利亚	3.258	3.680	3.831	3.768	4.038	3.694	3.754	3.125	3.626	4.181	3.999	3.723
巴西	3.174	3.235	2.829	2.937	2.509	3.864	3.825	4.115	4.317	3.964	3.750	3.502
加拿大	5.756	5.519	5.792	4.881	5.282	3.376	3.233	4.009	3.841	4.736	6.097	4.775
中国	9.852	10.083	9.661	8.905	8.275	7.611	7.473	8.122	7.799	8.003	8.333	8.556
法国	4.519	4.323	4.271	4.577	4.878	4.580	4.153	4.452	4.668	4.426	4.231	4.462
德国	9.041	9.178	9.964	9.282	9.245	8.838	8.999	10.056	10.445	11.031	10.982	9.733
印度	2.244	2.306	2.409	2.230	2.332	1.919	1.049	0.809	1.600	1.597	2.183	1.880
印度尼西亚	2.290	2.692	2.902	2.918	3.275	2.916	2.767	2.815	3.341	3.486	4.275	3.062
意大利	5.521	5.232	5.354	5.624	5.808	5.654	5.620	6.422	6.593	6.614	5.824	5.842
日本	11.351	11.496	11.399	10.068	10.465	9.346	9.058	8.557	8.473	9.119	9.756	9.917
韩国	17.901	17.701	17.519	15.304	18.292	16.621	16.652	16.892	18.820	18.893	19.565	17.651
墨西哥	9.342	8.933	8.746	7.696	7.000	6.599	5.950	6.532	7.471	7.847	9.168	7.753
俄罗斯	3.753	3.785	3.771	4.325	5.011	4.140	3.449	3.792	3.990	4.472	3.980	4.042
沙特阿拉伯	1.347	1.396	1.756	1.587	1.765	1.577	1.475	1.435	1.561	1.357	1.695	1.541
南非	2.471	2.276	2.558	2.929	3.109	2.577	2.427	2.277	2.522	2.770	2.427	2.576
土耳其	1.043	0.986	1.044	0.980	1.180	0.995	1.032	1.145	1.272	1.368	1.609	1.150
英国	6.809	6.725	6.790	6.687	6.344	6.188	6.374	6.777	6.973	7.227	6.881	6.707

表 5-7　　2005~2015 年 G20 国家制造业智能化指数排名平均值

排名	国家	制造业智能化指数
1	韩国	17.65
2	日本	9.92
3	德国	9.73
4	美国	8.78

续表

排名	国家	制造业智能化指数
5	中国	8.56
6	墨西哥	7.75
7	英国	6.71
8	意大利	5.84
9	加拿大	4.77
10	法国	4.46
11	俄罗斯	4.04
12	澳大利亚	3.72
13	巴西	3.50
14	印度尼西亚	3.06
15	南非	2.58
16	印度	1.88
17	阿根廷	1.57
18	沙特阿拉伯	1.54
19	土耳其	1.15

根据G20国家制造业智能化指数测算结果，可以将其分为三个梯队（见表5-8），制造业智能化指数为8以上的国家处于第一梯队，包括韩国、日本、德国、美国、中国5个国家；制造业智能化指数为4~8的国家处于第二梯队，包括墨西哥、英国、意大利、加拿大、法国、俄罗斯6个国家；制造业智能化指数为1~4的国家处于第三梯队，包括澳大利亚、巴西、印度尼西亚、南非、印度、阿根廷、沙特阿拉伯以及土耳其8个国家。

表5-8　　　　　　G20国家制造业智能化指数水平分类

分类	国家
第一梯队国家（制造业智能化指数大于8）	韩国、日本、德国、美国、中国
第二梯队国家（制造业智能化指数为4~8）	墨西哥、英国、意大利、加拿大、法国、俄罗斯
第三梯队国家（制造业智能化指数为1~4）	澳大利亚、巴西、印度尼西亚、南非、印度、阿根廷、沙特阿拉伯、土耳其

(一) 第一梯队国家智能制造发展水平分析

第一梯队国家依次包括韩国、日本、德国、美国和中国5个国家。第一梯队各国2005~2015年制造业智能化指数发展趋势如图5-1所示。

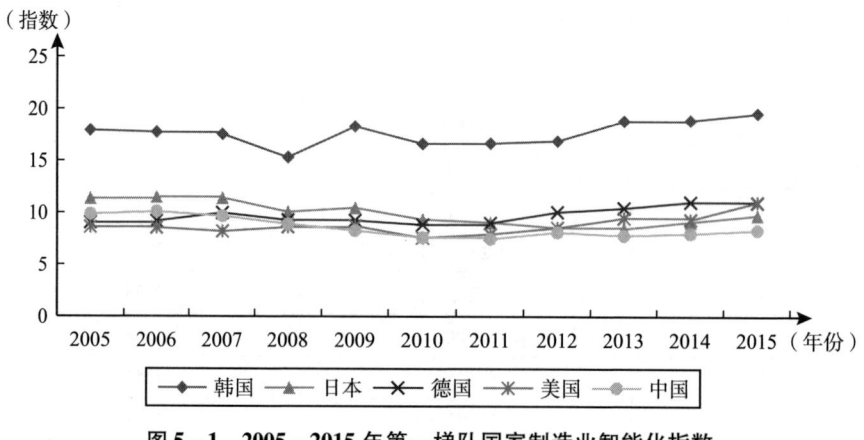

图5-1 2005~2015年第一梯队国家制造业智能化指数

1. 韩国是第一梯队国家中智能制造发展水平最高的国家，其智能制造发展水平且呈稳步上升势头，2015年制造业智能化指数接近20，远高于其他4个国家，这与韩国一直以来重视制造业自动化、信息化发展密切相关。20世纪60~90年代，韩国工业化进程经历了劳动密集型、资本密集型和技术密集型发展模式，创造了"汉江奇迹"，成为"亚洲四小龙"之一。韩国的制造业一直居于世界前列，其造船、电子、汽车、化工、钢铁等产业在全球占有重要地位。由于国土面积狭小以及劳动力相对缺乏，韩国一种重视制造业自动化发展，从前面的分析可知，韩国在智能化代表性产业——尤其是集成电路芯片以及机器人产业的发展，无论技术水平、规模以及大企业等方面的竞争力都位居世界前沿。机器人使用密度是衡量一个国家制造业自动化程度的重要指标，韩国自2010年以来一直是世界制造业机器人密度最高的国家，2016年韩国机器人密度达631台，是全球平均水平的8倍多。这与韩国在计算机、通信和电子产业以及汽车行业快速发展有关。在德国提出"工业4.0"战略后，韩国为了应对第三次工业革命的发展趋势，于2014年

6月推出了《制造业创新3.0战略》，2015年3月出台《制造业创新3.0战略实施方案》，韩国的制造业创新3.0战略是以智能制造和培育融合型新兴产业为主的"领跑"战略。目标主要包括三个方面：一是推动制造业与信息技术的结合，大力发展智能制造。计划在2020年以前打造一万个智能工厂；组建"智能工厂推进联盟"以及制造创新基金，建立并在中小企业推广产业创新3.0推进标准体系。二是推动形成核心材料和关键零部件的国际主导地位。在2019年完成十大核心材料的初期研发，并计划到2025年完成对核心系统级芯片（System on Chip，SoC）等100项关键元器件的研发；建设零部件和新材料产业园区，积极吸引国际企业落户，推动与国际实力较强的企业兼并重组。三是夯实制造业创新基础。引导高校和职业教育机构培养多方面的复合型专门人才，特别是针对产业融合和不同行业的特殊需要；建立东北亚研发中心及技术合作网络，探索新的未来经济增长领域；促进与美国、德国等发达国家在产业基金研发项目上的合作。

2. 在第一梯队中，德国和美国智能制造发展水平在2010年后呈现逐步上升趋势，这与欧美国家重返制造业，着力发展先进制造业有着密切关系。尤其是美国，在全球金融危机后，为了应对制造业日渐衰退的势头，其提出一系列密集的重振制造业计划，着力发展高端制造业，以期在未来第三次工业革命中占据领先地位；德国是制造业的大国和强国，在高端机械设备制造以及很多窄而精的技术领域都具有很强的竞争力，同时也是第三次工业革命及智能制造的积极倡导者和实施者，预计到2025年将会有一半的德国企业实现"工业4.0"；日本制造业智能化指数则呈现相对平稳的发展态势。与韩国类似，日本由于人多地少以及严重的人口老龄化等制约因素，一直以来十分重视发展机器人产业，在机器人制造和使用方面堪称强国。在2016年工业机器人密度全球排名中，日本仅次于德国，位列第四。国际四大机器人制造企业中，日本占据两席。在全球机器人供应方面，2016年日本机器人占全球52%的市场份额。可见，日本也是制造业自动化程度较高的国家，在智能制造发展方面具有先天的优势。总之，美国、德国和日本都是较早提出智能制造发展战略，且发展基础较好、发展经验丰富的国家，本书将在第六章对这三个典型国家的智能制造发展战略进行详细的分析和比较。中国的智能制造发展水平将在本节第四部分分析。

（二）第二梯队国家智能制造发展水平分析

制造业智能化指数位于第二梯队的国家包括墨西哥、英国、意大利、加拿大、法国、俄罗斯。2005~2015年第二梯队各国制造业智能化指数发展趋势如图5-2所示。

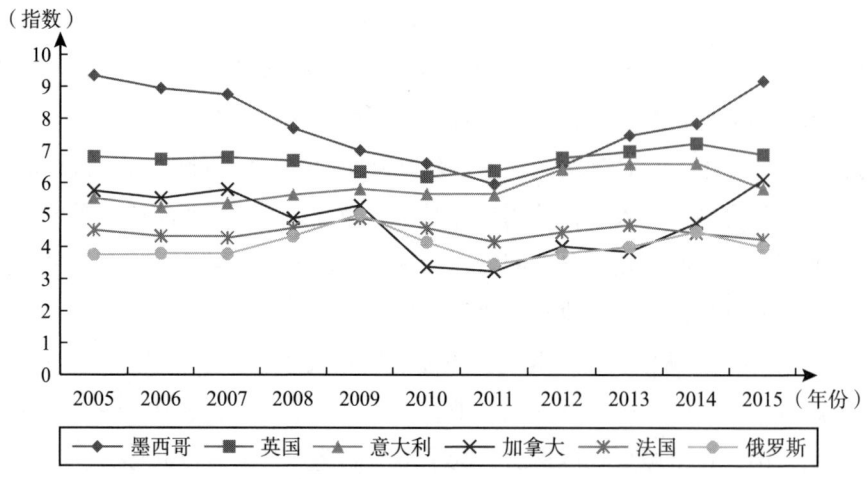

图5-2　2005~2015年第二梯队各国制造业智能化指数

1. 墨西哥智能制造发展表现突出，受金融危机影响，2011年制造业智能化指数降至6，之后开始快速反弹，2015年制造业智能化指数达到9。墨西哥智能制造的快速发展或许与其近年来制造业崛起有着重要关系。20世纪90年代，墨西哥与美国、加拿大签订北美自由贸易协定（North American Free Trade Agreement，NAFTA）后，墨西哥经济大幅向前迈进，成为北美制造业出口重镇，经济保持4%的高增长速度。自2001年中国加入世界贸易组织（WTO）以后，墨西哥大部分制造业遭遇中国的激烈竞争，发展一蹶不振。但2010年以来，随着中国的制造业成本的上升，制造业开始逐渐向东南亚以及墨西哥等低成本国家转移。墨西哥因背靠美国大市场，加之低劳动力成本、能源价格相对较低以及人民币汇率走高等因素，开始逐步吸引大批外国投资。除一般制造业外，很多高科技企业以及以北美为主要市场的企业将工厂从中国搬往墨西哥，包括汽车、电子和电器类等高智能化的制造业，如通用、大众、日产等汽车制造企业纷纷宣布在墨西哥新建工厂，提高产能，仅通用公司就在墨西哥设立4家工厂。2012~2014年，墨西哥汽车产业总共投资82亿美元用于设立新厂及增加供应商数量。除汽车业外，包括霍尼韦尔、ABB、库柏、施耐德、泰格、西门子、三星、联想、富士康等电子电器类高科技厂商也纷纷加大在墨西哥的投资。此外，伴随着美国重振制造业战略的发布和实施，墨西哥作为美国制造业工厂将迎来新的发展契机，可以预见，墨西哥智能制造将呈现持续快速发展的态势。

2. 英国、意大利、法国等老牌工业化国家智能制造发展一直保持较为稳定的态势。欧洲国家较早进行智能制造研究和实践，早在1982年欧洲就在制定的信息技术发展战略中强调智能制造技术的开发。1995年，欧盟作为创始成员与日本、美国等联合启动"智能制造系统"（Intelligent Manufacturing Systems，IMS）计划。至2005年，欧盟有近500家企业和组织参与，并且主持了其中37个项目，超过项目总数的一半。2010年欧盟牵头启动"IMS2020"路线图项目，提出面向2020年的智能制造系统发展愿景。金融危机爆发后，欧洲启动了经济复苏计划，"未来工厂"项目就是其中之一，在欧盟第七框架协议（FP7）资助下，"未来工厂"项目旨在推进欧洲制造业的竞争力和可持续发展能力。2013年，欧盟新的研究与创新框架计划——"地平线2020"（Horizon 2020）正式启动，"未来工厂"项目得以继续实施，重点扶持智能制造、自动驾驶、数字工厂、物联网等领域。

3. 加拿大和俄罗斯智能制造发展水平在第二梯队中处于下游，二者有着类似的地方，即都是地广人稀、自然资源丰富的国家，因此在制造业的发展方面相对弱势。但二者也有不同，加拿大在高科技产业方面的实力也不容小觑，如航空航天业、铁路建造、人工智能、软件开发、汽车产业、机械制造、通信技术、机器人、生物技术等领域有着领先的技术水平。2012年以来，加拿大政府越发重视对企业研发投入和创新方面的支持。例如，通过"科学研究及试验开发税收优惠计划"对加拿大企业的科研和技术开发投资进行税收减免，鼓励企业进行技术研发和创新。通过加拿大商业发展银行以及加拿大出口发展公司，扶持科技创新活动。出台产业研究援助计划、技术伙伴方案等支持私营部门和中小企业的研究和创新活动。设立风险基金以及对知识型企业进行重点扶持，使之成为科技创新的重要依靠力量。① 俄罗斯的优势则在重工业和军工国防制造领域，诸如发动机技术、高强度钢铁铸造技术、钛合金炼制加工技术、化学材料及其研发等领域，以及石油天然气基础产业等方面具有突出优势。

（三）第三梯队国家智能制造发展水平分析

第三梯队包括澳大利亚、巴西、印度尼西亚、南非、印度、阿根廷、沙特阿拉伯以及土耳其共8个国家，其2005~2015年制造业智能化指数发展趋势如图5-3所示。

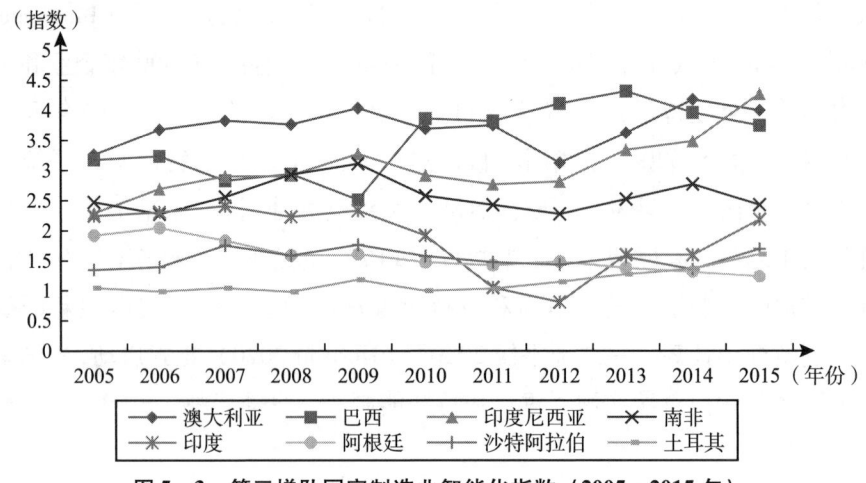

图5-3 第三梯队国家制造业智能化指数（2005~2015年）

1. 第三梯队中，澳大利亚智能制造发展总体上处于领先水平，2015年制造业智能化指数接近4。澳大利亚产业结构偏重服务业和农矿产业，制造业占GDP比重不到7%。由于人力和交通运输成本高，澳大利亚在低附加值、靠规模经济取胜的制造领域不占优势，而重点放在航空航天零配件业、无人机、化工行业、先进材料等高端制造业。澳大利亚极为重视第三次工业革命及智能制造的发展，为了应对德国等国提出的"工业4.0"战略，2017

---

① 中国商务部驻加拿大经商参处. 加拿大制造业现状、挑战和政府政策选择［EB/OL］. http：//www.mofcom.gov.cn/article/i/dxfw/nbgz/201706/20170602588750.shtml.

年澳大利亚推出"工业4.0实验室"（Industry 4.0 Testlabs）试点项目，这是世界上第一个"工业4.0"全面运营的试点工厂。项目由澳大利亚工业集团"工业4.0"论坛资助，斯威本科技大学研发副主席领导，另外参与方包括昆士兰大学、悉尼大学技术学院、南澳大利亚大学、西澳大利亚大学和塔斯马尼亚大学。现已推出了多个计划，包括"维多利亚州中小企业工业4.0中心""西门子MindSphere澳大利亚示范和应用中心"和"DXC数字化转化中心"等，该项目不仅免费为中小企业提供测试实验室的设施，以提高它们的"工业4.0"技术水平，还为研究人员和行业提供空间，让他们在先进制造等领域开展合作，发展技能以充分利用"工业4.0"提供的机会。

2. 巴西的智能制造发展在2010年快速提升，制造业智能化指数为3.8，2010~2013年均超过澳大利亚。2014~2015年开始下降，2015年落后于印度尼西亚和澳大利亚。巴西是南美最大的经济体，自然资源丰厚，农牧业发达，是典型的资源型国家，经济极度依赖农产品、矿产品等大宗商品。在2000年后，随着大宗商品价格的攀升，巴西经济持续高涨，但2013年后大宗商品价格下跌使巴西经济陷入低迷。在产业结构方面，虽然是发展中大国，但巴西的产业结构与发达国家类似，服务业占国民经济的七成左右，而制造业占比不足两成，至2017年巴西制造业只占国民生产总值的11.7%，制造业竞争力比较弱。[①] 而且中高技术制造业在制造业产值中的比例相对较低，约占三成。巴西在计算机、电子和光学产品以及制药等高技术领域的竞争力下降，但汽车工业、飞机制造业和生物燃料产业还有一定的竞争力。尽管如此，巴西也谋求在"工业4.0"中不被边缘化，2018年3月巴西在世界经济论坛发布一揽子刺激工业现代化的"工业4.0"计划，该计划获得86亿雷亚尔的融资，用于扶持企业发展和免除机器人进口税，计划还涵盖3D打印、人工智能、物联网等项目，巴西计划在8年内将符合"工业4.0"标准的企业数占比由不足5%提升到15%。

3. 同第二梯队中的墨西哥类似，第三梯队的印度尼西亚智能制造发展呈现快速上升的势头，尤其是2012年后的上升趋势明显，2015年印度尼西亚制造业智能化指数达4.3，超过澳大利亚甚至第二梯队的俄罗斯和法国。

---

① 商务部《对外投资合作国别（地区）指南——巴西》（2018年版）。

印度尼西亚是东南亚地区最大经济体，其人口众多，自然资源相对丰裕，因而成为发达国家及中国制造产业转移的重要目的地。但因技术水平及劳动力素质偏低等因素，印度尼西亚制造业偏重于纺织、橡胶等劳动密集型产业，中高端制造业的发展相对薄弱。近年来印度尼西亚谋求制造业的转型升级，2018年4月印度尼西亚出台"印度尼西亚制造4.0"计划，致力于提高工业增加值和发展高科技产业，其中确立了已经具备一定发展基础的食品和饮料、汽车、纺织、电子、化工5个优先行业。印度尼西亚的制造业智能化发展处于相对初级阶段，但发展潜力较大。

4. 南非的智能制造发展水平在第三梯队中处于中游水平，且呈现较为稳定的发展趋势，2015年制造业智能化指数为2.4。南非是非洲的经济和工业强国，拥有较为完善的制造业体系，如钢铁、采矿、冶金、化学、纺织、汽车等产业。南非矿产资源，尤其是黄金储量占全球的六成，因此经济极度依赖采矿业，制造业在国民经济中的占比不到15%。受制于国内政局、劳动力及运输成本以及人力资源水平等因素影响，南非制造业陷入低迷。

5. 印度制造业智能化指数在2012年触底反弹，2015年达2.2，接近南非的水平。印度是当今全球经济增速较快的国家之一，2017年第四季度印度GDP增速达7.2%，超过中国成为世界经济增速最快的经济体。印度人口众多，因此利用人口红利发展劳动密集型制造业，在中国劳动力成本上升后，印度成为制造业迁移的重要目的地。但印度制造业发展还受到落后的基础设施及投资环境等因素限制，制造业竞争力有待提升。为了提高制造业的附加值，印度2014年提出"印度制造"计划，提出将印度打造成全球制造中心。

6. 阿根廷、沙特阿拉伯和土耳其在G20国家中属于智能制造发展水平相对较低的国家，制造业智能化指数不足1.7。阿根廷同样为南美自然资源丰富的国家，矿产资源丰富，农牧业发达，产业主要以食品加工和采矿业为主，其他制造业则相对落后。沙特阿拉伯经济结构高度集中化，2016年石油天然气占国内生产总值50%以上，制造业则只占12%。2016年沙特阿拉伯发布"沙特阿拉伯2030愿景"，致力于沙特阿拉伯的经济转型，重点发展制造业和信息技术产业。土耳其制造行业门类相对齐全，包括纺织品皮革制造、汽车、钢铁、陶瓷等产业，但土耳其产业结构不均衡，经济依赖服务业，制造业主要集中在低端产业，高附加值工业比重明显不足。

总之，对 G20 国家智能制造总体发展水平的实证分析结果表明：韩国、日本、德国、美国、中国的智能制造发展水平位居全球前列，它们在制造业向智能化转型方面具有一定的基础和优势。且在 2011 年后，各发达国家的制造业向着智能化方向加速发展，这与它们认识到智能制造是未来制造业发展的方向有密切关系。同时也可以从各发达国家近几年积极推动新工业革命及智能制造落地实施的创新政策层面得到印证；制造业新星墨西哥以及英国、意大利、法国等老牌欧洲国家智能制造发展水平位于第二梯队；而澳大利亚、巴西、南非、阿根廷、沙特阿拉伯等资源型国家，以及印度尼西亚、印度等低要素成本国家的智能制造发展水平则相对较低。

二、分行业智能制造发展水平比较分析

根据前文关于各国制造业分行业智能化指数计算的方法，以制造业各分行业对智能化产品的直接消耗系数（a_{ij}）乘以制造业各分行业的相对增加值率（v_j），得到一单位制造业分行业所包含的智能化产品的有效投入数量。为了便于比较，在这一结果上乘以 100，即得到制造业分行业的智能化指数结果，以 M_j 表示，得到 $M_j = a_{ij} \times v_j \times 100$。最后，根据 OECD 投入产出表中的数据计算 G20 国家 2005~2015 年制造业分行业的智能化水平。

第一梯队的韩国、日本、德国、美国是智能制造发展水平相对较高的国家，对这 4 个国家的制造业分行业智能化水平进行比较分析，有助于理解各国智能制造发展的内在特点、优势和差距。表 5-9 显示了这 4 个第一梯队国家制造业分行业的智能化指数情况。

表 5-9　　韩国、日本、德国、美国制造业分行业智能化指数
（2005~2015 年平均值）

行业	韩国	日本	德国	美国
食品、饮料和烟草	0.990	0.718	0.947	1.288
纺织品、服装，皮革及相关产品	2.036	1.741	3.676	3.086

续表

行业	韩国	日本	德国	美国
木材和木头、软木产品	3.079	2.781	1.687	3.236
纸制品和印刷品	3.111	1.875	2.601	5.003
焦炭和精炼石油产品	0.364	0.603	0.488	0.250
化学和制药产品	1.724	1.987	2.774	2.552
橡胶和塑料产品	3.558	3.173	3.557	5.311
其他非金属矿物产品	3.496	2.483	3.490	3.250
基本金属	2.741	3.006	3.330	4.012
金属制品	5.341	3.999	7.205	7.876
计算机、电子和光学产品	64.886	46.090	42.973	40.044
电气设备	16.515	21.052	12.611	14.892
机械设备	20.805	25.009	27.062	24.632
汽车、挂车及半挂车	8.235	10.726	7.204	11.066
其他运输设备	11.956	9.388	8.452	16.803
其他制造业、机械设备的修理和安装	5.793	5.104	7.721	3.812

16个制造行业的智能化水平有比较明显的差距，其中计算机、电子和光学产品，机械设备，电气设备，汽车、挂车及半挂车，其他运输设备，金属制品以及其他制造业、机械设备的修理和安装这7个行业的智能化水平相对高一些，而其他制造行业的智能化水平则偏低。因此，本书重点选取以上7个制造行业，对这几个国家的制造业分行业智能化水平进行横向比较分析，如图5-4所示。（1）计算机、电子和光学产品行业是制造业分行业中智能化水平最高的行业，其中韩国这一制造行业的智能化指数为64.886，这与韩国在全球电子产品的竞争力优势相吻合。接下来依次是日本、德国、美国；（2）机械设备的智能化指数方面，德国为27.062，其次是日本和美国，然后则是韩国。德国、日本和美国都是机械设备制造业的强国，在智能化发展方面走在世界前沿；（3）在电气设备智能化方面，日本智能化指数为21.052，位列第一，接下来依次是韩国、美国、德国；（4）在汽车制造智能化方面，美国和日本不相上下，智能化指数约为11，接下来依次是韩

国和德国；（5）其他运输设备制造智能化，美国领先于其他国家，智能化指数为16.803；（6）金属制品以及其他制造业、机械设备的修理和安装这两个行业智能化水平最高的依次是美国和德国，智能化指数依次为7.876和7.721。

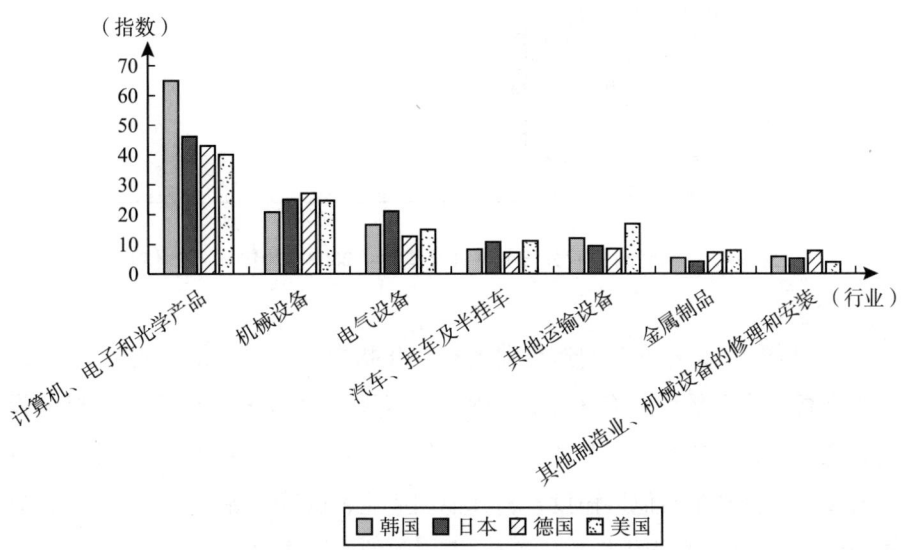

图5-4　韩国、日本、德国、美国制造重点行业智能化指数（2005~2015年平均值）

图5-5至图5-8分别显示了韩国、日本、德国和美国各制造分行业的智能化指数。我们将智能化指数在10以上的列为高智能化水平行业，将智能化指数在5~10之间的列为中等智能化水平行业，将智能化指数在0~5之间的列为低智能化水平行业，分等级比较4个国家各制造行业智能化水平情况。

1. 从图5-5韩国各制造行业的智能化指数看，智能化指数位于10以上的高智能化水平行业有4个，分别是计算机、电子和光学产品，机械设备，电气设备，其他运输设备；位于5~10之间的中等智能化水平行业有3个，分别是汽车、挂车及半挂车，其他制造业、机械设备的修理和安装，金属制品；另外9个行业则是智能化指数位于0~5之间的低智能化水平行业。

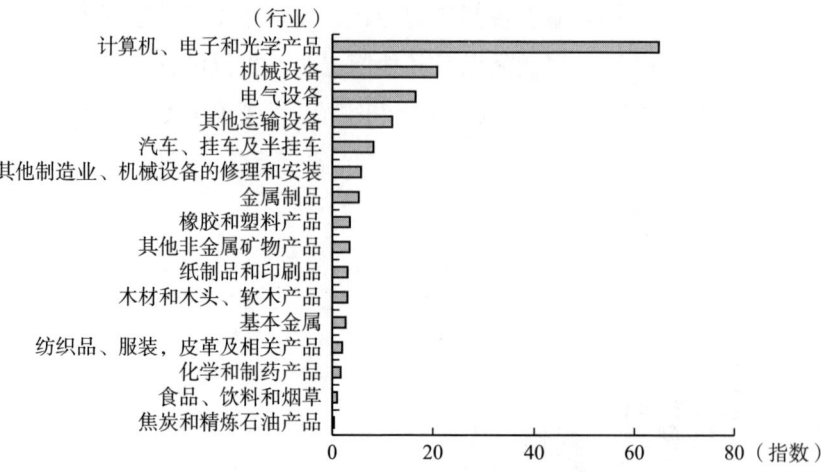

图 5-5 韩国制造业分行业智能化指数（2005~2015 年平均值）

2. 从图 5-6 日本各制造行业的智能化指数看，智能化指数位于 10 以上的高智能化水平行业有 4 个，分别是计算机、电子和光学产品，机械设备，电气设备，汽车、挂车及半挂车；位于 5~10 之间的中等智能化水平行业有 2 个，分别是其他运输设备，其他制造业、机械设备的修理和安装；另外 10 个行业则是智能化指数位于 0~5 之间的低智能化行业。

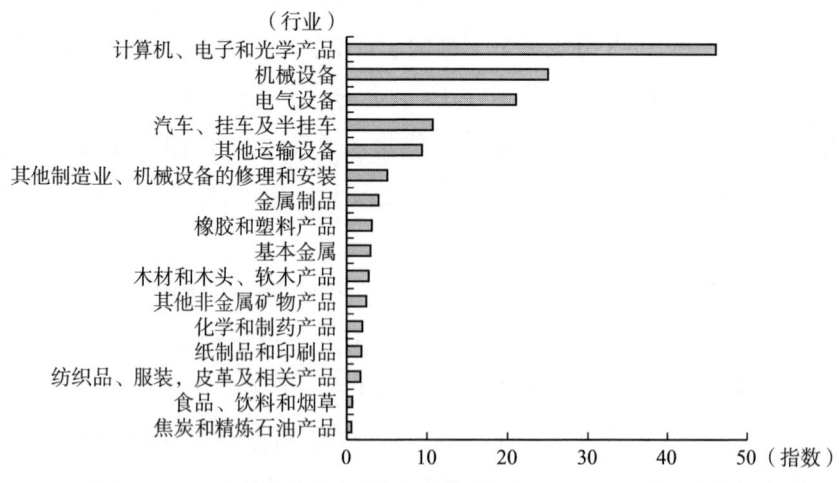

图 5-6 日本制造业分行业智能化指数（2005~2015 年平均值）

3. 从图 5-7 德国各制造行业的智能化指数看，智能化指数位于 10 以上的高智能化水平行业有 3 个，分别是计算机、电子和光学产品，机械设备，电气设备；位于 5~10 之间的中等智能化水平行业有 4 个，分别是其他运输设备，其他制造业、机械设备的修理和安装，金属制品，汽车、挂车及半挂车；另外 9 个行业则是智能化指数位于 0~5 之间的低智能化行业。

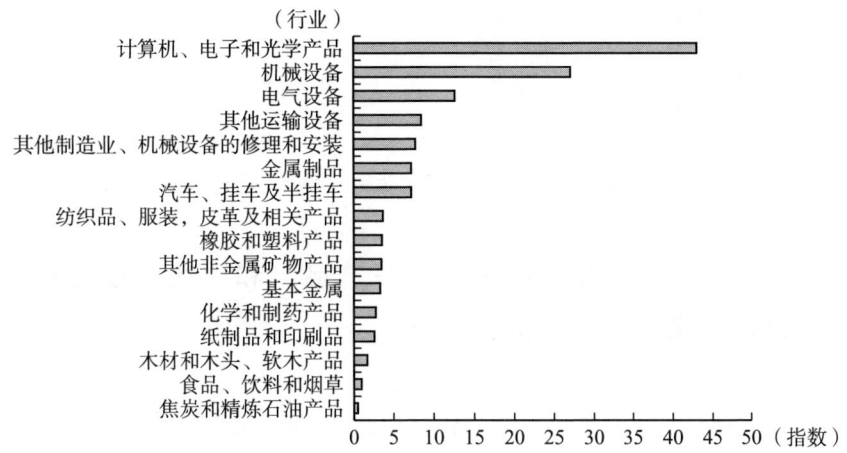

图 5-7　德国制造业分行业智能化指数（2005~2015 年平均值）

4. 从图 5-8 美国各制造行业的智能化指数看，智能化指数位于 10 以上的高智能化水平行业有 5 个，分别是计算机、电子和光学产品，机械设备，其他运输设备，电气设备，汽车、挂车及半挂车；位于 5~10 之间的中等智能化水平行业有 3 个，分别是金属制品，橡胶和塑料产品，纸质品和印刷品；另外 8 个行业则是智能化指数位于 0~5 之间的低智能化行业。

总之，从制造业分行业看，计算机、电子和光学产品，机械设备，电气设备，汽车、挂车及半挂车，其他运输设备等制造行业的智能化发展水平相对较高，其他行业的智能化水平则较低。比较韩国、德国、日本和美国分行业智能制造发展程度，美国有 8 个具有中高智能化水平的行业，韩国和德国有 7 个，日本有 6 个。可以看出，美国智能制造发展涉及的产业面较广，发展相对均衡。

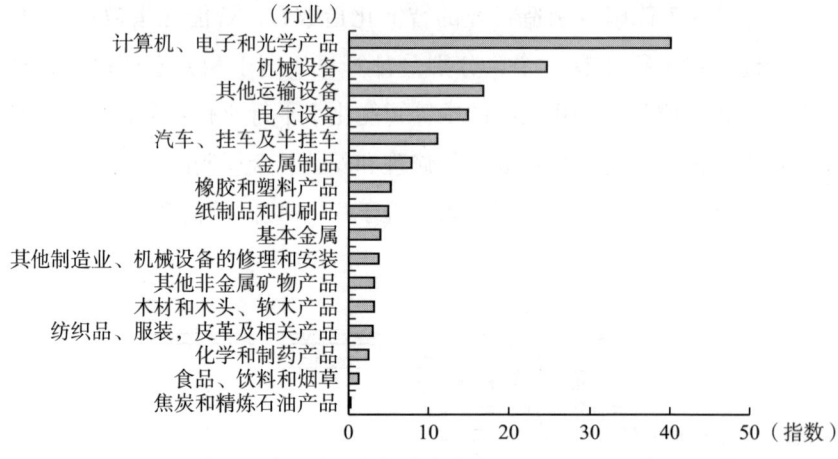

图 5-8 美国制造业分行业智能化指数（2005~2015年平均值）

三、去除"计算机、电子和光学产品"和"机械设备行业"前后的制造业智能化指数对比分析

由于"计算机、电子和光学产品"（D26）和"未明确分类的机械和设备"（D28）这两个行业既作为智能化投入变量，又作为制造业产出变量，使得这两个行业对智能化产品的直接消耗系值较高，因此当一个国家这两种制造业产出规模占比较大时，将拉高其制造业总体智能化指数值。为此，在分析完制造业全行业智能化指数后，作为对比，再计算去除去以上两个行业的制造业智能化指数，以便进一步了解各国除了这两个行业外，其他行业的智能制造发展水平。如图5-9显示了去除"计算机、电子和光学产品"和"机械设备行业"前后的制造业智能化指数值对比，可见大部分国家都有一半左右的降幅，其中韩国的降幅最大，制造业智能化指数排名被德国和美国超过，排名第三。日本和中国的制造业智能化指数降幅也较大，排名分别为第五和第八。表明中国、日本、韩国三个亚洲国家在产业结构方面更偏重于电子、信息通信制造等新兴产业领域；而德国、美国、英国、意大利和法国这五个老牌工业化国家的制造业智能化指数排名均有所上升，分别排名第一、第二、第四、第六和第七，表明在传统制造业领域欧美等国制造业智能化保持较高水平。

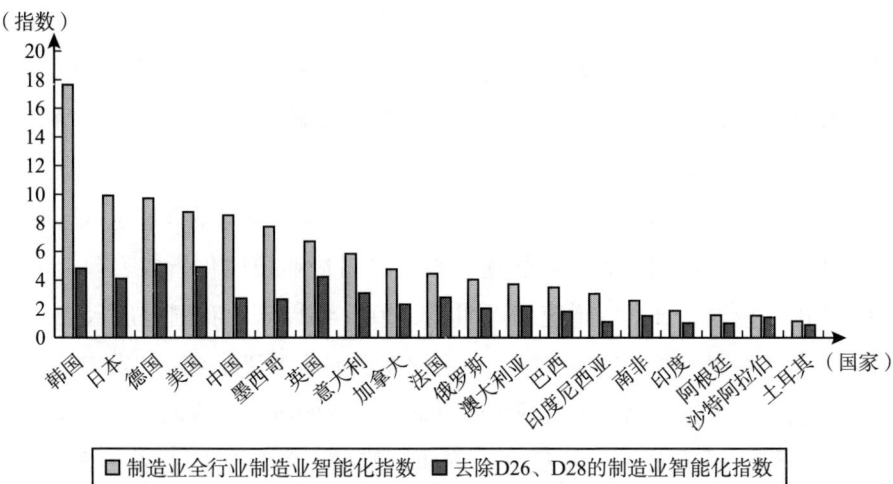

图 5-9 制造业全行业和去除 D26、D28 的制造业智能化指数

四、中国与 G20 主要国家智能制造发展水平差异分析

(一) 智能制造总体发展水平

首先,我国智能制造总体发展水平处于 G20 国家前列,但与发达国家相比仍有差距。根据我国制造业智能化指数测算结果(见表 5-6),2005~2015 年我国制造业智能化指数平均值为 8.556,位列 G20 国家制造业智能化指数水平第 5 位(见表 5-7),排在韩国、日本、德国、美国之后,属于智能制造发展水平相对较高的第一梯队国家,这与中国的制造业大国地位相称。目前我国已经建立起门类齐全的工业体系,主要制成品产量居世界前列。在信息产业等新兴制造业方面发展较快,制造业自动化和信息化建设取得较大进展,具备了一定的智能制造发展基础。同时,还应该认识到,与韩国、日本、德国和美国等制造强国相比,我国智能制造总体还存在关键核心技术自主创新能力薄弱,企业的引领作用不突出,政策宽泛、没有突出自身的发展优势,以及人才的缺失等问题,差距有待进一步弥补。

其次,我国智能制造发展水平增速低于其他制造业强国。从发展趋势看，2011年以后，我国制造业智能化指数维持在8左右，发展水平和势头低于韩国、日本、德国和美国（见图5-1）。金融危机后，美国、德国等国家将发展重心转移到先进制造上来，出台诸多战略推动制造业向高端信息化、智能化方向发展，因此在制造业智能化发展方面有所提速。加之这几个制造业强国本身在制造业自动化和信息化发展方面所具有的深厚基础，智能制造的实施和推广相对容易和快速。因此在制造业智能化指数表现上，韩国、美国、德国、日本等增速相对明显。2013年以来，我国也出台推动高端制造和智能制造等的发展战略，一定程度上加速了智能制造的发展，但鉴于我国制造业总体上仍处于机械化向自动化转变的阶段，智能制造发展的基础能力和潜力还有待进一步提升。例如，德勤（2014）的调查报告显示，我国制造业现阶段产业结构中低端化以及较为低廉的人力成本，抑制了企业朝向智能制造发展的动力和需求；同时，自主研发能力不足以及高素质人才短板也制约了智能制造的整体发展；此外，在政府政策支持与企业需求之间还存在落差等，这些因素导致我国智能制造的发展动力不足。因此，短期内智能制造很难快速、广泛地推进落实并取得预期的成效，表现在制造业智能化指数的增速并不明显。

最后，我国制造业智能化发展水平参差不齐。从去除"计算机、电子和光学产品"和"机械设备行业"前后的制造业智能化指数值对比来看（见图5-9），在去除这两个产业后，我国制造业智能化指数降幅较大，被英国、意大利、法国等老牌工业化强国超越。我国先进制造业中，电子及通讯设备制造业总体发展较好，其他则相对薄弱（见图5-10）；除了行业差异外，我国先进制造业发展还具有明显的地域差异，生产资源主要集中在广东、江苏、浙江、山东等东部沿海地区，而中西部地区则相对薄弱（李金华，2018）。因此，如果以"工业1.0"表示机械化，"工业2.0"表示电气化，"工业3.0"表示自动化，"工业4.0"表示智能化，我国大部分制造业行业以及地区仍处于由"工业2.0"向"工业3.0"过渡阶段，对于实现"工业4.0"及智能制造，尚有工业自动化阶段的"功课"要补。

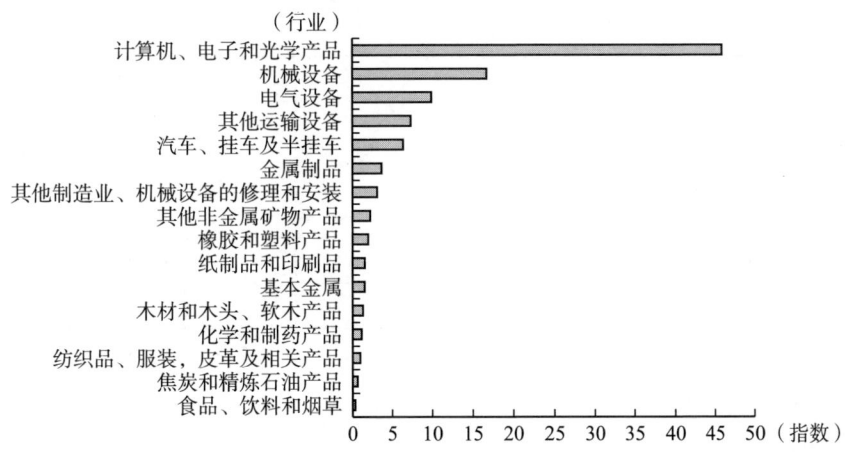

图 5-10　中国制造重点行业智能化指数（2005~2015 年平均值）

（二）分行业智能制造发展水平

根据制造业分行业的智能化指数计算方法，计算出我国 16 个制造行业智能化指数（见表 5-10），其中计算机、电子和光学产品，机械设备，电气设备，其他运输设备，汽车等 5 个制造业门类的智能化指数相对较高。计算机、电子和光学产品的智能化指数为 45.865，位列第一梯队国家第三名；机械设备智能化指数为 16.703，位列第一梯队国家第五名；此外，电气设备，其他运输设备，汽车等制造业的智能化指数在第一梯队国家中排名靠后。

表 5-10　中国制造业分行业智能化指数（2005~2015 年平均值）

行业类别	智能化指数
食品、饮料和烟草	0.319
纺织品、服装，皮革及相关产品	0.961
木材和木头、软木产品	1.310
纸制品和印刷品	1.553
焦炭和精炼石油产品	0.620
化学和制药产品	1.136
橡胶和塑料产品	1.980

续表

行业类别	智能化指数
其他非金属矿物产品	2.246
基本金属	1.523
金属制品	3.697
计算机、电子和光学产品	45.865
电气设备	9.901
机械设备	16.703
汽车、挂车及半挂车	6.360
其他运输设备	7.329
其他制造业、机械设备的修理和安装	3.124

根据前面的分类标准，智能化指数在10以上的属于高智能化水平行业，智能化指数在5~10之间的属于中等智能化水平行业，而智能化指数在0~5之间的则属于低智能化水平行业，我国高智能化水平的行业仅有2个，分别是计算机、电子和光学产品，机械设备；中等智能化水平行业有3个，分别是电气设备，其他运输设备，汽车；其他11个制造行业的智能化水平则较低。与美国等国家所具有的高智能化以及中高智能化行业数量相比还有一定差距（见表5-11）。表明我国智能制造行业发展较为不均衡，各行业智能化水平差距较大，因此智能化发展的行业覆盖面还有待进一步扩大。

表5-11　美国、韩国、日本、德国、中国分行业智能化水平分类

	高智能化水平行业个数	中等智能化水平行业个数	低智能化水平行业个数
美国	5	3	8
韩国	4	3	9
日本	4	2	10
德国	3	4	9
中国	2	3	11

总之，对中国智能制造发展水平的分析表明，我国制造业总体智能化水

平居于 G20 国家前列,仅次于韩国、德国、日本、美国等制造业强国。但由于自动化、信息化等智能制造发展基础不强,在智能制造发展增速上不如传统制造强国;同时我国制造业分行业智能化发展水平参差不齐,中高智能化水平行业比例不高,因此我国智能制造发展还有待进一步推进和深化。

第六章 典型国家智能制造发展模式比较与经验借鉴

2008年国际金融危机的爆发，使世界经济进入了新的发展周期。实体经济成为各国竞相发展的重要领域，美国、欧洲和日本等发达国家和地区纷纷出台"再工业化"战略。同时，发达国家借助新一代信息技术革命的深入推进，大力发展以信息网络化和数字化制造为重点的新产业，力图抢占国际产业竞争的制高点，并进一步谋求未来发展的主动权。发达国家的工业化已经走过了机械化、电气化和数字化三个历史阶段，具备了向智能制造转型的条件。当前，各主要发达国家已经在智能制造领域陆续发力。美国已通过制定"先进制造业国家战略计划"，成立"智能制造领导联盟"，提出"工业互联网"战略等，全面支持智能制造业的发展；德国依靠其强大的制造业根基，部署实施"工业4.0战略"，以期成为全球智能制造技术的主要供应商，主导未来智能制造的发展；欧盟是较早支持智能制造发展的组织，早在20世纪90年代，欧盟作为创始成员支持了智能制造系统（IMS2020）计划，近年又资助了包括"未来工厂"等多个智能制造相关项目。2014年，欧盟启动了新的研究创新框架——"地平线2020"（Horizon 2020）计划，将着重发展先进工业技术等战略领域；日本则充分发挥其自动化生产和机器人制造的既有优势，通过制定《科学技术基本计划》《机器人新战略》等大力推动智能制造的发展。2015年，我国出台了《中国制造2025》战略，提出以智能制造作为推动两化融合、促进产业转型升级、实现由制造大国向制造强国转变的重要途径。由此可见，智能制造是各主要发达国家以及新兴发展中国家面对第三次工业革命所提出的战略性发展方向。

历史经验表明，在历次工业革命发展过程中，国家创新政策是推动新技术和新产业发展的重要力量。而国家的创新政策是深深根植于其创新体系的，因此探寻一个国家的创新体系发展演变的特征，就能够理解其创新政策所指，并大致勾勒出其推动新技术和新产业发展的关键动力所在，进而从中得到有益的经验借鉴，如图6-1所示。

图6-1 国家创新体系推动新技术新产业发展的逻辑

"国家创新体系"（national systems of innovation）的基本思想最早可以追溯到德国历史学派代表李斯特关于"国家生产体系"（national systems of production）的论述，这一概念将广泛的国家机构纳入考量范围，以及诸如那些参与到教育培训、基础设施网络的人和商品。新熊彼特学派代表人物克里斯托弗·弗里曼（1982）首次提出了"国家创新体系"的概念，弗里曼在《技术政策与经济绩效：来自日本的经验教训》（1987）一书中将国家创新体系定义为，通过发起、引进、修正和传播新技术活动和合作的公共及私营部门的机构网络。日本正是采用了这一有效的政策体系才创造了经济的奇迹。[①] 1988年，包括多西、弗里曼、纳尔逊、西尔弗伯格、苏蒂等众多新熊彼特学派学者合编的著作《技术进步与经济理论》（*Technical Change and Economic Theory*）中，专门用一章讨论国家创新体系。其中纳尔逊分析了美国的国家创新体系，指出美国的大学研究与产业研究常常联系密切，美国政府一直重视对大学基础研究的资助，各政府部门，如国防部在推动美国技术进步中的作用巨大。在下一章中，弗里曼则探讨了日本国家创新体系的特点，认为日本通商产业省在战后日本技术和经济进步中发挥了重要作用，厂商通过"反向工程"的方式吸收和改进引进的技术，日本在劳动力教育和培训方面具有显著优势，以及日本国家创新体系的发展促进信息技术的发

---

① Christopher Freeman. Technology Policy and Economic Performance: Lessons from Japan [M]. London: Frances Printer, 1987.

展，推动了信息技术的推广。① 1993年，纳尔逊主编的《国家创新体系：比较分析》(National Innovation Systems: A Comparative Analysis)出版，该书以大型高收入国家、小型高收入国家以及低收入国家为标准分类，对美国、日本、德国、英国、法国、意大利等15个国家和地区的创新体系进行分析比较，得出其创新体系的异同点，进而对创新体系的要素进行分析。此后，弗里曼等学者所提出的"国家创新体系"理论被OECD借鉴和采用，用来评估和衡量成员国家的创新绩效。OECD指出，技术相关的分析通常关注投入和产出，但与技术发展相关的主体之间的互动同研发投资同等重要，国家创新体系将关注点引致整个创新系统内部的网络互动，强调在人、企业和机构间的技术和信息流对创新过程的重要性。创新和技术发展是系统中参与者之间复杂关系的结果，这些参与者包括企业、大学及政府研究机构。对于政策制定者来说，理解国家创新体系有助于提高国家的创新绩效和整体竞争力。国家创新体系的测度和评价主要集中在四种类型的知识或信息流上：一是企业内部的互动，主要是联合研究活动以及其他的技术合作；二是企业、大学和公共研究机构之间的互动，包括联合研究、共同专利、共同出版物以及更多的非正式联系；三是知识和技术在企业内部的扩散，包括新技术的产业采用率和透过机器设备的扩散；四是人员的流动，聚焦于技术人员在公共和私营部门内部及之间的流动。

　　国家创新体系对一国制定和评价其创新政策具有重要指导作用。智能制造的发展离不开国家创新体系和创新政策的支持。美国、德国、日本的智能制造发展处于领先地位，在智能制造发展模式方面也各具特色，且已经通过创新主体的密切合作，形成了推动智能制造发展的一整套创新政策，可以作为智能制造发展的典型案例进行深入探讨。因此，本章从分析美国、德国和日本三个国家的创新体系演变入手，掌握它们推动创新的机制和主导力量，进而分析其发展智能制造的创新政策，并比较其智能制造发展模式的异同点，形成有益的经验借鉴。

---

① G. 多西，C. 弗里曼，R. 纳尔逊，G. 西尔弗伯格，L. 苏蒂. 技术进步与经济理论 [M]. 钟学义，沈利生，陈平等译. 北京：经济科学出版社，1992.

第一节　美国国家创新体系及先进制造业发展战略

一、美国国家创新体系和创新政策演变分析

根据巴里·波兹曼、迈克尔·克罗和克里斯·塔克（1999）提出的理论，美国的国家创新体系及研发政策由三种竞争的范式主导——市场失灵范式（the market failure paradigm）、技术合作范式（the cooperative technology paradigm）以及使命范式（the mission paradigm）。[①] 市场失灵范式一直是美国创新政策的基石，它强调市场是商品和服务最有效率的分配者，将引导科学生产、技术变革和经济增长达到最佳效率，只有在市场失灵的领域，政府的科技政策才能发挥作用；技术合作范式强调市场并非在任何时候都是最有效率的，政府可以出台政策支持既能够增强国家经济竞争力、又能维护国家安全的重要民用技术的发展，推动企业之间以及企业和政府、大学建立合作模式。技术合作范式最引人注目的是与国内技术转移有关的政策，特别是利用联邦实验室作为技术商业化的伙伴，这一范式在20世纪八九十年代美国的创新体系中占据主导地位；使命范式与市场失灵范式并无本质区别，只不过政府可涉入的领域会更广一些。第二次世界大战结束后至20世纪60年代中期，美国政府实施科技政策是在使命范式框架内的，诸如政府在国防、公共卫生以及农业（也有技术合作范式要素）中研发的作用。90年代中后期，有不少反对政府的技术合作范式的意见，认为很多政府实验室已经偏离了传统的国防和能源任务，而涉及太多技术开发和商业化工作。三种竞争性研发政策的具体模式如表6-1所示。

[①] Barry Bozeman, Michael Crow, Chris Tucker. Federal Laboratories and Defense Policy in the US National Innovation System [C]. Paper Prepared for the Danish Research Unit on Industrial Dynamics Summer Conference on National Innovation Systems, Rebild, Denmark, 1999 (6): 9-12.

表6-1　　　　　　　　美国三种竞争性研发政策模式

三种范式	市场失灵范式	使命范式	技术合作范式
核心假设	1. 市场是信息和技术的最佳分配者； 2. 政府角色仅限于市场失灵的领域，如有广泛的外部性、高交易成本、信息失真，窄的使命领域，主要是国防领域； 3. 创新在私人部门之间流动，政府角色最小化	1. 政府的角色应当紧紧围绕机构权威的、纲领性的使命任务； 2. 政府的研发仅限于机构的使命，但不限定于国防领域； 3. 政府在研究和技术方面不能与私人部门竞争，但与传统机构活动相关	1. 市场在创新和经济发展中并非都是最有效率的； 2. 全球经济需要对私人技术进步以更加集中的计划以及更为广阔的支持； 3. 政府在发展技术，尤其是在用于私人领域的竞争前技术可以发挥角色作用
主导时期	在所有时期都有影响力	1945~1965年；1992年至今	1992~1994年
政策范例	解除管制；政府角色收缩；研发税收抵免；资本利得税回滚；除国防领域，几乎不需要联邦实验室支持	创设能源研发政策；农业实验室和其他广泛的任务框架	联邦实验室在技术转移和合作研究中的角色扩展；制造业延伸政策
理论根源	新古典经济学理论	对政府角色进行广义定义的传统自由管理理论	产业政策理论

资料来源：Barry Bozeman, Michael Crow, Chris Tucker. Federal Laboratories and Defense Policy in the US National Innovation System ［C］. Paper Prepared for the Danish Research Unit on Industrial Dynamics Summer Conference on National Innovation Systems, Rebild, Denmark, 1999 (6): 9-12.

（一）第二次世界大战前的美国国家创新体系

19世纪美国经济的创新并没有过多依赖于科学研究，而是更多地得益于其丰富的资源禀赋，巨大的、受保护的国内市场，以及引进吸收欧洲及其他地区的技术、机器和熟练工人的能力，使得农业和运输业机械化得到发展，并支撑美国在20世纪初之前的大部分时间生产率及人均收入提高到英国的水平。19世纪晚期至20世纪早期，美国制造业进入大规模生产阶段，同时伴随着一系列组织和层级系统的变化，"美国制造系统"受到泰勒理论和实验以及福特大规模流水线生产的启发，使得单一产品设计的长期生产成为制造系统的核心要素。19世纪晚期美国《谢尔曼反托拉斯法》的出台使很多大型制造企业增加了对于工业研究的投资，很多大型企业建立了工厂实验室进行内部的研究和开发。20世纪初美国工业研究得以增长，至20世纪40年代，美国国家创新体系中私人部门的大部分结构已经成型，工业研究促进了大型公司的稳定和发展。

受到战时技术发展计划的影响，联邦政府对科学的支持被限制。20世纪三四十年代，美国联邦政府研发支出仅占美国研发总支出的两成，主要支持农业等满足国家和社会需求的应用领域；此时美国创新的主体是工业企业界研究实验室，其研发支出占研发总支出的七成；其余部分来源于大学、州政府、私人投资和研究机构。1940年以前，相比于州政府的支持，联邦政府对非农业研究的支持非常有限。早期美国的大学对创新和技术进步影响也相对较小。很多美国大学的公共资助来源于州政府而不是联邦政府，意味着公立大学的课程和研究会根据商业机会适时调整，特别是在新兴的工程领域或更小范围内，能够根据地方经济发展需要而快速引进。因此20世纪早期美国高等教育的追赶更多是通过培养工程师及其他专业技术人员，而非"科学家"，这一系统促进了先进的科学和工程知识的利用和扩散。

（二）第二次世界大战后至20世纪70年代的美国国家创新体系

美国国家创新体系在第二次世界大战后出现重要转折。如果说1945年以前美国的创新并不过分依赖于科学研究，那么第二次世界大战后美国创新体系的发展则建立在大规模的研发基础之上，最突出的特点就是联邦政府对产业和学术界研究的支持大幅度增长。从第二次世界大战后到20世纪70年代，美国国家创新性体系呈现几大特征：

第一，联邦政府研发支出大幅度增长。第二次世界大战后美国研发支出规模剧增，尤其是1958~1967年，即苏联人造卫星出现后的10年，是美国科学技术史上的"黄金十年"，美国研发经费以平均每年15%的速度增长。1969年美国研发总支出达256亿美元，是联邦德国、法国、英国和日本几个主要大国研发经费总和的1倍以上，直至70年代末才被四国总量超过。对于研发经费支出的两大主体——私人部门和联邦政府，联邦政府研发支出在20世纪60年代中期占总研发支出约2/3，此后逐步下降（见表6-2），而私人部门的研发则稳步上升。①

表 6-2　　按部门的美国研发经费支出（1953～1985 年）

年份	联邦政府（亿美元）	私人部门（亿美元）				合计（亿美元）	联邦政府占比（%）
		产业企业	大学学院	其他非营利组织	小计		
1953	27.53	22.45	0.72	0.54	23.71	51.24	53.73
1955	35.02	25.20	0.88	0.62	26.70	61.72	56.74
1960	87.38	45.16	1.49	1.20	47.85	135.23	64.62
1965	130.12	65.48	2.67	2.17	70.32	200.44	64.92
1970	148.92	104.44	4.61	3.37	112.42	261.34	56.98
1975	181.09	158.20	7.49	5.35	171.04	352.13	51.43
1980	294.53	309.14	13.26	9.01	331.41	625.94	47.05
1985	516.88	523.58	23.77	13.54	560.69	1077.57	47.97

资料来源：Richard R. Nelson. National Innovation Systems：A Comparative Analysis [M]. New York：Oxford University Press, 1993：41.

从联邦研发经费的执行主体看，大部分联邦研发经费都是由私营主体执行的。1985 年，73% 的联邦研发经费流向了私营企业，而联邦内部实验室只占到 12%。剩余的 15% 中，约 3% 流向大学和学院所管理的联邦资助研究与发展中心（Federally Funded Research and Development Center，FFRDCs），3% 流向其他非营利机构，9% 则资助了大学的研究。② 此外，第二次世界大战后联邦政府一直是基础研究的重要支持力量，至 20 世纪 80 年代末，联邦投资仍占据基础研究总支出的 2/3 左右，其中约一半的基础研究由大学及其管理的 FFRDCs 实施。对基础研究的支持主要集中在健康和人类服务部（Department of Health and Human Services，DHHS）、国家科学基金会（National Science Foundation，NSF）、国防部（Department of Defense，DOD）、能源部

---

① Richard R. Nelson. National Innovation Systems：A Comparative Analysis [M]. New York：Oxford University Press, 1993：40.
② Richard R. Nelson. National Innovation Systems：A Comparative Analysis [M]. New York：Oxford University Press, 1993：42.

(Department of Energy，DOE)和国家航空航天局(National Aeronautics and Space Administration，NASA)等几个联邦部门。

第二，军用研发投资和政府采购推动了美国技术创新的进步。二战后美国用于军事领域的研发推动了包括半导体、电子计算机、喷气式飞机等在内的一些具有重大民用意义技术的发展，国防部研发投资对美国技术称雄于世起到关键作用。① 军事研发投资在战后至20世纪80年代末几乎一直占联邦研发预算的半数以上，1983年美国联邦研发经费中用于国防开发的投入甚至占86%。② 军用研发经费的大规模支出，再加上国防部门采购政策在更大程度上增强了军用技术向民用技术的渗透。这种促进效应在美国半导体产业的早期发展中体现的尤为明显，军方采购合同的收益和经常性费用支持了企业的研发和投资活动，因此比军方直接投资研发带来更多的溢出效用。同时国防采购降低了市场准入门槛，一定程度上促进了中小公司的建立和快速成长。

第三，联邦政府对大学研究投资大规模增长及研究型大学迅速崛起。美国政府对大学研究的资助从早期看相对鲜见和分散。直到第二次世界大战结束以后，美国联邦政府才把资助大学的基础研究视为自己的责任，推动美国主要的大学向科学研究中心转变。以1982年美元计价，美国大学研究的资金在1935~1936年仅有4.2亿美元，1960年增长到20亿美元，到1985年则上升至85亿美元。③ 联邦用于大学研究的大规模支出以合同或针对特定研究项目的方式开展，资金来源除了国家科学基金外，更多的来自政府各职能机构，他们从各自领域的工作任务出发，有针对性地支持大学开展相关方面的研究。研究型大学与高技术产业间开始融合，大学向产业提供了人才、产品和工艺创新的思想，企业从大学的学术研究中获得技术进步。

20世纪六七十年代，美国产业界对大学的资助快速增长，在70年代末超过了联邦政府对大学的资助，从而为大学的研究和教学提供更为充足的资

---

① G. 多西，C. 弗里曼，R. 纳尔逊，G. 西尔弗伯格，L. 苏蒂. 技术进步与经济理论 [M]. 钟学义，沈利生，陈平等译. 北京：经济科学出版社，1992：389-393.
② Richard R. Nelson. National Innovation Systems：A Comparative Analysis [M]. New York：Oxford University Press，1993：43.
③ Richard R. Nelson. National Innovation Systems：A Comparative Analysis [M]. New York：Oxford University Press，1993：47.

金,拓展了研究型大学的功能和创新能力,使大学研究与产业和地方经济发展相融合。美国产业界与研究型大学融合的典型例子是,以斯坦福大学为中心发展起来的"斯坦福研究园"(Stanford Research Park),以哈佛大学、麻省理工学院等研究性大学为首的 20 多所高校参与形成的"128 公路模式"(Route 128),以及以杜克大学、北卡罗来纳州立大学和北卡大学教堂山分校三所研究型大学形成的"北卡罗来纳研究三角区"(North Carolina's Research Triangle Park)。70 年代美国高等教育从精英化走向大众化,使得大学和学院的数量迅速膨胀,形成了高等教育多样化的特征。

第四,新兴中小企业在产业研究和新技术商业化方面起到重要作用。美国企业在 20 世纪中期使用了美国七成的研发资金,工业研究中的雇员持续增长,科学家和工程师数量从 1946 年不足五万名增长到 1985 年的近 60 万名。[1] 此外,在第二次世界大战后美国经济发展中,伴随着新产品和新技术的持续发展浪潮,新兴的中小企业——而非欧洲和日本模式中成熟企业在电子、制药等新技术产业领域发挥重要作用——在新技术商业化中发挥了重要作用,如包括半导体、计算机、生物技术和机器人等领域。推动新兴中小企业在美国创新体系中发挥重要作用的因素包括:一是大学、政府及中小企业开展大规模基础研究,从而成为创新发展的孵化器,进而使内部人员"走出去"建立公司并对基础研究进行商业化,这种模式在微电子、计算机和生物技术领域非常显著。高技术企业间高水平劳动力的流动是新技术扩散的重要渠道,也是吸引类似或相关企业的磁场;二是繁盛的新企业的建立和存活也依赖于复杂的金融系统在其初创期给予的支持。20 世纪 50～60 年代,美国之所以能出现大量微电子企业,风险投资市场在其中发挥了重要作用。在 20 世纪 70 年代,风险投资公司每年对这些产业企业投入约 1 亿~2 亿美元资金。至 80 年代早期,每年流入的金额多达 20 亿~40 亿美元;[2] 三是,相对宽松的知识产权制度助推了新公司对高技术产业创新的商业化,包括帮助技术的扩散,以及减少新公司可能面临的成熟企业或研究机构的创新诉

---

[1] Richard R. Nelson. National Innovation Systems:A Comparative Analysis [M]. New York:Oxford University Press,1993:48.

[2] Richard R. Nelson. National Innovation Systems:A Comparative Analysis [M]. New York:Oxford University Press,1993:49.

讼；四是反托拉斯政策对新兴企业产生重要影响，由于大量成熟企业在第二次世界大战前通过收购小企业而获得技术的政策受到阻碍，中小企业的可持续发展因此受到一定程度的保护；五是美国军方采购助推了新兴企业的成长，20 世纪 50~60 年代，美国军方市场有着较低的准入门槛，为新兴中小企业发展提供重要的跳板。

（三）20 世纪 80 年代至 21 世纪初期的美国国家创新体系

20 世纪 70 年代，受到石油危机的影响，以及来自日本、西欧等国家和地区的产业竞争日益增强，美国经济增长开始放缓，进入所谓"滞胀期"。80 年代里根、布什政府时期，美国经济逐渐从谷底回升，由于受到外部市场竞争的影响，美国联邦政府通过鼓励政府实验室、大学和工业部门在技术开发方面的合作，以及降低对合作研究的反托拉斯法限制、加强知识产权保护等措施，以增强美国产业的竞争力。进入 90 年代，克林顿政府通过一系列财政、货币、税收、科技创新等政策，重视高科技产业及信息技术对经济的渗透，大力发展互联网经济，使美国经济保持了长期持续增长，进入了所谓"新经济"时代。1992 年克林顿在总统选举中就提出了向增强合作、国家科学和技术计划以及国家科技项目迈进的科技发展蓝图。

20 世纪 80~90 年代，美国进入一个政策范式调整时期，面对经济发展的不确定性以及美国遭遇的外部竞争，尤其是日本在政府支持技术发展的推动下，成为美国强有力的产业竞争对手，因此认为私人部门是重大创新源泉的市场失灵范式被重新审视。技术合作范式因此被提出来，它强调产业界、政府以及大学等部门之间的合作，以及竞争性企业之间在开发新技术方面的合作。在技术合作范式理念下，80 年代美国出台的政策包括：（1）改变专利政策以扩大对技术的应用，如 1980 年出台的《专利和商标法修正案》（*Patent and Trademark Laws Amendment*）；（2）放松反垄断，促进合作研发，如 1984 年出台的《国家合作研究法案》（*National Cooperative Research Act of 1984*）；（3）建立研究联盟和多部门中心，改变国有知识产权的处置方针。80 年代立法改变了联邦实验室的任务、宗旨和氛围，企业一定程度上可以与联邦实验室相互交流，而实际上之前联邦实验室被法律禁止为私人提供商业技术开发。受国家创新系统理论的影响，美国联邦政府在政策导向上发生变化,开始出现集产业、研发、中小企业、知识产权保护、科技与教育等为一体的创新政策,标志美国开始将基础研究及相关研发活动与影响创新过程的经济、法律、社会和教育因素紧密结合起来。① 进入21世纪后,美国互联网经济破裂,经济进入下行期。

20世纪80年代至21世纪初,美国国家创新体系的特点主要表现在:

第一,联邦政府研发支出大幅下降,产业界研发支出超过政府,成为美国最大的研发资助来源。1993~1995年美国工业研发支出每年平均增长近10%,1995年工业研发支出占美国研发总支出的59%。② 1997年工业研发支出达1514亿美元,占美国研发资金支出来源的3/4。2008年美国企业研发支出达2581亿美元,占总研发支出的63%。③ 从研发经费执行主体看,企业仍旧是美国研发经费最大的执行主体,占美国研发支出的七成左右,其后依次是大学和联邦政府。

第二,联邦政府出台政策促进联合研究。面对日益激烈的外国企业竞争,美国开始鼓励大学和产业界,以及产业界和联邦实验室的技术开发合作。建立了诸如国家制造科学中心(National Center for Manufacturing Sciences,NCMS)、半导体研究共同体(SEMATECH)以及商务部先进技术计划(ATP)等。同时,联邦政府还出台一系列法案,降低对合作研究的反垄断限制,以及加强知识产权保护力度。1984年通过的《国家合作研究法》(National Cooperative Research Act),旨在减少对前商业研究中公司合作的托拉斯处罚;1980年通过的《拜杜专利和商标修正法案》(Bayh – Dole Patent and Trademark Amendments Act),允许联邦机构向小企业和包括大学在内的非营利机构发放专利;1986年的《联邦技术转移法案》(Federal Technology Transfer Act)授权联邦实验室与私营企业开展研发合作。20世纪80年代后很多美国企业通过联盟与美国大学和政府实验室合作,以及同其他企业及国外企业开展战略合作,将部分研发活动外部化。1985~1994年,美国企业成立了450个研究合作组织。八九十年代,美国企业与西欧、日本等地区的

---

① 王志强. 研究型大学与美国国家创新系统的演进 [D]. 上海:华东师范大学,2012:70.
② David C. Mowery. The changing structure of the US national innovation system: implications for international conflict and cooperation in R&D policy [J]. Research Policy, Volume 27, 1998: 641.
③ 数据来源:美国国家科学基金会(NSF)报告,National Patterns of R&D Resources(annual series).

企业成立大量策略性联盟，以分担研发成本、获取技术及市场。

第三，大学与产业界的融合以及大学专利许可和技术转让增加。第二次世界大战后美国创新体系一个明确的特点是研究型大学在基础研究中占有中心地位。研究型大学的知识生产呈现全面合作及更加开放的趋势，大学行为逐渐市场化。大学中与产业界有密切关系的研究机构得以建立，至1992年有超过1000家这样的研究机构建立起来，其中超过一半是在20世纪80年代建立的，有超过46%的研究机构除接受企业的资助外，还受到政府资金的支持。[①] 八九十年代，美国国家创新体系中大学的另一个显著现象是，自《拜杜法案》后大学中获得专利许可以及促进产学合作的技术转移办公室数量增多。根据美国大学技术管理人协会（AUTM）的报告，大学中拥有技术许可和转移办公室的数量在1980~1990年间增加7倍。1980年~1983年间，向学术机构颁发的专利数量增长了10%，而且向前50名研究型大学授予的专利数量增长了17%。[②] 1991~2000年，84所AUTM协会成员大学的专利申请费用增加了2.4倍，技术许可协议利润则增加1.6倍，特许权使用费增加了1倍。2000年，产业部门与大学合作获利超400亿美元，并创造出近30万个就业岗位和约50亿美元的财税收入。[③]

第四，美国中小企业成为创新和经济发展的主体。美国中小企业是推动美国经济发展的主要力量，在创新和带动就业方面起到重要作用。1991年美国小企业提供了55%的创新以及25%的高技术工作领域的就业机会。美国政府一向支持中小企业的发展，在80年代中期至90年代初，美国出现了创办技术孵化器和科学研究园区的高潮，进而使美国出现一股空前的创业热潮，1990~1999年美国信息技术类企业增加120%，中小企业成为主力。

美国创新政策一定程度上促进其在20世纪最后10年经济的繁荣，从1991年3月~2000年12月，美国经历了历史上最长的117个月经济扩张期，GDP年均增长3.5%，创造了2500个就业岗位，失业率大幅下降，劳

---

①② David C. Mowery. The changing structure of the US national innovation system: implications for international conflict and cooperation in R&D policy [J]. Research Policy, 1998 (27): 648.

③ 王志强. 研究型大学与美国国家创新系统的演进 [D]. 上海：华东师范大学博士论文，2012：110.

动生产力持续提高。出现了私人投资持续高涨，风险资本迅速发展，股票市场持续繁荣的景象。但也正是经济的扩张以及过度投资等因素造成了经济泡沫，2001年互联网泡沫破裂，美国经济步入衰退期。"9·11恐怖袭击事件"对美国经济造成进一步的冲击，延长了美国经济的衰退期，美国小布什政府将反恐和国家安全作为工作重心，奉行先发制人和单边主义对外政策，同时对内实行大规模减税、刺激消费、扩大财政支出、宽松的货币政策等经济政策，至金融危机爆发前夕美国经济已走出衰退，进入恢复性增长阶段。但是美国持续刺激经济发展的政策、金融过度创新、奉行自由主义而导致监管缺失、美联储低利率政策等因素最终导致美国次贷危机的爆发，并引发2008年全球性的金融危机。

（四）2009年以来的美国国家创新体系

2008年金融危机后，美国开始反思虚拟经济过度发展、"脱实就虚"以及放任自由发展模式的弊端，也认识到自身面临着难以扭转的制造业增长的衰落。因此，回归实体经济、回归制造业，推动科技创新成为美国各界的共识，美国的国家创新体系也朝着重塑美国竞争力的目标前进。2009年奥巴马就任美国总统后，沿袭民主党一贯大力支持科技发展的传统，发挥政府在推动科技发展中的重要作用，出台了一系列促进创新的战略、政策和法案。其中，奥巴马政府在2009年、2011年和2015年连续发布了三版国家创新战略，这在美国历史上尚属首次，表明政府对创新的高度重视。

由于2009年正处于金融危机对经济破坏最严重阶段，第一版国家创新战略的重点放在推动可持续增长以及创造高质量就业上面。提出建设创新的基础设施，发展新兴产业、培育有效的竞争市场以及推动清洁能源等重点项目的发展。2011年第二版国家创新战略则将重点放在与技术革命密切相关的新兴产业方面，以确保美国持续的经济增长。如加快发展无线网络，并向教育、医疗、运输等领域扩散。加快发展清洁能源以及新能源汽车等行业。在保障机制上，注重提高专利审批效率，进而加速创新。支持教育尤其是基础教育的改善，提高师资水平等。2015年第三版国家创新体系着眼于长远的创新能力发展，将构建"国家创新生态系统"作为核心内容及提高国家竞争力的关键。具体措施包括：一是打造坚实的国家创新基础，包括增加对基础研究领域的投资预算，鼓励高风险高回报的研究和方法创新；提高科学技术、工程和数学（STEM）基础教育质量；建立数字化和信息化的高质量基础设施，提升宽带及无线网络的速度和覆盖面。二是提升企业的创新引领作用，企业是驱动国家创新最强大的力量，政府必须通过构筑公平的竞争环境、调节市场失灵、出台资金支持和税收优惠等政策的方式，推动大中小企业的全面发展。三是推动全民创新，通过专利制度和奖励等方式激发民众的创新积极性，例如在2010~2015年，美国政府部门已经赞助了400多项公共比赛，数以万计的创业者和民众参与其中，并获得超过150万美元的奖金。四是构建有利于创新的环境，包括构建反垄断、知识产权制度以及安全的网络环境等。重视政府、大学、企业和创新机构之间的协作共赢。除了以上几个主要的措施外，2015年版国家创新战略还强调发展先进制造、智慧城市、清洁能源、太空等九大战略领域。总之，奥巴马政府十分重视创新的发展，与20世纪90年代克林顿政府奉行的技术合作范式类似，奥巴马政府也大力倡导政府、企业和大学等国家创新体系要素之间的相互合作，主张政府在创新领域的重要角色地位。

2017年美国共和党特朗普政府上台，奉行美国优先战略，在经济全球化、贸易政策、气候和能源政策、移民等领域采取了一系列的战略收缩举措。相较于奥巴马，特朗普政府对科技创新的关注程度大打折扣，竞选中直接涉及科技政策的议题不多，也未出台有关科技创新发展的战略。特朗普在2018年财年预算中大幅减少技术研发经费，而增加国防经费，但该预算未在国会通过，美国2018年研发经费预算实际上保持相对平稳，甚至有小幅上涨。特朗普甚至在其当选后的第560天才任命白宫科学和技术办公室（OSTP）主任，是美国有史以来总统任命OSTP主任最迟的，可见科学和技术并非特朗普执政的优先领域。但这尚不足以在短期内改变美国长久以来形成的科技创新传统，美国国家创新体系的模式可能从奥巴马政府时代以技术合作范式为主导的模式回归到市场失灵范式。

二、美国先进制造业及工业互联网发展战略

金融危机使美国深刻认识到以制造业为代表的实体经济对经济发展的重要作用,而在此前10年,美国脱实就虚的发展模式导致制造业实力大幅下降。几乎在整个20世纪,制造业支撑了美国的经济增长,引领着国家的出口、投资及就业,推动了知识生产和创新。但进入21世纪以来,美国的制造业影响力正在下降,2000~2010年美国制造业雇员人数下降1/3,自2002年起美国成为先进制造产品的净进口国。金融危机成为美国重振制造业以及发展先进制造业的关键推动力。因此,奥巴马在整个执政期内发布了一系列振兴制造业的战略规划,出台"国家制造创新网络"计划,该计划在特朗普上台后改名为"制造美国"计划,并继续施行。另外还成立"智能制造领导力联盟"及"工业互联网联盟"等,以确保智能制造的发展。

(一)重振制造业,着力确保美国在先进制造业领域的领导地位

2009年奥巴马上台伊始,即发布了《重振美国制造业框架》(A Framework for Revitalizing American Manufacturing),提出了支持制造业发展的政策倡议。2010年奥巴马通过《制造业促进法案》(Manufacturing Enhancement Act),指出"美国制造"(Made in America)是战胜经济衰退的关键词。该法案能够为美国创造就业机会,帮助美国公司开展竞争,成为经济复苏的关键推动力。通过立法减少或取消美国制造商从国外进口材料的关税,降低制造企业的成本及消费价格。此外还包括法律支持、基础研发、保护知识产权、人才战略等。

为促进美国制造业的振兴以及推动先进制造业的发展,美国政府在2011年和2012年先后出台两份促进先进制造业发展的规划,并通过成立"先进制造业伙伴关系"(AMP)计划。2011年6月,"向总统报告:确保美国先进制造业领导地位(Report to the President on Ensuring American Leadership in Advanced Manufacturing)"报告出台,指出美国在过去100多年中是制造业产品生产的领导者,但在最近10年制造业的GDP占比及就业拉动

效应有所下降。美国制造业领导地位的下降不仅限于低工资和低技术产业领域，与德国和日本等高工资国家相比，美国在先进技术研发领域地位也出现下滑。报告聚焦于先进制造业发展，将先进制造业界定为：使用信息、计算、软件、传感器和网络以及自动化技术，利用物理和生物科学（如纳米技术、化学和生物学）支撑的尖端材料和新兴技术能力，既涉及对已有产品制造的新方法，也涉及用先进制造技术生产新产品。发展先进制造业是重振美国制造业领先地位的方向，并将最大限度地支持美国经济生产力和创新能力。政府要出台连贯清晰的创新政策，以确保美国在新技术领域的领导地位。报告对确保美国先进制造业领先地位提出建议：一方面，政府要加强投资以克服市场失灵，确保新技术以及技术型企业在美国繁荣发展；另一方面，政府要创造一个有利于创新的环境，政府通过出台税收优惠和商业政策，吸引企业将研发活动和制造活动留在美国；通过各种层次的教育活动，以及人才政策吸引大批高技能劳动力和创新性人才留在美国；政府还应当增加研发投入，并重点增加国家科学基金会（NSF）、能源部科学办公室（DOE）以及美国国家标准与技术研究所（NIST）等关键科学机构的研究预算，以及确保重要技术领域的突破性创新。

此外，该报告还建议实施"先进制造业伙伴关系"倡议（Advanced Manufacturing Partnership，AMP）。2011年6月24日，奥巴马政府启动了AMP计划，AMP计划是美国国家创新体系中技术合作范式的典型，即由政府、产业和学界共同参与的合作机制。从AMP的成员单位看，包括总统科技顾问委员会（PCAST）、国家经济委员会（NEC）、科学技术政策办公室（OSTP）以及国防部、能源部、农业部等在内的政府机构和部门。也有来自产业界的各主要大企业，如陶氏化学、卡特彼勒公司、福特、霍尼韦尔等。还有如美国钢铁工人联合会在内的协会组织，以及美国主要的研究型和应用型大学，如麻省理工学院、斯坦福大学等顶尖高校。AMP与最具创新能力的制造商、顶尖大学和联邦政府建立合作关系，制定先进制造技术发展路径。通过建立官产学研之间的紧密合作机制，汇聚人才，引导投资，使新技术、新理念尽快从实验室转移到工厂。

2012年7月，"先进制造业伙伴关系"指导委员会向奥巴马政府提交了第一份报告——"把握国内先进制造竞争力优势"（Capturing Domestic Competitive Advantage in Advanced Manufacturing)。报告确定了美国要重点发展的 11 个先进技术制造领域：（1）先进传感器、测量和过程控制（智能制造或高级自动化）；（2）高级材料设计和合成，包括纳米材料、金属、涂料、陶瓷等；（3）信息技术，包括可视化和数字制造；（4）可持续制造；（5）纳米制造（包括微特征制造）；（6）柔性电子器件；（7）生物制造和生物信息学，包括蛋白质组学和基因组学；（8）增材制造；（9）先进制造设备；（10）工业机器人；（11）先进成型和连接/粘接技术。2013 年 9 月 AMP 升级为"先进制造伙伴关系 2.0"（Advanced Manufacturing Partnership 2.0，AMP2.0），2014 年 10 月发布了最终报告"加速实现美国先进制造"（Accelerating U. S. Advanced Manufacturing），在 2012 年报告的基础上提出三大核心建议——支持创新、确保人才输送以及改善商业环境。其中支持创新部分，AMP2.0 认为在创新和制造技术的领先地位可以巩固美国保持制造业竞争力，最重要的是建立"国家制造创新网络"（National Network for Manufacturing Innovation，NNMI）。要把资源集中在优先技术领域，通过吸取产业界和学术专家的意见，在 2012 年列出的 11 个优先领域中，选出对企业具有吸引力、对国家安全具有重要性以及对建立美国先进制造业长期竞争力有重要影响力的三项技术——制造业中的先进传感、控制和平台系统（AS-CPM），可视化技术、信息化和数字化制造业（VIDM）以及先进材料制造业（AMM）。可以发现，美国所列出的先进制造发展重点领域与智能制造发展的重点领域高度重合，美国所瞄准的先进制造业领域正是智能制造。

（二）推进实施"国家制造创新网络"（"制造美国"）计划

在先进制造业伙伴关系小组推动下，奥巴马总统于 2012 年 3 月提议设立国家制造创新网络（NNMI），通过公共和私营部门，以及学术界的共同努力和合作，促进新技术、教育能力、生产过程和产品的开发，以加速美国先进制造业的发展。NNMI 由相互联系但又有各自专注领域的"制造创新机构"（Institutes for Manufacturing Innovation，IMIs）组成。IMIs 是国家制造创新网络的核心，它向当地初创企业和小型制造业供应商提供共享的设施，帮助它们扩大新技术，加速向市场的技术转让，并促进采用跨供应链的创新开发。它们还将充当"教学工厂"的角色，在多个层面上培养并提升劳动技能，加强大型和小型企业的业务能力。2012年8月首个制造创新机构——"国家增材制造创新机构"成立，在85家公司、13所研究性大学、9所社区学院和18个非营利专业协会的参与下运作。

2013年1月，美国发布了"国家制造创新网络：一个初步的设计"报告，指出实施国家制造创新网络项目的目标是推进美国先进制造业的发展，这一项目将通过多达15个制造业创新机构（IMIs）支持强大的国家创新生态系统。国家制造创新网络将填补创新基础设施的空白，推动新的制造工艺和技术从基础研究阶段顺利地过渡到实施阶段。国家制造创新网络是建立在强大的公私合作伙伴关系基础之上的，将汇集制造业各方利益相关者，包括产业界、各级政府机构、学术界（研究型大学和社区学院）、相关组织（工业联合会、经济发展组织、劳工组织、国家实验室等）。2014年12月16日，美国国会通过《重振美国制造业和创新法案》（Revitalize American Manufacturing and Innovation Act of 2014），宣布将正式推进"国家制造创新网络"的实施。该法案赋予商务部建立和协调NNMI机构的权利，并与其他受先进制造业影响的联邦机构，如国防部和能源部合作，以指导NNMI计划的实施。

2016年2月，第一份"国家制造创新网络项目战略计划"发布，提出了国家制造创新网络计划的四个目标。一是增强美国制造业的竞争力，培育美国在先进制造业研究、创新和技术方面的领导力。二是促进创新技术转化为可升级的、高效益以及高性能的国内制造能力。三是加速先进制造业劳动力的发展，加强科学、技术、工程和数学方面的教育，为先进制造业培育人才；支持和扩充包括资格认证和证书等在内的相关渠道；支持州和地方教育与培训课程与先进制造业技能需求相协调。四是支持能够帮助机构变得稳定和可持续的商业模式。报告认为，国家创新体系的生态系统中，有产业界、学术界和国家实验室、政府等若干利益相关者，他们相互关联，共同推进先进制造业发展（见图6-2）。

2016年9月12日美国商务部宣布将"国家制造创新网络"（NNMI）更名为"制造美国"（Manufacturing USA），以凸显该计划对美国制造业未来的重要影响力。2017年特朗普上台后，继续实施"制造美国"计划。2017年11月，美国商务部、国家技术和标准委员会以及先进制造业国家项目办公室共同发布"2016制造美国年度报告"（2016 Manufacturing USA Annual

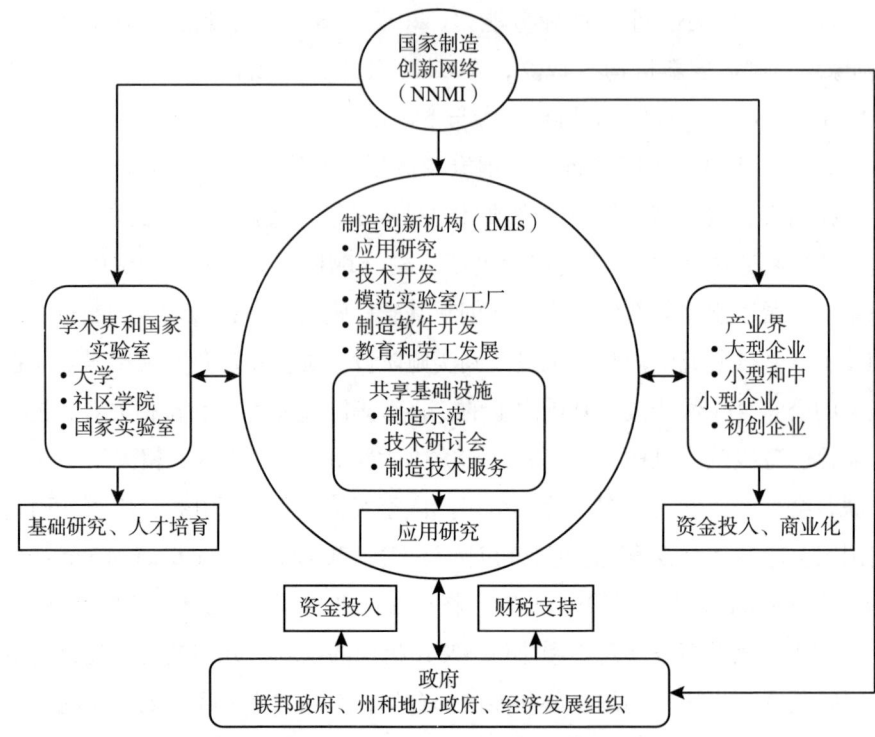

图 6-2 美国创新机构生态系统主要利益相关者及其相互联系

资料来源：根据 Executive Office of the President, National Science and Technology Council, Advanced Manufacturing National Program Office. National Network for Manufacturing Innovation Program Strategic Plan [R]. Executive Office of the President, 2016 (2), p21 绘制。

Report)，公布了项目的整体进展情况以及各个创新研究机构开展工作的情况。2016 年运行的制造创新机构有 8 个，共包含 830 个成员单位，其中有 548 家企业，占 66%；有 177 家教育机构，占 21%，包括大学、社区学院以及其他学术机构；另外还有 105 家其他机构，占 13%，包括联邦、州以及地方政府、联邦实验室以及其他非营利机构。在制造企业中，361 家（66%）是雇员数小于 500 人的小企业，187 家（34%）是大企业。在资金投入方面，2016 财年"制造美国"计划项目共投入 3.34 亿美元，其中联邦政府投资 1.15 亿美元（34%），而联邦资金以外的配套投资达 2.19 亿美元（66%），非政府部门和政府部门的支出比接近 2∶1。另外，创新机构在促进制造业升级和推动人员培训等方面也取得重要成果，2016 年制造美国项目具体进展情况见表 6-3。此外，报告对包括"国家增材制造创新机构"在内的 8 个创新中心的具体情况和取得的成果进行介绍和展示，充分体现制造美国计划在制造技术前沿领域所取得的重要成就。

2018 年 8 月美国发布了"2017 制造美国年度报告"（2017 Manufacturing USA Annual Report）。在项目所取得的成效方面（见表 6-3），2017 年运行的 14 家制造创新机构共包含 1291 个成员，比 2016 年增加 50% 多。其中有 844 家制造企业，297 家教育机构，以及包括政府和非营利机构在内的 150 家其他团体。在制造企业中，有 549 家（65%）小企业和 295 家大企业。在资金支持方面，2017 年制造美国创新机构共投资 2.99 亿美元，其中非计划配套资金 1.78 亿美元，政府计划资金支出 1.21 亿美元，配比接近 1.5∶1。这些资金流向创新机构的各项活动中，包括技术升级、教育和劳动力培训、固定设备采购等。在培养先进制造业劳动力方面，有近 20 万人参加了创新机构教育和职业发展培训项目，其中包括约 185425 名学生参加了创新机构的研究开发项目、实习或培训，还有约 4302 名劳动力完成了职业培训，1000 多名教师和培训师参加了培训。此外，报告还对 14 个制造创新机构的具体运作情况进行介绍。至 2017 年 9 月，美国已设立包括"国家增材制造创新研究中心""数字制造和设计创新研究中心""清洁能源智能制造创新研究中心"等在内的共 14 个先进制造业创新中心（见表 6-4）。

表 6-3　　2016 年和 2017 年国家制造创新网络（"制造美国"）计划项目进展情况

目标	具体类别	衡量指标	2016 年	2017 年
对美国创新生态系统的影响	制造创新机构成员	成员数量（家）	830	1291
	多样化的成员	大企业数量（员工数超过 500 人）（家）	187	295
		小企业数量（员工数低于 500 人）（家）	361	549
		学术机构成员数量（大学、社区学院等）（家）	177	297
		其他成员数量（政府机构成员、政府实验室、其他非营利机构等）（家）	105	150
金融杠杆	配套投资额	联邦资金以外的配套投资额（亿美元）	2.19	1.78

续表

目标	具体类别	衡量指标	2016 年	2017 年
技术进步	研发项目数量及总投资	运行的项目数（个）	191	273
		项目投资总额（亿美元）	3.34	2.99
	关键技术目标项目百分比	关键项目占比（%）	82	79
先进制造业的劳动力发展	科学、技术、工程、数学（STEM）项目	参加研究所项目或研究所实习计划/培训的学生人数（人）	23560	185425
		完成由研究机构实施的证书、学徒或培训项目的劳动力人数（人）	3386	4302
	教育者、培训人员的参与	参加研究机构培训项目的教师或培训师人数（人）	1023	1299

资料来源：2016 年的数据来源于 United States Department of Commerce, National Institute of Standards and Technology, Advanced Manufacturing National Program Office. 2016 Manufacturing USA Annual Report［R］. U. S. Government, 2017：10；2017 年的数据来源于 United States Department of Commerce, National Institute of Standards and Technology, Advanced Manufacturing National Program Office. 2017 Manufacturing USA Annual Report［R］. U. S. Government, 2018：14.

表 6 – 4 "制造美国"项目设立的创新机构（截至 2017 年 9 月）

技术领域	机构名称	主要资助机构	总部所在地	成立时间
增材制造	国家增材制造创新中心（The National Additive Manufacturing Innovation Institute, America Makes）	国防部	俄亥俄州，杨斯顿	2012 年 8 月
数字制造和设计	数字制造和设计创新中心（Digital Manufacturing and Design Innovation Institute, DMDII）	国防部	伊利诺斯州，芝加哥	2014 年 2 月
轻质金属制造	未来轻质创新（Lightweight Innovations for Tomorrow, LIFT）	国防部	密歇根州，底特律	2014 年 2 月
宽带隙功率制造	下一代功率电子学制造创新中心（The Next Generation Power Electronics Manufacturing Innovation Institute, Power America）	能源部	北加利福尼亚州，罗利	2015 年 1 月

续表

技术领域	机构名称	主要资助机构	总部所在地	成立时间
纤维增强聚合物复合材	先进复合材料制造创新研究中心（Institute for Advanced Composites Manufacturing Innovation，IACMI）	能源部	田纳西州，诺克斯维尔	2015年6月
集成光子学制造	美国集成光子学制造中心（American Institute for Manufacturing Integrated Photonics，AIM Photonics）	国防部	纽约州，罗切斯特和奥尔巴尼	2015年7月
柔性电子设备和传感器制造	美国柔性混合电子制造中心（America's Flexible Hybrid Electronics Manufacturing Institute，NextFlex）	国防部	加利福尼亚州，圣何塞	2015年8月
纤维材料与制造工艺	美国先进功能纤维中心（Advanced Functional Fabrics of America Institute，AFFOA）	国防部	马萨诸塞州，剑桥	2016年4月
智能制造	清洁能源智能制造创新中心（Clean Energy Smart Manufacturing Innovation Institute，CESMII）	能源部	加利福尼亚州，洛杉矶	2016年12月
生物制造	先进再生制造研究中心（Advanced Regenerative Manufacturing Institute，BioFabUSA）	国防部	新罕布什尔州，曼彻斯特	2016年12月
机器人制造	先进机器人制造中心（Advanced Robotics for Manufacturing Institute，ARM）	国防部	宾夕法尼亚州，匹兹堡	2017年1月
生物制药	生物制药制造业国家创新中心（The National Institute for Innovation in Manufacturing Biopharmaceuticals，NIIMBL）	商务部	特拉华州，纽瓦克	2017年3月
面向清洁制造的模块化化学工艺强化	工艺强化快速提升中心（Rapid Advancement in Process Intensification Deployment Institute，RAPID）	能源部	纽约州，纽约	2017年3月
可持续减排碳排放与清洁能源制造	减少能耗及减排（Reducing Embodied-energy and Decreasing Emissions，REMADE）	能源部	纽约州，罗切斯特	2017年5月

资料来源：United States Department of Commerce, National Institute of Standards and Technology, Advanced Manufacturing National Program Office. 2017 Manufacturing USA Annual Report [D]. U. S. Government, 2018: 5.

总之，从2012年至2017年，美国"国家先进制造创新网络"计划项目在培育先进制造业创新基础、发展尖端技术、打造制造业创新生态环境、人才培养等方面都取得了很大成效，深入推进了美国先进制造业的发展，提升了美国制造业的全球竞争力，为美国在第三次工业革命中占据领先地位打下坚实的基础。

（三）设立"智能制造领导力联盟"，确保智能制造的发展

智能制造作为先进制造业的重要组成部分，一直受到美国政府、企业界和学界的高度重视。美国是较早进行智能制造理论研究和实践的国家，在20世纪80年代末即对智能制造技术和智能制造系统进行了研究，并创办了《智能制造杂志》。90年代美国国防部、能源部、国家科学基金会和国家标准和技术委员会等政府部门，以及卡内基梅隆大学等都重点资助了智能制造的诸项研究。进入21世纪，美国的智能制造项目仍得到各部门的支持和资助，其中2006年成立的"智能制造领导力联盟"（Smart Manufacturing Leadership Coalition，SMLC）就是其中之一。

智能制造领导力联盟是由行业驱动的、致力于为智能制造工业应用开发一个开放平台和市场的非营利组织，成员来自政府机构、大学、行业协会和企业界等，其中包括美国能源部、国家科学基金、美国制造技术协会、通用电气、美国铝业公司等共55个成员。2010年9月在华盛顿召开了"实施21世纪智能制造"工作会议，基于这个会议，2011年SMLC发表了"实施21世纪智能制造"的报告，全面介绍了智能制造的内涵、企业的愿景目标、制订优先行动计划及其目标、相关的基础设施建设需求等。报告指出，21世纪的智能制造应用信息以及制造智慧，把客户的需求贯穿于制造业整个供应链流程中，从而使得一个协调的、绩效导向的制造企业能够快速响应客户的需求，进而减少能源和原材料的使用，使环境尽可能可持续、健康和安全发展。不同的设备、机器能够开展无缝交流和创新，为仿真系统及先进制造系统中操作和控制软件的更广泛应用打开一扇大门。当前智能工具及系统通过收集和利用大量的数据和信息，来开展创新、设计、建设、运营维护以及管理等工作，从而显著地提高效率、减少浪费、提高竞争力。2012年10月，智能制造领导力联盟举行了第三次论坛年会，并发布了会议总结报告

"实施智能制造的优先级、基础设施和协作"（Priorities, Infrastructure, and Collaboration for Implementation of Smart Manufacturing）。报告介绍了智能制造系统、基础设施、智能制造平台、智能制造领导力联盟行动和协作计划、智能制造和公私伙伴关系等方面的情况。认为建立智能制造系统和共享的基础设施平台是优先考虑的领域。同时，建立一个集合产业—供应商—大学—财团—政府的智能制造公司伙伴关系，以分担智能制造平台的开发和投资支出，而这是任何一家中小企业无法独立解决的。

在美国"国家先进制造创新网络"计划下设立的"清洁能源智能制造创新中心"（Clean Energy Smart Manufacturing Innovation Institute, CESMII）是推动美国智能制造发展的重要机构，该中心的组织者和领导者正是智能制造领导力联盟。CESMII 于 2016 年 12 月正式成立并投入运作，设立 1 个总部和 5 个区域制造中心，计划 5 年内投入联邦和非联邦资金各 7000 万美元，至 2017 年 9 月共有 31 家成员单位。CESMII 站在第三次工业革命的前沿，帮助大小制造企业以及跨工业的部门，在智能制造平台上汇集操作和信息技术，创造更加智能、更具生产力以及更加节约型的能源生产系统和跨越产业界的供应链，使智能制造成为美国制造业升级的可持续动力。其战略目标包括：（1）商业实践。制定清晰、有说服力的智能制造价值主张，解决和减轻商业风险，为智能制造集成和网络安全提供战略和工具以及最佳实践，以促进广泛的智能制造集成。（2）技术能力。升级关键智能制造技术，包括先进传感器、数据分析工具、过程控制、模拟以及自动化集成计算机平台，安全且易于操作的智能制造系统等。（3）劳动力开发。开发并不断更新部署可定制的跨学科的培训、资源和方案，以创建一个具有智能制造技术和专业知识的创新人才队伍。（4）智能制造基础设施平台建设。为企业的数据、技术和信息物理系统建立一个智能制造平台和生态系统，以形成低成本和高效率的运作系统。

（四）企业界成立"工业互联网联盟"，推出"工业互联网参考架构"标准

1. 美国"工业互联网联盟"

美国的大企业是第三次工业革命及智能制造的积极倡导者和参与者。

2012年11月，美国通用电气公司发表了"工业互联网：突破智慧和机器的界限"报告，引起各方广泛关注，工业互联网也成为新一轮工业革命的代名词。报告指出，在过去的200年里，世界经历了几个创新浪潮：第一次浪潮是从18世纪中叶至20世纪初的工业革命，是机器和工厂驱动的规模和范围经济；第二次浪潮是20世纪50年代至20世纪末的互联网革命，是计算能力和分布式信息网络的崛起；第三次浪潮是始于21世纪初的工业互联网，是基于机器的分析，智能设备、智能系统和智能决策是工业互联网的三大要素，当它们和网络整合在一起时，即可以激发出工业互联网的全部潜力。一旦这种情况发生，那么所带来的生产率提高、成本降低及废物排放减少的益处将在整个工业经济中蔓延开。

通用电气公司认为工业互联网能够带来多方面的收益：（1）从行业获益看，工业互联网给商业航空业、铁路运输业、发电、石油天然气开发、医疗保健等行业带来诸多益处，如降低风险和成本，提高能源利用效率和劳动生产率等。哪怕1%的进步，都会为整个行业系统节约可观的开支。（2）从生产力改进看，工业互联网将成为新一轮生产力增长的催化剂。报告预测工业互联网给美国带来的生产力的提升将会持续到2030年，人均收入增长相当于现在人均GDP的四成。（3）对全球经济的影响预测看，报告认为如果新兴市场及时采取新技术的话，则工业互联网革命将更为有力，假设其他国家生产力为美国的一半，则2030年以前工业互联网将给全球GDP带来15万亿美元的贡献（以2005年汇率为准）。另外，报告认为工业互联网的优势不仅来自于更高的资本效能，同时还需要尽可能发挥设备和机器的效能，这就需要企业管理活动以及商业环境与之配套。

实现工业互联网所需要的推动力、催化剂以及条件方面：（1）创新作为催化剂和推动力，包括设备、高级分析方法、系统平台、作业流程以及传感器和监控器等的创新。（2）工业互联网还需要数据中心、宽带和光纤网络等信息通信技术基础设施，这需要国家间以及国家内部的合作，以便支持工业互联网快速发展。（3）为实现工业互联网的预期目标，还需要一个高效的网络安全体系，这就需要包括技术供应商、资产所有者和操作者、监管机构及政策制定者、国际组织以及学术界等在内的参与者承担相应的责任。（4）工业互联网需要培养和储备新型专业人才，包括下一代工程学人才、数据专家、用户界面专家等。这有赖于公司建立属于自己的人才库，可以通过企业和大学的合作来培养所需人才。

2014年3月，由通用电气公司发起，包括英特尔（Intel）、美国电话电报公司（AT&T）、思科（Cisco）等在内的美国大企业组织成立了"工业互联网联盟"（Industrial Internet Consortium，IIC），旨在通过确认、搜集和推动最佳实践，汇集加速工业互联网发展所需的组织和技术。至2017年底，IIC已经拥有包括31个国家的250多名成员单位，成员包括大型和小型技术创新者、垂直市场领导者、研究人员、大学和政府组织。其中，指导委员会成员包括ABB集团、博世（Bosch）、戴尔（Dell EMC）、富士通（Fujitsu）、通用电气公司（GE）、华为、国际商业机器公司（IBM）、MITRE、RTI、思爱普（SAP）。ICC的目标主要包括五个方面：一是通过创建新的行业应用案例和实际应用的测试平台来推动创新；二是定义和开发互通性的参考架构和框架；三是影响全球互联网和工业系统标准的发展；四是促进成立开放论坛，以分享、交流对现实世界的想法、实践、教训以及见解；五是围绕创新的方法来建立对安全的信心。

2. 美国的"工业互联网参考架构"

当前，德国、美国、中国和日本已经建立了各自的新工业体系标准，以期在标准制定上占据先机，主导未来工业生产方式的变革。2015年6月，美国工业互联网联盟建立了其第一版"工业互联网参考架构体系"（Industrial Internet Reference ArchitectureVersion 1.7，IIRA V1.7），2017年1月又发布了新的版本"工业物联网参考架构体系"（IIoTRA V1.8）。在美国工业互联网参考架构中，工业互联网被定义为：本质是物联网，包含了生产设备、计算机和人，促进工业生产的智能化和对先进生产数据分析的应用。它表明全球工业生产系统的趋同性，即先进的数字化制造、无处不在的传感器元件和网络连接。工业互联网系统覆盖了能源、卫生保健、制造业、公共事业、交通和其他相关的工业系统，它对信息安全、生产安全和可靠性有很高的要求，因此不同于消费和商业领域的互联网。在第二版的参考架构中，IIC从三个维度来描画IIRA的框架：第一个维度是考察的视角，分为业务、应用、功能和实施四个层次；第二个维度是涵盖产业部门，涉及制造、交通、能源、卫生等诸多领域；第三个维度是生命周期过程，包括概念化、设计、开发、测试、回收等等。工业互联网参考架构的特点在于注重工业物联网中的跨领域与互操作性，即不仅局限于制造领域的互通，在能源、运输、医疗、智慧城市等领域也具有协同性。

总之，美国推动智能制造发展的路径是建立在政府—产业—大学三位一体的国家创新体系基础之上，同时依托第三次工业革命背景下美国推动先进制造业发展的战略机遇，在国家制造创新网络计划下设立有关智能制造的创新中心，通过智能制造领导力联盟等来具体推进。此外还建立起以大企业为主导的工业互联网联盟，负责智能制造的具体落地实践，并且出台智能制造标准架构，意图将美国版的标准推向全球。美国的智能制造发展模式成为当前全球最具代表性的模式之一，值得深入学习和借鉴。

第二节 德国国家创新体系及工业4.0战略

一、德国国家创新体系和创新政策演变分析

（一）20世纪初以前的德国国家创新体系

整个19世纪，德国资产阶级提倡政治改革和工业化，李斯特就是工业发展的倡导者之一。他从生产力发展的视角，提倡建立关税同盟，保护国内幼稚产业的发展，进而实现对英国等国家的追赶。在经济落后于其他国家的情况下，政府通过关税同盟，政治统一，放松对自由商业活动的限制，建设公路、铁路、运河等基础设施、以及资助技术、科学和商业中的教育和研究活动等有效措施，促进经济的发展。

从19世纪中叶到20世纪20年代的经济繁荣时期，是德国科学研究的全盛时期，这与德国科学研究领域的一大批杰出代表有密切关系，如罗伯特·威廉·本生（Robert Wilhelm Bunsen，1811－1899）、卡尔·蔡司（Carl Zeiss，1816－1888）、维尔纳·冯·西门子（Ernst Werner von Siemens，1816－1892）、赫尔曼·赫尔姆霍茨（Hermann von Helmholtz，

1821 – 1894)、卡尔·弗里德里希·本茨（Karl Friedrich Benz, 1844 – 1929）、威廉·康德拉·伦琴（Wilhelm Konrad Rontgen, 1845 – 1923）、海因里希·鲁道夫·赫兹（Heinrich Rudolf Hertz, 1857 – 1894）、马克斯·普朗克（Max Planck, 1858 – 1947）、艾伯特·爱因斯坦（Albert Einstein, 1879 – 1955）等。[1] 正是他们在基础研究领域的不断探索，使得德国的科学研究具备十分雄厚的基础。德国科研的繁盛直接推动了一些全新行业及其分支的诞生和发展，包括电机工程、化学工业和制药业、汽车工业等，至20世纪初德国的科研水平处于世界领先地位。

19世纪德国国家创新体系中表现最为突出的是其教育体系，德国建立了多层次的教育系统，成为其他国家效法的对象。与美国、尤其是日本早期重视对技术和工程领域的教育不同，德国19世纪的教育注重对科学的研究。1809年建立的柏林大学被认为是德国现代大学的起源，它重视学生进行创造性研究与实践。到19世纪中期，研究定位在德国大学中得以确立，它由自然科学实验室和专门的人文图书馆（研讨会）制度组成。1830~1870年柏林在制度基础方面的投资每十年翻一番。德国大学的研究提升至很高水平，在医学、化学和物理学等领域攀升到世界领先地位。高等教育中学生的数量在1870年后快速增长，从1.4万名增加到1914年的近6万名，政府对大学的资助比学生数量的增长还快，这促进了学科专业化的发展，很多大学建立了独立的自然科学部门。

与科学领域的教育极度完善不同，19世纪早期德国大学对工程教育方面却不重视。职业学校和工艺学校被零星建立起来，随着职业发展的需求，工艺学校逐渐得到社会认可，并逐步发展成为和大学具有平等地位的技术院校。此外，除了接受正规的学校教育外，德国在19世纪末还建立了以学徒制为基础的"半时"（part-time）学校，对学生进行职业培训，同时还会在企业和工艺车间进行实践训练。一些企业甚至建立自己的学校以便于对职工进行职业培训。

1900年前后，由商业和产业界、商会或政府私人发起建立商学院，

---

[1] 德国教育和研究部公共事务处. 德国研究体系 [M].《德国研究体系》编译组编译. 北京：机械工业出版社，2004：1.

它们后来发展成为大学层次的机构，有些则扩展成了完全的大学。在中等水平的商业教育方面，职业学校和高等职业学校被建立起来。加上最低层次的学徒制，包含多个层次的技术教育系统出现。至 20 世纪初，德国已经建立了从小学到博士层次的，涵盖科学、技术和商业领域的复杂教育系统。这些不同层次的教育紧密地联系，并且大学和职业学校在很多科学领域之间也有知识的流动。教育系统和产业、企业之间也存在联系，不仅包括受训人员的输送，还包括对工程和应用科学领域教授的咨询。到 20 世纪初年，德国教育在研究水平和学生规模方面远远超过其他国家。德国的大学和技术学院吸引了大批外国留学生，也激励了包括英国、法国和美国等国家效法。

除了大学、职业学院和科学研究院外，德国中央政府和各联邦政府在 20 世纪初还资助成立了 40~50 个应用领域研究机构，诸如地理和地质、天气和大气、造船、水利工程、健康、生物、农渔业以及林业等。除少部分具有军事目的，其他大部分都面向公共服务领域的需求，还有一些面向支持商业领域的技术创新。如 1887 年建立的物理和技术皇家学会，化学技术皇家学会，1911 年成立的凯泽·威廉学会（后改名为马克斯·普朗克学会），他们的资金一部分源于产业研究基金，另一部分则是来自于加入学会的产业公司会员费。这些科学研究机构通常与大学和技术院校有着联系，一些机构成为研究的骨干力量。

这一时期，政府对科学研究的资助起到重要作用。1860~1910 年，德国政府对科学研究的支出增长了约 9 倍，其中大部分的支出是由联邦各州政府承担的，不过其资助比例由 100% 下降至 1910 年的 77%；而中央政府的资助比例则逐渐上升，1910 年占比 23%，而到第二次世界大战前上升至 47%。[1]

产业发展方面，德国依托大学相关领域深厚的基础研究力量，在产业内部建立研究机构，进行大规模的合作研发，促进了德国产业在世界上领先地位的形成。德国在燃料、合成纤维和制药等产业发展表明，以国家教育和研

---

[1] Richard R. Nelson. National Innovation Systems: A Comparative Analysis [M]. New York: Oxford University Press, 1993: 125.

究系统为基础的技术创新,才是产业建成世界出口市场领导者的关键因素。到 1913 年,德国机械制造、电气工业、内燃机和汽车交通等产业分别占世界出口份额的 29%、46%、17.2%,其中前两个产业的出口领先于英国、美国。到 1913 年,德国的国内生产总值已经超过英国、法国,成为欧洲最大经济体,经济实力仅次于美国。

(二) 两次世界大战至 20 世纪 80 年代末的德国国家创新体系

两次世界大战期间,德国经济遭遇了战争重创以及经济危机的打击,生产设施遭到破坏,影响了产业的发展。虽然第一次世界大战后德国经济迅速恢复,但随后的经济大萧条,使得政府和产业界对于科学研究的资助大幅减少。两次世界大战期间德国流失了大批优秀的科学家和工程师,如爱因斯坦、诺依曼等都被迫移民美国。很多科学家都受雇于盟军国家从事军事、航天和原子能等领域的研究。1949 年德国被一分为二,进一步阻碍了其创新体系的运行。20 世纪 40 年代末至 50 年代中期,德国处于第二次世界大战后恢复和重建阶段。从 1948 年中期到 1952 年,德国西部的工业生产增长了 110%,国内生产总值名义增长 80%,实际增长 67%。[①] 在经济重建过程中,德国企业重视将受到专业培养的工程师、技术人员和科学家安排到领导岗位上,他们给企业经营管理带来革新和专业知识。对于国家创新体系来说,包括企业及其研发实验室、大学、技术学院,以及研究协会、政府研究机构和技术联盟等一些重要的研究机构被重新启动或建立。1948 年凯泽·威廉学会改组为马克斯·普朗克学会,1949 年弗朗霍夫学会成立,至 1955 年德国的科学研究工作体系基本恢复。

20 世纪 50 年代中后期至 80 年代末,德国的创新体系处于振兴发展阶段。在产业研发方面,德国企业研发资助约占六成多,比美国等国家高,但低于日本的水平,企业部门研发经费从 1962 年占国民生产总值的 0.6% 增加到 1989 年的 1.87%,比美国、英国、法国等高,但低于日本 (1.98%)。而且企业的研发资金几乎都是由企业内部来执行。政府部门的研发经费占比

---

① [联邦德国] 卡尔·哈达赫. 二十世纪德国经济史 [M]. 杨绪译. 北京: 商务印书馆, 1984: 167.

在 70 年代约为两成，进入 80 年代则逐渐下降。从企业看，约三成的研发能力属于 7 家大的公司，包括西门子、戴姆勒—奔驰、拜耳、赫斯特、大众和巴斯夫。① 教育方面，初等和中等教育都延续自世纪之交即建立的教育体系机构，且在 OECD 国家中保持领先地位。但高等教育的质量和水平有所下降，高等教育的经费和雇员人数从 1975 年开始停滞，但学生数量却增长了 65%。1989 年约 14% 的国家总体研发经费由高等教育部门执行，与日本、美国相比低不少。

产业界和大学的联系在 20 世纪 80 年代才被重新视作重要的技术政策，政府鼓励大学关注地区产业需求。马克斯·普朗克学会是与大学联系较为紧密的研究机构，其中领先的科学家通常从大学招募，其研究领域集中在自然科学领域。1949 年成立的弗劳恩霍夫协会在合同研究范围内从事研究，并采取"根据业绩提供经费"的方式获取资助。1955 年只有 3 个研究所，到 1985 年则达到 36 个研究所。弗劳恩霍夫协会的研究经费 2/3 来源于企业签约和公共研究计划，另外 1/3 由中央和州政府资助。弗劳恩霍夫协会同样保持同大学的联系，利用合同方式建立起大学和产业之间沟通的桥梁。

20 世纪 60 年代开始，政府对于研发的支持表现在：一是成立联邦研究和技术部，以及教育和科学部，承担创新体系管理者角色，支持教育和相关的技术研发；二是与企业通过分担项目成本的方式进行商业研发，如政府通常分担 30%~70% 研发费用；三是政府部门通过对微电子、机器人、生物等特定领域的研究给予补助的方式，鼓励企业参与合作项目。1978 年后，政府开始支持企业之间或者企业和政府实验室之间的合作研究；四是政府还通过税收减免、津贴、提升折旧率，以及针对中小企业研究人员的补助计划等间接方式推动企业的创新；五是重点支持国家实验室和部门实验室，自 1981 年起，这两个机构的研发支出比整个政府研发总支出增长得要快。部门研究实验室包括联邦物理技术研究院、联邦材料研究试验所以及联邦地球和自然科学研究所等；六是自 20 世纪 80 年代开始，联邦各州和一些城市支

---

① Richard R. Nelson. National Innovation Systems: A Comparative Analysis [M]. New York: Oxford University Press, 1993: 138.

持科学园区建设，吸引新的高科技公司投资，或从现有研究机构中分拆新的公司。创新中心的建立为新的科技公司提供空间和基础设施。1989年有50个创新中心在运营，还有50多个正在建设或规划阶段，平均投资额为550万德国马克。此外，一些联邦州政府采取措施建立新的研发机构。

总之，到20世纪80年代末，德国已经恢复了其经济地位，尤其是在传统的优势领域，如机械设备、化学、医药等领域。但在诸如计算机、芯片、航空、电信等新兴技术领域并没有处于前沿地位。究其原因，不仅与第二次世界大战后对德国军事领域研发的限制有关，还与德国的创新体系各个要素缺乏充分的联系有一定关系。

（三）20世纪90年代以来的德国国家创新体系

20世纪80年代至90年代初，德国的工业优势以及创新优势等都受到来自日本的强烈挑战，为此政府不断强化创新措施，进一步提升德国的科研大国实力。1990年两德实现统一，德国的科学研究力量和资源被重新整合在一起，德国在国家创新体系建设方面不断取得进步：一是建设结构合理、分工明确、责任清楚、评审严格、协调一致的完善科研体系，完善包括高等学校、独立机构、政府研究机构以及商业企业组成的科研体系；二是不断增加研发投入。2010年德国研发总支出698亿欧元，其中企业的研发支出为469亿欧元，占67%，高校的研发支出为126亿欧元，占18%，大学以外的研究机构和政府研究机构研发支出为102亿欧元，占15%。[①] 1991~2009年，德国国内研发支出占GDP比重由2.47%增长到2.82%，2011年研发支出占GDP比重仅次于韩国、日本，位居全球第三；三是重视人才的培养和引进，德国形成了由政府、研究机构和高校共同组成的全方位人才培养机制。通过出台一系列政策措施，如通过"杰出计划""2020年高校公约""研究与创新公约"等不断吸引人才，为人才创造良好的成长和创造环境；四是加强科学研究与工业的结合以加速技术创新；五是加强科研与教育的国际化，包括加强与世界优秀科研机构的合作，开发德国研究网络，持续加强

---

① 德国科技创新态势分析报告课题组. 德国科技创新态势分析报告 [M]. 北京：科学出版社，2014：64.

与发展中国家开展科技合作,承担国际责任。

高等学校是德国科研体系中的骨干力量和重要的节点。大学以外的研究机构高度依赖大学的科研合作及后备人才培养。大学研究活动涵盖了基础研究、应用研究和开发。大学的附属研究所是独立的研究机构,主要从事介于应用性研究和市场开发之间的研究。大学内部、院校之间,以及大学和校外研究机构之间已经建立起密切的合作。此外,专业技术学院也是大学体系不可或缺的组成部分,其在应用导向和开发中发挥重要作用,他们有自己专长的领域,为那些没有研发部门的企业提供研发服务。2009年德国高校的研发支出为118亿欧元,占德国研发总支出的17.5%,研发资金主要来源于联邦和州政府,占81%。

相较于美国创新体系中高校的重要作用,以及日本创新体系中企业的重要作用,德国的创新体系最令人瞩目的组成部分则是由政府和产业界资助的各种研究机构,它们在推动德国创新的国际领先地位建设过程中起到非常重要的作用。德国几个有重要影响力的研究机构包括:(1)马克斯·普朗克协会(MPG,简称"马普协会"),其在德国研究体系和世界研究领域都具有突出的地位,自1948年成立以来产生了18位诺贝尔获得者,而且德国联邦和州政府给马普协会提供的资助没有任何附带条件。马普协会有多家研究所、研究室、实验室及工作组,作为高等教育机构研究的补充,其支持高等教育机构以外的基础研究,主要集中于生物医学、化学、物理学、技术研究以及人文科学等领域。马普协会及其合作机构所从事的研究都具有交叉学科的性质,已经成为德国研究网络的中心节点。2012年马普协会共有80个研究所和研究机构,17000多名工作人员,其中科学家5378人。马普协会预算的80%由联邦和州提供,另外还有来自政府的项目资助金以及会费和捐款。① (2)弗朗霍夫应用研究促进会(FhG)是德国应用研究的领头机构,它承担工业、服务业公司及公共部门的合同研究,并提供信息和服务,至2005年有58家研究机构,1万多名雇员。弗朗霍夫应用研究促进会的研究宗旨是,将研究成果转变成创新性产品、工艺及服务,另外还从事战略研究。

---

① 德国科技创新态势分析报告课题组. 德国科技创新态势分析报告[M]. 北京:科学出版社,2014:36-37.

在联邦和州政府资助下,承担公众需求领域和关键技术领域的创新研究项目,包括电信、能源、微电子等领域。2009 年弗劳恩霍夫协会获得财政预算 14 亿欧元。合同研究占其每年研究总量的 80% 以上,经费 2/3 源于与产业和公共部门的研究合同,其余 1/3 则来源于联邦和州政府。协会在欧洲、美国和亚洲都有机构设置,与最为重要的经济中心保持联系。另外,FhG 还与高校建立了密切的联系,一方面,与高校共同招聘教学人员、教授和弗朗霍夫研究所领导;另一方面,FhG 依靠与高等教育机构的密切合作来补充自己的基础研究资源及后备力量,同时协会也是高校大学生最佳的实践场所。(3) 赫尔姆霍茨研究中心联合会(HCG)是德国最大、最重要的科研机构之一,研究领域集中在能源、地球与环境、医学、关键技术、航空航天等领域。2012 年该联合会 18 个自然科学技术和生物医学研究中心有 3 万多名职员,其中科学家约占 1/3;年度预算 35.8 亿欧元,70% 由联邦和州政府提供。(4) 莱布尼茨科学联合会,2011 年莱布尼茨联合会拥有 87 个成员机构,其中包括研究所 64 个,职员近 2 万人,其中科学家约占一半。其经费由联邦和州政府共同资助,2011 年政府对莱布尼茨科学联合会的研究预算为 14 亿欧元。

除以上四大研究机构外,德国还设有"蓝名单"研究机构,经费由联邦和州政府共同资助。蓝名单机构通过与各大学、马普学会、弗朗霍夫学会的研究所合作,共同构筑科学框架刺激创新。此后蓝名单研究机构共同成立了"蓝名单科学联合会"(WBL)以维护共同利益。德国联邦及州属机构根据政府部门的任务,也相应承担着研发的任务,它们的经费由联邦及州政府分别资助。其中联邦政府研究机构约 50 家,州政府研究机构约 170 家。

与高校和各种研究机构相比,商业企业在研发支出和研究项目数量方面更高。20 世纪 90 年代后半期,商业企业的工业研发支出持续增长,带动德国研发经费的增长。2000 年企业界研发投入 334 亿欧元,约占全国研发总投入的 67.7%。2010 年,德国企业研发支出增长到 470 亿欧元,约占全国研发总支出的 67%。[①] 德国企业中至少 1/3 的企业完成自己的研发,研发支出较高的行业包括汽车制造、电子和光学、化学与制药工业等。企业的研发

---

① 德国科技创新态势分析报告课题组. 德国科技创新态势分析报告 [M]. 北京:科学出版社,2014:73.

投入与其规模成正比,大型工业企业中80%开展了研发,中小企业开展研发的约54%;而在服务领域,38%的大型企业开展研发,是中小型服务企业的4倍。①

总之,20世纪90年代以来,德国通过不断完善的国家创新体系及良好的政策引导,使其科研创新能力不断取得突破,科学研究以及应用开发等领域再次处于世界前沿。这也为德国立于新一轮工业革命潮头,率先提出"工业4.0"战略等举措奠定深厚的基础。

二、德国高技术创新战略及工业4.0发展战略

(一)推出高技术创新战略,提升制造业创新发展能力

德国一直非常注重其制造业的发展。全球金融危机后,德国启动新一轮工业化进程。2010年7月,德国政府发布"思想·创新·增长——德国2020高技术战略"报告,指出德国要依靠扩大创新、激发科学和经济上的巨大潜力,来解决面临的经济与金融挑战。新战略聚焦最具挑战性和国家需求领域中的示范项目,这些项目要有未来10~15年的发展目标和远景。该报告提出包括能源、医疗、健康、电动汽车、网络安全、知识获取、职业发展等11项"未来规划"。此外,新战略还提出关键技术也是战略重点。德国经济的未来竞争力主要依赖于在生物技术、纳米技术、光学技术、材料技术、微电子学、生产技术、航空技术以及信息通信技术领域内的领导地位。这些新领域、新规划和新技术中不乏对先进制造、信息通信系统等智能化领域的重点规划。2012年3月"高科技战略行动计划"出台,决定在3年内投资约80亿欧元推动实施未来研究项目。2012年8月"2020创新伙伴计划"出台,决定在七年内投入5亿欧元,旨在推动德国东部地区科研能力特别是企业技术创新能力的提升。

2014年9月德国通过了新的"高技术创新战略"(The New High - Tech

---

① [德] 德国教育和研究部公共事务处. 德国研究体系 [M]. 《德国研究体系》编译组编译. 北京:机械工业出版社,2004:146.

Strategy Innovations for Germany）。德国联邦教育与研究部认为，鉴于全球竞争不断加剧，德国必须在科技和经济领域保持领先地位。新战略提出五个方面的政策：一是增强竞争力，保持持续的繁荣。这里德国提出了关于价值创造和提高生活质量的优先领域，包括数字经济与社会、可持续的经济和能源、创新工作氛围、健康生活、智能移动以及公民安全，其中在数字经济与社会领域中又提出了包括"工业4.0"、云计算、数字化和智能化等8个核心技术。二是网络系统与转化：（1）增强科学创新的潜力，需要加强大学、科学组织和研究部门之间的合作，加快创新进程；（2）战略性地推动大学与产业界和社会合作的机会；（3）弥合商业化的鸿沟，帮助缩小学术研究和工业应用之间的创新差距；（4）推进研究和商业企业的国际化合作。三是加快产业创新的步伐：（1）利用关键技术的潜力使产业界获益，政府继续支持新的关键技术，特别是中小企业和"隐形冠军"企业；（2）加强中小企业创新能力；（3）增加初创的创新企业数量；（4）增强结构性薄弱区域的创新资源。四是构建创新友好型框架：包括确保技术创新型职业技术人才的供应，更好地为创新融资，加强技术领域的法律框架和标准，为知识产权提供更有效的保护，建立创新的公共采购激励机制等。五是增强透明度和参与度：包括加强技术开放、创造参与机会，促进公民对话，拓展科学传播，增加透明度，增强战略远见。

（二）出台实施"工业4.0"战略

"工业4.0"战略计划属于德国高技术战略的延续。在2010年高技术战略的五大需求领域中，通信领域计划明确指出，德国作为高技术基地的经济产能主要取决于德国在嵌入系统领域的实力及其物联网发展程度。嵌入式系统的不断复杂化并互联成网要求提供跨领域且标准化的解决方案。为此，需要建立嵌入式系统国家路线图，这实质上已经提出了建立智能制造基础系统的需求。

2013年4月，德国"工业4.0"工作小组向德国政府提交《保障德国制造业的未来——关于实施"工业4.0"战略的建议》（Securing the future of German manufacturing industry：Recommendations for implementing the strategic initiative Industrie 4.0）报告。并在2013年汉诺威工业博览会上正式推出

德国"工业4.0"战略。"工业4.0"描述了四个阶段的工业革命,即18世纪末以机械制造设备为动力的第一次工业革命;20世纪初采用电力驱动的大规模生产为特征的第二次工业革命;以及20世纪70年代以电子信息技术驱动的第三次工业革命;21世纪以来,功能强大的微型计算机正越来越多地实现互联,这导致实体物理世界与虚拟网络世界以"信息物理系统"的方式相融合。随着新的互联网协议IPv6的推出,有可能实现资源、信息、物品和人的互联,从而造就物联网和服务网,而在制造业领域应用物联网和服务网正引发第四次工业革命。"工业4.0"具有巨大的潜力:包括能够应对劳动力人口结构的变化;满足员工工作和生活的平衡;使员工拥有高工资的同时还具有产业竞争力;满足用户个性化需求;实现灵活、决策优化的生产模式;提高资源利用效率和生产率;通过新的服务创造新的价值机会。

从"工业4.0"的核心特征看:(1)"工业4.0"将在制造领域使生产设备、机器人、传送装置、仓储系统和生产设施等生产资源形成一个循环网络;(2)"工业4.0"中的智能产品具有可识别性,可以在任何时候被识别;(3)"工业4.0"将使客户直接参与到产品全生命周期中来,使企业生产小批量产品也可以获利;(4)"工业4.0"使得员工根据形势目标控制、调节和配置智能制造资源网络和生产步骤,并从任务中解放出来而专注于创新和高附加值的生产活动,并能在工作和个人需求间实现更好的协调;(5)"工业4.0"需要进一步拓展相关网络基础设施和网络服务质量。从新型的商业机会和模式看,"工业4.0"带来全新的商业模式和合作模式,可以满足那些个性化和多变的客户需求,同时也可以使中小企业能够无负担地使用相关服务和软件系统。另外,"工业4.0"通过人类—技术和人类—环境的相互作用,使得工作可以脱离工厂,通过虚拟的、移动的工作方式展开,从而提高生产效率。

德国在"工业4.0"中要达到双重战略目标,即同时成为领先的市场和供应商,既在制造业中装备CPS系统,同时又推广CPS技术及产品,成为领先的供应商。这一目标包含三个方面的关键特征:一是企业内部可重新组合的、灵活的网络模块化制造体系纵向集成;二是贯穿于整个产品价值链的端到端数字集成;三是企业间通过价值链及网络实现横向集成。"工业4.0"

报告最后提出了八个方面的优先行动领域和目标,分别是开放的标准参考体系、对复杂系统的管理、坚实的基础设施、全方位的安全保障、与数字化工业时代相适应的工作组织、培训和持续的职业发展、与"工业4.0"相适应的规则制度、优化资源生产率和效率。

(三) 设立"工业4.0平台"等机构,建立"工业4.0参考架构"标准

1. 德国推动"工业4.0"战略的平台

为了使第四次工业革命在德国取得成功,确保德国在智能制造等先进制造业方面保持全球领先地位,德国设立了"工业4.0平台"(Plattform Industrie 4.0)、"工业4.0实验室网络"(Labs Network Industrie 4.0)以及"工业4.0标准化委员会"(Standardization Council Industrie 4.0)三大平台,共同推进"工业4.0"从德国走向全球。

2013年4月,德国信息技术、电信和新媒体协会(BITKOM)、德国机械设备制造业联合会(VDMA)、德国电气和电子制造商协会(ZVEI)联合成立了"工业4.0平台"。2015年4月,德国启动升级版"工业4.0平台",新"工业4.0平台"的管理层由德国教育和研究部、经济和能源部以及经济界、科技界和工会代表提供决策支撑,下设五大工作组:(1)参考架构与标准化小组。主要任务是将现有范式与"工业4.0"参考架构模型(RAMI4.0)相结合,RAMI4.0是一个中立的参考架构模型的初步提议。"工业4.0平台"在众多分委员会当中协调标准化行动,广泛透明地传达协议,确保在一系列组织和协会进行连贯一致的活动。(2)研究与创新小组。小组评估最新的案例研究,从行业角度来确定研究与创新要求。此外,小组还负责更新"工业4.0"研究创新路线图,与其他小组一起全面推进"工业4.0"在德国的进程,其研究结果将作为科学实施建议被企业接纳。(3)网络系统安全小组。小组的设立将帮助解决有关安全通信与价值链合作伙伴身份安全的突出问题,检测生产过程中的网络攻击并评估其影响。小组还向中小企业提供及介绍"工业4.0"信息安全的快速指南,便于企业广泛引进"工业4.0"。(4)法律框架小组。该小组目标在于评估"工业4.0"中的法律风险,作为推动者来支持新的标准和商业范式的开发与实施。小组强调立法行动的必要性,关注现行法律如何从控制人的行为向控制机器通信转变;

(5) 工作教育培训小组。小组的研究重点包括三类密切相关领域：一是在网络信息与生产空间，人机交互界面的设计必须满足相关人员的兴趣与企业的创新能力。二是被合并的价值网络组织框架设计须便于工作与流程学习。三是在交互领域的培训与资格认证课程设计必须与操作技能的开发及新形式学习相适应。

"工业4.0平台"的实践内容主要是"工业4.0案例地图"（Map of Industrie 4.0 Use Cases），展示了德国开展"工业4.0"实践的案例，涉及产品设计、生产、物流、服务等多个领域，向中小企业展示数字化生产的可能性。"工业4.0平台"还建立了在线图书馆，作为研究"工业4.0"的成果、文献、案例的数据库。此外，"工业4.0"平台自成立后重视与其他国家相关机构的战略合作。2015年7月，德国"工业4.0"平台与中国工业与信息化部签署了《关于开展在工业4.0领域的合作谅解备忘录》（Memorandum of Understanding on Cooperation in the Field of Industrie 4.0）。作为中德标准合作的一部分，德国联邦经济能源部和中国的标准化管理局共同成立"工业4.0"标准化联合工作组。2016年3月，"工业4.0平台"开始与美国的工业互联网联盟开展合作。2016年的汉诺威博览会上，德国和法国就"工业4.0"提出一项联合行动计划，为"工业4.0"应用程序的使用开发适合客户需求的场景，以及建立共同使用的国际测试中心。2016年4月底，德国联邦经济事务和能源部与日本经贸和工业部通过了关于物联网和"工业4.0"的合作协议，旨在帮助德国和日本企业更紧密地合作，并加强在标准领域的合作。此外，"工业4.0平台"和日本机器人革命倡议（Japan's Robot Revolution Initiative，RRI）还通过了联合行动计划，等等。

"工业4.0实验室网络"是由德国弗劳恩霍夫协会（Fraunhofer）与柏林工业大学共同组建的生产装备研究所，负责组织测试平台方案。实验室作为一站式服务平台，扮演对话与实验平台的角色。"工业4.0"相关企业在实验室测试平台评估技术与经济可能性，争取以最小的经济与技术风险进入市场。

2016年4月，德国信息技术、电信和新媒体协会、德国标准化学会、德国电气电子和信息技术委员会、德国机械设备制造业联合会以及德国电气工程和电子工业协会联合设立"工业4.0标准化理事会"，旨在推动制定

"工业4.0"全球化标准,并协调其在德国和全球范围内落地。理事会组织和发展了德国"工业4.0"标准化路线图,这一举措是整体标准化战略的核心要素,确定了标准化需求。理事会提出新的标准化项目的需求,并指定其提名的专家参与其中。通过共同标准,加速和优化德国企业之间的利益融合。理事会还将与"工业4.0实验室网络"建立密切合作,在实践中验证测试结果,然后直接接入标准。

2. 德国的"工业4.0参考架构体系"

相较于美国、中国和日本,德国最早推出"工业4.0"标准体系。2015年3月德国"工业4.0平台"发布了"工业4.0参考架构体系"(Reference Architecture Model Industrie 4.0,RAMI 4.0),RAMI 4.0借鉴由欧洲智能电网协调组(SG-CG)定义的智能电网体系结构模型(SGAM),根据"工业4.0"的要求对其进行了调整和拓展。RAMI 4.0是一个凸显"工业4.0"最重要部分的三维图:第一个维度是产品生命周期与价值链,包括产品研发和生产的生命周期,即产品开发计划、模型维护,以及生产使用等流程,涉及工厂的设计、生产以及用户的使用、服务、维护、回收等,在这一过程中生产和使用领域可以交互信息,根据用户等信息要求的实时变化而进行更改;第二个维度是业务经营理念层次,包括业务、功能、信息、通信、集成和设备等若干层面,涉及企业生产、经营的各个方面;第三个维度是企业内部的纵向集成,即企业的分层结构,包括产品、现场设备、控制装置、工作站、工作单元、企业若干层次。对于旧的生产体系,企业具有相对僵硬的等级制度,硬件定义了层级结构,企业各个功能运转也由硬件连接,信息的交流只能从一个层面传递到另一个层面,产品之间是孤立的。相比较而言,"工业4.0"的生产体系下,企业系统和机器是自由灵活的,网络化跨越了企业层级边界,参与者能够跨越层级而相互交流信息,任何层级的参与者都可以相互交流,产品是整个网络的一部分。总之,RAMI 4.0的特点可以概括为,包括产品设计与开发、生产计划、生产工程、生产和服务的价值链整体工程的数字化,业务、功能、信息、通信、集成和设备等的企业间价值网络纵向集成,以及产品、现场设备、控制装置、工作站、工作单元、企业等层次的企业内部纵向集成与网络化生产的综合体系。

总之,德国的智能制造发展路径是建立在大批研究机构和企业、大学协同创新的国家创新体系基础之上,以高技术创新战略为依托,以"工业4.0"战略为主导,设立"工业4.0平台"等机构具体负责实施,并先于其他国家制定"工业4.0参考架构"标准,成为"工业4.0"和智能制造发展的引领者。

第三节 日本国家创新体系及新机器人战略

一、日本国家创新体系和创新政策演变分析

(一) 第二次世界大战之前的日本国家创新体系

随着1854年日本闭关锁国政策的结束以及1868年明治维新的开启,日本开始大规模引进西方的先进技术,在经济和军事上追赶西方。日本政府实施了一系列的现代化政策,包括运输、通信、教育和金融等基础设施建设。教育方面,日本建立起了国家范围内的初等教育系统,在20世纪初,日本已经几乎没有文盲,而且中等教育系统也非常普遍。20世纪20年代,约有一半初等学校学生进入中等学校学习。[①] 在高等教育方面,特别是在技术和工程教育领域,日本很大程度上受到英国的影响,注重课堂学习和实验室训练的结合。19世纪七八十年代,日本生产部门以政府部门建立的采矿、铁路、造船、机械和纺织业等为主,且军事生产在经济中占有重要份额。19世纪80年代至第一次世界大战前,日本国民生产总值翻了一番还多。制造业中的金属、机械、化学和其他重工业部门迅速增长,20世纪30年代在制造业中的比例超过50%。[②] 在这一时期,技术进步发挥了重要的作用,一方面,本土技术在培养对发达国家技术选择的能力,以及改造和吸收国外技术

---

① Richard R. Nelson. National Innovation Systems: A Comparative Analysis [M]. New York: Oxford University Press, 1993: 79.

② Richard R. Nelson. National Innovation Systems: A Comparative Analysis [M]. New York: Oxford University Press, 1993: 81.

以适应国内发展需要方面起到十分重要的作用,这在纺织业和钢铁业中体现尤为明显;另一方面,相对于本土技术,引进国外技术则发挥了更加重要的作用,日本通过聘用外国工程师和选派日本人去国外学习,引进国外先进的机器和工厂,引进外国直接投资、专利许可等多样性的技术转移措施,使日本的工业和技术获得长足的发展。

日本经济在第一次世界大战期间开始起飞,一些钢铁、化学等重工业企业建立起来,国家的科学和工程基础开始形成,教育系统也开始扩张,提供大量受过培训的工程师,1914~1930年,有38家附属于国立大学和军方的国家研究实验室建立,涉及通信、电气、化学、采矿、农业等领域的研究。自1917年建立到1945年共产出800多项日本专利和200多项海外专利。① 为促进更多的基础研究,1933年日本科学委员会成立,资金主要来源于公共和私人部门,其目标有两个,一是增加对大学和其他研究机构的资助,二是通过跨组织研究合作的方式促进有效的研究管理。研究以个人和项目资助两种方式进行,起初是以个人资助为主,但到1942年,80%的资助都是以项目资助的形势开展,项目成员来自多方机构。其中2/3的项目集中在了工程领域,其他则分布在医学、自然科学以及人文学科。② 这一时期,公司开始建立自身的研发实验室,1923年有162家附属于公司、合作组织和其他私人机构的研发实验室,其中71家位于化学领域,27家在金属和机械领域,24家在食品领域。拥有研发实验室的大企业包括东京电机(后联合成立东芝)、三菱造船(后发展成三菱重工)、日本钢管公司(现为NKK)等。③ 1942年重工业在制造业中的比例上升至70%。研发组织数量和研发经费都大幅增长,相比较于1930年,1942年日本研发机构数量增加了1倍,研发经费增长了近6倍。即使很多技术还依赖欧美国家,但生产和研发活动的提升使日本在某些制造行业开始处于世界领先水平,如大规模熔炉和平炉钢生产、飞机、轮船、合金以及通信设备等。

---

① Richard R. Nelson. National Innovation Systems:A Comparative Analysis [M]. New York:Oxford University Press,1993:83.
②③ Richard R. Nelson. National Innovation Systems:A Comparative Analysis [M]. New York:Oxford University Press,1993:84.

（二）第二次世界大战后至 20 世纪 80 年代的日本国家创新体系

第二次世界大战对日本的经济造成严重的打击，生产能力降到第二次世界大战前的水平。但重要的是，战前和战争期间积累的研发资源以及保留的技术设备和有经验的工人，在战后大部分都转移到民用生产领域，加上美国及日本内部各种激励政策，日本制造业在 20 世纪 50 年代即恢复到战前的水平。从 20 世纪 50 年代中期到 1973 年，日本经济以每年 10% 的高增长速度发展。这一时期日本政府对进口和直接投资进行限制，因而促进了日本的技术引进战略。同时，日本的主要产业，如汽车、电气设备及钢铁工业的大部分公司是日本所有，外资的比例很低。20 世纪 60 年代日本经济快速增长并开始参与国际竞争，可引进的技术变少，开发自主技术变得更急迫。日本政府通过税收减免、津贴和降低贷款利率等政策促进国内研发。但相对于其他国家，日本政府的研发资助非常少，而且呈下降趋势，到 1989 年日本政府资助在工业研发中的比例只有 1.2%，这与其他国家 10%~30% 的研发经费相比差距很大。相反，企业的研发经费大幅增加，在 20 世纪 60 年代后半期增加 3 倍之多。[①] 1973 年第一次石油危机使日本结束了高经济增长时期，日元的升值加剧了经济增速的下滑。此后，日本的技术发展向节能产品和工艺、增加能源利用率的目标转移，并且整个工业结构也向能源节约型、技术密集型和高附加值型转变，半导体、计算机和精细化学等高技术产业得以迅速发展。日本成功应对了两次石油危机和日元升值的压力，高技术产品在国际市场上的份额不断增加，原因在于日本在车间和设备方面的高研发投资率。1973~1987 年，日本研发经费支出增长了 4.4 倍，对车间和设备的投资达到 19% 左右，[②] 因此提升了生产率并改善产品的质量。此外，日本企业的组织管理体系对其应对外部危机起到了很好的缓冲作用。

日本第二次世界大战后的技术引进和再创新战略使日本经济快速发展，20 世纪 60 年代即成长成为第二大资本主义经济体。20 世纪 50~80 年代日

---

① Richard R. Nelson. National Innovation Systems: A Comparative Analysis [M]. New York: Oxford University Press, 1993: 103.
② Richard R. Nelson. National Innovation Systems: A Comparative Analysis [M]. New York: Oxford University Press, 1993: 89.

本创造的巨大经济成就可以从其创新体系及特点中找原因。

第一，日本对教育和工程实践的重视使其自身具有坚实的技术基础和实力，日本本土技术与国外技术的差距不是很大。这得益于日本政府建立科学和工程教育系统以及对工程教育的重视，很多企业家和工程师拥有明治时期所积累的技能和知识以及在工程学院受教育的经历，有的还在西方的大学或企业接受教育和培训，因而在引进国外先进技术后能够快速吸收并创新。

第二，日本政府的产业政策在这一时期发挥了重要作用。与私人企业相比，政府在判断和选择技术和产业时相对不够敏锐和准确，这在日本早期的钢铁工业发展中得到印证。同时，日本政府在研发支出方面相对于西方国家低很多，因此日本企业本身几乎承担了所有的研发经费。但日本政府出台的产业政策仍相对有效：（1）日本对进口和外商直接投资的限制是非常重要的政策工具，这大大激励了日本企业对工程、设备和研发进行投资；（2）日本政府早期的补贴和军方采购政策支持了日本钢铁、汽车等产业的发展。此外，电话、电信以及日本国际铁路等国有企业的采购行为也帮助了通信和电气设备工业、汽车工业的发展；（3）日本通商产业省在战后日本技术和经济进步中发挥了重要作用，其面向广阔的国际市场长期发展最先进的技术，明确重视创新厂商的外部因素与基础设施的决定性作用，以及政府在保证必要基础设施投资适用性方面的作用，着重强调科学、教育、通信和运输基础的发展，且一直试图加强整个国家，特别是中小企业的技术能力。通商产业省建立了一种持续同产业中的研发人员、大学中的科学家或技术专家对话，进而把握未来技术发展的主要趋势的工作模式，这是其重建日本经济、调整主要厂商到期望的发展方向上的基础。

第三，日本企业通过"反向工程"（reverse engineering）的方式吸收和积累技术，并且建立不同于西方国家的、适于本土企业发展的企业组织和管理制度，这是日本国家创新体系最突出的特点。日本通过"反向工程"的方式，在引进的技术基础上做出增量创新，而非直接利用外国直接投资或产品、工艺的转让。反向工程是建立在日本独特的企业制度和文化基础之上的。一是，日本企业崇尚相对稳定和长期的目标，而非短期目标和项目，这与日本的"终身雇员"制度有一定关系。一方面，企业经理通常是从基层慢慢晋升上来的;另一方面,员工和雇主的关系也比较稳定,这导致雇主和雇员都将企业长期的生存和增长视为主要目标。二是,与英美企业管理者主要从金融部门走出来不同,日本企业的管理者通常是从技术部门以及销售和出口部门成长起来的,因此他们更加懂得技术研发的潜力、产出和限制,也更加懂得市场的需求和变化,这对生产有着重要指导作用。三是,日本企业的长期雇佣制度使企业更倾向于对员工进行职业培训,既能使员工掌握新的知识和技能,同时可以让他们熟悉企业各个部门和领域,发展同各部门的联系,因此也使得员工更加熟悉研发和市场化过程中产生的技术需求,有助于员工的创新。四是,由于管理者和员工对工厂整个部门和环节的熟悉,"工厂实验室"创新就成为一种自然的现象。即企业员工习惯于把工厂当作实验室,整个企业生产就是一个学习和研发过程,许多创新的思想就来自于工厂车间。五是,日本的生产商和供货商之间有着紧密而稳定的联系,他们分担市场竞争的威胁,分享创新的需求,很多情况下二者会合作研发。例如,在汽车生产中,新的汽车模型通常需要供货商提供创新的部件,因此就需要生产商和供货商之间进行紧密交流,合作完成。

第四,日本商社在信息和情报的搜集、传递中起到至关重要的作用。在当前工业 4.0 以及智能制造生产体系下,通过 CPS 系统及时、准确地获取价值链各个环节的信息是非常重要的。但对于日本来说,早在第二次世界大战后就已经建立起完备的信息获取和传递制度,日本的商社在这一过程中发挥了非常重要的作用。商社是专门从事进出口贸易的公司,其核心竞争力在于获取商业情报。日本的大型综合商社包括三菱商社、伊藤忠商事、三井物产、住友商事、丸红等,根据研究日本综合商社制度的学者白益民论述①,日本商社信息情报系统的特点包括:一是及时,即当天的信息情报当天就要传递,并及时回复,做到信息和沟通的顺畅流动。二是共享,日本企业内部和企业之间有很强的协作能力,信息不仅在企业内部传递,而且会共享给关联的企业和机构,让他人筛选对自己有用的信息。这种共享在计算机技术尚未普及的 20 世纪八九十年代即已经实现,得益于商社对于信息传递的硬件

---

① 白益民. 商社就是天网:"互联互通"与"产业整合"启示录[M]. 北京:中国经济出版社,2018.10.

设施的保障，即在商社内部搭建类似英特网的电传机设备，方便人员之间随时沟通和传递信息。三是专业，日本商社注重对于员工的培养，将他们打造成专业的信息情报员。这里日本的终身雇佣制度发挥了重要作用，员工长期专注于各自的领域，才能更专业地识别哪些是重要或有用的情报。四是规模大，日本商社在全球具有大量的分支机构，且员工人人都是情报员，因此产生的信息情报是大规模和持续性的，这样才能全面把握全球的商机。

第五，日本企业家的国家主义和企业家精神起到了重要的推动作用。在西方技术统治下，日本企业家有着强烈的独立探索不确定和未知领域的愿望，企业家精神促使他们准确地把握创新技术，并具备长远的眼光和清晰的战略意图，拥有承担风险的精神和挑战新技术的能力。日本产业的发展历程显示，最初是国外生产者在产业领域占据统治地位，然后国内企业家通过不断试错和学习，运用反向工程方式不断吸收和积累技术，引进外国先进技术，而后通过本土的技术研发和组织创新努力，进而实现自我创新。

值得注意的是，日本这一时期在半导体等信息产业方面取得了巨大的成功。原因在于：日本的工厂实验室创新传统、终身雇佣模式以及敏锐的市场觉察力，使其在企业层次上具有识别未来关键技术领域的能力，从而更早认识到信息技术范式的重要影响。同时企业根据技术和资本战略优先次序发挥强大的动员资源能力。此外，信息在厂商内部和厂商之间能够密集而顺畅地横向流动。这些原因使得日本能够更迅速开发诸如半导体、机器人、数控机床、柔性制造系统等先进技术。20 世纪 70 年代初日本宣布建立"知识密集"型经济的目标，80 年代即已建立了规模超过美国的半导体工业。

（三）20 世纪 90 年代以来的日本国家创新体系

1990 年日本泡沫经济破裂，整个 20 世纪 90 年代经济增长速度放缓到 1.5% 左右，也由此开启了低经济增长阶段。但日本的技术创新并未因此而停滞，相反，其研发支出占 GDP 的比重不断增长，1980 年日本研发支出占 GDP 比重为 2.11%，1990 年则上升至 2.9%，20 世纪 90 年代后日本研支出占 GDP 比重一直维持全球第一的水平，直到 2009 年被韩国超越，如图 6-3 所示。

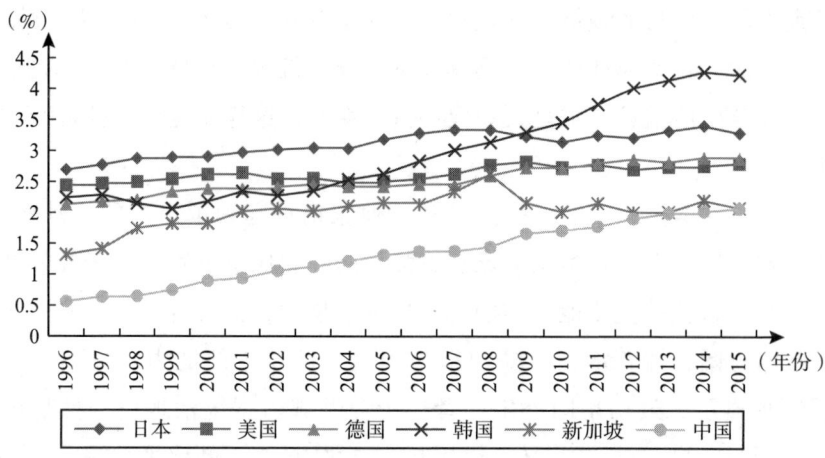

图 6-3　日本、美国、德国、韩国、新加坡、中国研发支出占 GDP 比重（1996～2015 年）

资料来源：世界银行数据库。

在企业和政府的研发支出上，1990 年企业的研发支出占比达 83.1%，而政府则占 16.5%。由于 20 世纪 90 年代经济不景气，企业研发支出有所下降，政府研发有所上升，年增长率达 5% 以上，1999 年政府研发支出升至 20.8%。但与主要发达国家相比，这一比例仍较低。在基础研究、应用研究和开发研究的比例上，日本的开发研究占比高，其次是应用研究和基础研究，1999 年这三类研究的占比分别为 62.3%、23.6% 和 14.1%。[①] 从企业研究的重点领域看，电气机械工业、化学工业、运输机械工业占据日本研发经费支出的前三位。

尽管日本的大学和政府研究机构在研发支持和创新贡献方面远不如企业界的影响力大，但 20 世纪 90 年代后，日本政府愈加重视企业界、大学和官方合作的研发体制建设。一是促进大学、研究机构的技术创新成果向企业界

---

① 王春法. 主要发达国家国家创新体系的历史演变与法制趋势 [M]. 北京：经济科学出版社，2003：288.

转移。1999年日本政府出台了《关于大学等技术研究成果向民间产业转移促进法》，设立技术转移代理中介机构，来获取专利并向企业转移；2000年实施《产业技术力强化法》，对大学等研究机构开发人员专利费用进行减免。二是推动企业界与大学、研究机构的研究合作。1995年大学、研究机构和企业共同研究项目为1704件，至1999年增长至3129件。合著的论文成果比重由1981年的21%上升至1996年的40%。设立共同研究中心的国立大学1995年为43所，到2000年则达到56所。[1] 三是加强企业界、大学和研究机构人员交流。在加强三方人员合作交流上，建立了由企业、研究机构和大学合作设立的协作大学院制度，1995年建立协作大学院制度的国立大学有12所，开设的学科有26个，到2000年参与的国立、公立和私立大学共有67所，设计的学科有107个。[2] 同时允许国立大学和研究机构的人员到企业兼职从事研究开发以及技术指导。四是改善技术转移环境、促进研究设施的共同利用以及研究成果的产业化。包括促进国立大学、研究机构的研究设施向民间开放；给予国立大学和研究机构发明者专利发明的所有权，并鼓励他们将专利权份额向企业有偿转让；促进研究成果的产业化和商品化。五是支持和帮助中小企业开展技术创新。1998年日本通过《新事业创出促进法》，建立《中小企业技术创新制度》，鼓励新企业进行技术开发，进一步增加针对中小企业的补助费，并以大学和研究机构成果转化、协助创业等形式对中小企业提供支援。[3]

美国在20世纪90年代抓住信息革命浪潮实现了经济的繁荣发展，日本则因经济危机和错失ICT推动经济发展的机遇，这一时期被称为"失去的十年"。日本认为其一直以来更重视技术开发而轻视基础领域创新是一个重要的原因。1995年日本通过了《科学技术基本法》，明确提出"以科学技术创造立国"的创新政策。相较于1980年在《八十年代的通商产业政策》中提出的"技术立国"政策，这里还强调对基础科学的研究和创新。根据

---

[1] 王春法. 主要发达国家国家创新体系的历史演变与法制趋势 [M]. 北京：经济科学出版社，2003：298.
[2] 王春法. 主要发达国家国家创新体系的历史演变与法制趋势 [M]. 北京：经济科学出版社，2003：299.
[3] 王春法. 主要发达国家国家创新体系的历史演变与法制趋势 [M]. 北京：经济科学出版社，2003：301.

《科学技术基本法》,日本制定了"科学技术基本计划",1996年《第一期科学技术基本计划(1996－2000)》发布,之后每五年出台一次,每一期计划都根据当时及今后面临的重点问题和挑战,提出相应对的策略。

2016年1月日本通过了《第五期科学技术基本计划(2016－2020)》,开启了日本在ICT迅猛发展的大变革时代应对一系列突出问题的新战略。计划指出日本将继续落实科技创新政策,目标是建成世界上最适宜创新的国家,未来五年将研发投资占GDP比重保持在4%以上。第五期计划提出了四大目标任务:一是以制造业为核心打造"超智能社会",即在世界迎来新产业革命变革的大时代下,美国提出振兴制造业、发展工业互联网战略,德国出台"工业4.0"战略,中国出台《中国制造2025》战略。而日本将以制造业为核心,利用ICT物联网技术,打造世界领先的"超智能社会"(Society 5.0)①。二是积极应对经济和社会发展中的挑战。包括实现可持续增长和区域社会自律性,确保国家和国民安全与实现富裕和高质量生活,以及全球性挑战等。三是加强科技创新的基础实力,包括加强对人才的培养,推进基础研究,推进研究资金改革,以及构建人才、知识和资金的良性循环体系。在第五期科学技术基本计划出台后,日本又在2016年和2017年出台了《科学技术创新综合战略》,综合战略是日本国家科技创新发展战略中的重要一环,是《科学技术基础计划》的重要补充,体现日本政府的具体思路和改革举措。这两期综合战略都将实现超智能社会作为核心目标。

二、日本新机器人战略及互联工业倡议

(一) 日本应对第三次工业革命及智能制造的战略

面对第三次工业革命及智能制造的发展,美国、德国、中国等都出台了相应的发展战略,日本也不例外。日本的应对主要从三大战略着手,即新机器人战略(New Robot Strategy)、超智能社会愿景(Society 5.0)以及互联

---

① 超智能社会是继原始社会、农耕社会、工业社会、信息社会之后的,网络虚拟空间和物理现实世界高度融合的社会。

工业倡议（Connected Industries）。

1. 发布"新机器人战略"，推动机器人革命

2014 年日本修订了《日本振兴战略》，提出了由机器人驱动的第三次工业革命的目标，日本为此成立了"机器人革命实现委员会"（Robot Revolution Realization Council）。2015 年 2 月，机器人革命实现委员会发布"新机器人战略——目标、战略和行动计划"报告。该战略将所有利用数字和网络技术以及先进传感器和人工智能的系统都综合定位为"机器人"的概念。报告基于日本人口出生率不断下降、已进入老龄化社会的背景，认为机器人技术具有潜在的解决社会问题，如解决劳动力短缺，把人从过度劳动中释放出来，并改善制造业、医疗服务和护理、农业、建筑业和基础设施维护等不同领域的生产力。报告指出，日本应该通过以下三个政策来实现机器人革命：一是打造日本成为世界机器人创新中心，提高日本的机器人创造能力；二是通过机器人在日本的广泛使用向世界展示，旨在实现世界上机器人利用水平最高的社会日常生活现实；三是推动机器人革命在世界范围内传播，以机器人之间的互联以及机器人自主积累和利用数据为前提制定商业规则，在全球范围内使日本的机器人技术标准化，并将其传播到更广泛的领域。

接下来报告提出了具体的五年行动计划，包括：（1）成立"机器人革命促进会"（Robot Revolution Initiative，RRI）[①]，在"机器人革命实现委员会"的基础上，建立一个包括产业界、大学和学术界以及政府部门在内的组织，以分享和传播最佳实践，推动国际合作，并处理国际标准化和安全等问题。RRI 是日本"互联工业"（Connected Industries）五个重要领域中，智能制造和机器人领域的主要推动者，至 2017 年 11 月，RRI 已拥有会员约 500 家；（2）开发在工业和社会中具有重大影响的下一代技术（人工智能、传感器和认知系统、机制/执行器及其控制系统和平台技术），关键技术的研究与开发必须通过开放的形式，在研究人员之间进行协作和信息共享，通过竞赛和奖励机制促进研究机构之间的竞争。（3）标准化和实地测试；（4）实施

---

① "机器人革命促进会"后又改为"机器人革命和工业物联网促进会"（The Robot Revolution & Industrial IoT Initiative）。

机器人相关法规改革，包括促进在放松管制和制定利用机器人的规则方面取得平衡的管制改革，以及通过 RRI 与政府监管改革委员会协调，对相关制度进行全面改革，建设机器人无障碍社会。① 可以说，新机器人战略是日本结合自身发展优势，应对第三次工业革命和其他国家挑战的重要战略。此外包括"超智能社会"战略，都是日本深耕多年且具有一定发展基础，又能解决日本面临的现实紧迫问题的发展战略，相对于美国、德国等的政策更具现实需要和可操作性。

2. 以人为本，建立"超智能社会"（社会5.0）

实现"超智能社会"（社会5.0）是日本第五期科学技术基本计划以及2016、2017 年科学技术创新综合战略中重要的目标任务。他们将"社会5.0"定义为：以人为中心，通过高度整合网络空间和物理空间系统，平衡经济发展和解决社会问题，它是继狩猎社会（社会1.0）、农业社会（社会2.0）、工业社会（社会3.0）和信息社会（社会4.0）之后的新形态的社会形式。在当前的信息社会（社会4.0）时代，知识和信息的横向共享不足，合作困难。因为人的能力是有限的，从泛滥的信息中寻找必要的信息并加以分析是一种负担，劳动和行动的范围由于年龄和能力的不同而受到限制。此外，还受到出生率下降、人口老龄化和地方人口减少等问题的限制，而"社会5.0"中的社会变革和创新将实现一个具有前瞻性的、打破现有停滞的、成员相互尊重的超越世代社会，每个人都能过上积极愉快的生活。"社会5.0"实现了网络空间（虚拟空间）与物理空间（真实空间）的高度融合。大数据通过人工智能（AI）进行分析，分析结果以各种形式反馈给物理空间中的人类。这一进程以以前不可能的方式为工业和社会带来新的价值。

可以看出，日本的"社会5.0"战略是从其自身发展的痛点以及社会发展角度出发而出台的，与美国、德国主要从工业和制造业的视角不同，其具有解决日本当前社会面临的一系列问题的迫切需要。

---

① The Headquarters for Japan's Economic Revitalization. New Robot Strategy［R］. Robot Revolution Realization Council, 2015.

3. 提出"互联工业"倡议

日本的目标是通过充分利用物联网、人工智能和新工业革命产生的大数据等技术创新,在未来实现"社会5.0",工业必须发挥关键作用。为此,日本政府宣布实施"互联工业"(Connected Industries)倡议。"互联工业"是在物联网(IoT)和人工智能(AI)技术下,通过连接各种数据、技术、人员和组织,创造新的附加值并为社会挑战提供解决方案的产业愿景。与德国"工业4.0"战略和美国工业互联网战略类似,日本的"互联工业"倡议旨在通过提高效率和优化制造流程,以及将日本制造业的优势相互连接,创造新的附加值。这些优势是在工厂中培养出来的,包括准确的数据、技术能力、解决问题的技能和经验丰富的工人开发的技术。根据日本2017年10月发布的"'互联工业'东京倡议2017"("Connected Industries"Tokyo Initiative 2017),确定了五个优先发展的领域,包括:自动驾驶和移动服务、制造业和机器人、生物技术和材料、工厂/基础设施安全管理、智能生活,如表6-5所示。

表6-5　　　　　　　　日本"互联工业"五个优先领域

优先领域	愿景	市场增长、经济效益预测	负责推动的机构
自动驾驶和移动服务	●减少交通事故 ●减少交通拥堵 ●减轻环境负担 ●分散式能源管理 ●扩大移动服务,包括配送	●自动驾驶车辆市场预估效益:约870亿美元 ●预估驾驶者将驾驶时间转移到增加生产率及消费服务方面效应:约1千亿到1万亿美元	自动驾驶业务策略小组即将成立
制造业和机器人	●整体上优化生产 ●无停工工厂 ●减少事故和环境负担	未来二十年工业互联网将提振全球GDP达10万亿至15万亿美元	机器人革命促进会(RRI)
生物技术和材料	●创新材料和医疗护理/药物开发 ●能源资源的测量	●全球生物技术市场价值到2030年预估增长约1.6万亿美元 ●全球功能性原材料市场预估增加约50万亿日元	日本产业竞争力恳谈会(COCN),日本化学工业协会

续表

优先领域	愿景	市场增长、经济效益预测	负责推动的机构
工厂/ 基础设施 安全管理	• 改善工厂安全和生产力 • 安全的内部改善和获利能力创造 • 有效地利用传感器、无人机和其他先进的技术	解决基础设施老化和需求扩大所带来的全球市场价值约为200万亿日元	促进工业数据和其他信息利用委员会
智能生活	可以克服日本的劳动力短缺和其他社会挑战，随着日本老龄化社会的推进，孩子越来越少，从而创造就业	2011年无薪工作的价值约100万亿日元	物联网加速实验室（IoT Acceleration Lab）

资料来源："Connected Industries" Tokyo Initiative 2017。

（二）建立"工业价值链促进会"，出台"工业价值链参考架构"

2015年德国、美国和中国分别出台了"工业4.0参考架构体系"（RAMI4.0）、"工业物联网参考架构体系"（IIRA）和"智能制造系统架构"（IMSF）。为防止在国际标准制定方面落后于其他国家，2016年12月日本也发布了"工业价值链参考架构体系"（Industrial Value Chain Reference Architecture，IVRA）。实际上，早在2015年3月德国发布"工业4.0参考架构体系"的当月，日本机械工程学会制造系统事业部就发布了《日本工业价值链计划——基于"互联工厂"的协同产品制造》报告，虽然未正式提出日本的标准，但是表达了日本对于制定标准的思路。相较于美国和德国的标准体系，日本的参考架构体系呈现出相对不同的特点。一是建立以人为本的生产系统。一方面，日本产品制造的特征是以设计和生产现场为起点，采取以人为本、自下而上的管理模式；另一方面，包含人的生产系统有根据未知情况做出自由应对的可能性。二是建立宽松标准的、可以自我调整的参考模型，从而更有利于全球合作共赢体系的形成。三是其"互联工厂"的概念并非是整个工厂作为单位的、工厂与工厂之间的联系，而是工厂内部更小的单位，如生产和销售之间，以及与其他工厂的生产与销售之间的灵活联系。通过协同组织结构和ICT技术来提高生产的灵活性和稳定性。

相对于德国由"工业4.0平台"制定并推动实施"工业4.0参考架构

体系",以及美国由工业互联网联盟制定并推动实施"工业物联网参考架构体系",日本推动智能制造发展的重要机构是"工业价值链促进会"(Industrial Value Chain Initiative,IVI),IVI 制定了"工业价值链参考架构体系"并负责具体推进。截至 2018 年底,IVI 有正式成员单位 146 家,其中大企业 87 家,中小企业 59 家。①

日本"工业价值链参考架构体系"(IVRA)是以智能制造单元(smart manufacturing unit,SMU)为基础和出发点的。认为智能制造是一个系统的系统,面对工业需求的多样性和个性,通过制造业组织的自治单位之间的相互沟通和联系,大大提高了生产力和效率。可以从三个维度看 SMU:资产维度(asset view)、活动维度(activity view)以及管理维度(management view)。SMU 是以人为本的,即通过人发现、定义和解决问题。(1)资产维度,显示了对制造组织有价值的资产,可以根据需要在不同的 SMU 之间传输,它包括人员、过程、产品和固定资产。(2)活动维度,智能制造是人类和设备进行各种活动的结果,进而创造价值。活动维度包括在 SMU 中执行的各种循环的活动,包括计划(plan)、执行(do)、检查(check)和行动(action)。(3)管理维度,管理维度显示了与管理相关的目标和指标。SMU 的资产和活动应该在质量、成本、交付和环境方面得到适当的指导,以促使它们进一步优化。总之,与 RAMI4.0 或 IIRA 相比,IVRA 的一大特征是通过 SMU 等形式,以人为本,纳入具体的员工操作等"现场感"特征。日本制造业以丰田生产方式为代表,都是通过人力最大化来提升现场生产能力,从而实现效益增长。

IVRA 的发布标志着日本智能制造策略正式落地,它是与德国 RAMI4.0 及美国的 IIRA 不同的智能制造顶层框架,采取以人为本、宽松标准以及智能制造单元等独特的方式构建。至此,美国、德国、日本三个制造强国在智能制造和工业互联网领域形成了各具代表性、合作与竞争并存的标准框架结构。

---

① 数据来源:工业价值链促进会网站,https://iv-i.org/wp/en/。

第四节 美国、德国、日本智能制造发展模式比较与启示

当前，美国、德国和日本在智能制造这一代表未来发展方向的领域都已经做了较为全面的部署。一方面，三个国家在官、产、学、研等各方面都投入了很多资源和努力；另一方面，借由各自的发展优势，三国在主导力量、涵盖领域、重点环节、发展思路和发展目标等方面又存在不同特点。这三个国家智能制造发展代表着当前三种不同的模式，具有很强的借鉴意义。

一、美国、德国、日本智能制造发展模式的相同点

国家创新体系中，政府、企业、研究机构和教育体系是四个重要的组成因素，它们在美国、德国、日本推动智能制造发展中都发挥着重要作用。

（一）政府通过创新政策支持智能制造发展

创新是智能制造发展最重要的动力，只有创新才能带来重大技术以及核心技术的突破。因此，打造利于创新的体制、机制，增加创新投入，培育创新人才等措施是一国智能制造发展的重要途径。面对第三次工业革命以及制造业变革带来的发展机遇，美国、德国和日本政府通过各项创新政策加以引导。美国自2009年以来，出台一系列的创新发展战略，包括通过《制造业促进法案》和《重振美国制造业和创新法案》，发布"先进制造业国家战略计划"，建立"国家制造创新网络计划"（制造美国），等等。通过资金支持、税收减免、人才培养等政策推动各项计划的实施。德国政府则通过实施"高技术创新战略"，计划投资110亿欧元推动创新领域的发展。还支持专门出台工业4.0战略，率先对未来制造业发展进行前瞻性的研究和规划。日本政府则通过"科学技术基础计划"，配合"科学技术创新综合战略"的具体创新政策，推动日本引领的机器人革命发展，并打造超智能社会。

(二)大企业引领、中小企业积极参与,共同推动智能制造发展

企业是智能制造发展最根本的推动力,企业基于市场的需求不断追求创新,推动智能制造的落地和发展。智能制造相比传统的制造,需要高水平信息集成技术、智能制造装备、智能工厂以及智能制造生态系统,只有大企业才有基础和能力率先实现智能化制造。例如,美国通用电气公司发挥引领和示范作用,率先提出"工业互联网发展"战略,也是工业互联网联盟的重要发起者,推动了工业互联网在美国的实施和推广。德国的西门子和博世公司则同样是德国工业自动化和"工业4.0"的重要参与者和推手。西门子目前正打造软件、数据、连接造就的"数字工厂",被认为是未来互联网与传统制造业结合的落地场景。博世推出的"博世物联网套装"可以看作是博世物联网应用战略的基石。具体到制造业,博世的主打概念为"慧连制造"解决方案,以制造—物流软件平台为核心,对整个生产流程进行云化和再造。日本企业在机器人、机床、汽车等领域实力很强,企业早已深耕自动化、智能化、网络化等技术。三菱电机、川崎重工、牧野机床、发那科、马扎克等大企业都已部分实现了智能工厂的要求,为中小企业提供样板示范作用。

另外,在整个智能制造体系里,中小企业是非常重要的参与者,要想实现整个工业系统的智能化,必须将中小企业纳入到智能制造系统中。在推进智能制造发展中,美国、德国和日本都非常重视对中小企业的扶持。包括为中小企业搭建基础设施平台、传递信息流和创新技能,为中小企业培训人才,对中小企业给予特别的资助、金融支持和税收减免等政策,以及创造有利于公平竞争的环境,等等。中小企业也积极参与到智能制造发展中,例如,在美国国家制造创新网络的参与成员中,有六成以上是中小企业;德国大量的"隐形冠军"也是智能制造的积极参与者,日本的"工业价值链促进会"参与企业中,中小企业占四成。

(三)注重研究创新和平台引领

除了政府和企业外,研究机构和创新平台在智能制造发展中也起到重要作用。例如,美国在推动先进制造业发展过程中,设立先进制造伙伴关系

(AMP)平台来负责具体实施。在AMP推动下建立了美国的国家制造创新网络,在该网络下,设立包括"清洁能源智能制造创新中心"等15个制造业创新机构(IMIs),构建了强大的先进制造创新生态系统。此外,还建立了智能制造领导力联盟(SMLC),专门负责与智能制造相关的研究和实践工作。企业界也成立了工业互联网联盟(IIC),从行业应用案例和应用测试平台来推动智能制造创新,并且建立了工业互联网参考架构和框架,进而影响全球互联网和工业系统标准的制定。"工业4.0平台"则是德国推动智能制造的最重要平台,战略委员会由政府、行业协会、工会及弗劳恩霍夫研究所等组成,通过"工业4.0"地图展示了德国"工业4.0"应用的实例和试验点,还建立了在线图书馆,以及开展与其他国家相关机构的战略合作。此外,还有"工业4.0实验室网络""工业4.0标准化理事会"两个辅助平台。日本在推动智能制造发展中设立了"机器人革命促进会"(RRI),负责智能制造和机器人革命的推进。同时还由企业界成立产业价值链倡议(IVI)平台,以建立一个企业间协作的相互连接的系统架构。

(四)引领智能制造规则制定

规则制定是未来智能制造领导权之争的重要方面,一国建立适合于自身发展的智能制造体系基础架构,既能够使企业顺利地过渡到智能制造的模式中来,又能够很好地与世界规则接轨,并影响他国规则的制定。为此,德国、美国、日本都先后制定了智能制造参考体系架构:德国"工业4.0平台"于2015年3月推出了"工业4.0参考架构体系"(RAMI 4.0);美国工业互联网联盟于2015年6月建立了其第一版"工业互联网参考架构体系"(II-RA),2017年1月又发布了新的版本"工业物联网参考架构体系"(IIoTRA);日本产业价值链倡议平台于2016年12月发布了"工业价值链参考架构体系"(IVRA)。

(五)重视人才培养

教育和人才培养是智能制造发展的重要基础,也是企业创新、国家长远发展的重要基础。教育和培训能够给企业提供源源不断的具备生产技能和知识的人才,尤其是面对新兴产业的发展,人才储备是非常重要的。大学主要培养基础知识型人才，技术院校或企业则培养面向实践的应用型人才。在人才培养方面，美国、德国和日本在全球都是做得很好的国家，也因此支撑他们成为创新强国。对于智能制造的发展，美国促进先进制造业发展等一系列战略中都提到了人才培养的问题。在国家制造业创新网络及制造美国的实施中，目标之一就是推动先进制造业的劳动力发展，要求每个子项目都要进行人才的培训，并报告有关人才培养和培训的收益；德国的高等教育水平高，且十分注重加强基础科学教育，同时德国的职业教育也培养了大批高技能人才，尤其是在准备实施智能化升级的企业中，加强培训，引导全体员工参与到工作组织、技术开发和过程监管中来，从而增加员工的参与权利、共同决议权力和培训机会。在推动"工业4.0"人才培养方面，德国在"工业4.0"平台下设有"工作、教育和培训小组"，以设计专门的人才培养框架。在"工业4.0"报告中，人才培养模式的转换被视为一个重要问题提出来；日本的人才培养方面，除了高校作为长期的培养基础型创新人才外，企业也是人才培养的重要主体，日本企业的终身雇佣制度使得企业更倾向于对员工进行职业培训，从而使员工掌握新的知识和技能。在每期科学技术基本计划中都涉及人才培养的问题，强调大学、研究机构和企业之间的人才流动。

二、美国、德国、日本智能制造发展模式的不同点

美国、德国和日本三个国家创新体系及各自优势不同，使其在智能制造发展模式方面存在不同。主要包括以下五个方面：

（一）创新的主导力量不同

从美国、德国和日本国家创新体系的发展历程和特点看，美国最突出的优势在于将其研究型大学雄厚的科研创新能力与企业的应用开发紧密结合起来，即由研究型大学支撑的企业前沿技术创新能力。美国具有全球数量最多的、顶尖的研究型大学，其技术开发能力很强。同时还有创新能力强的大型企业以及专业化、高技术中小企业，因而具备强大的基础研究能力和前沿技术开发能力。在美国先进制造业计划中，美国连续发布三版《美国国家创新战略》，实施"国家制造业创新网络计划"等，并强调创新在先进制造业

中的引领带动作用。

德国的国家创新体系中，各种层次的研究机构在基础和前沿领域的研发以及应用技术领域发挥着重要的作用。另外，有着"隐形冠军"之称的中小企业具有在特定技术领域做到高精尖的持续创新能力，以及在复杂的系统化产品设计开发和制造方面的优势。因此德国能够率先提出"工业4.0"发展战略，并快速建立实施以信息物理系统为基础的智能制造工厂。

日本国家创新体系中最突出的因素是其企业的强大技术创新能力，企业的车间工厂即是实验室。虽然在基础和原始创新方面，日本比美国和德国弱，但是其在基础创新的开发应用方面具有很高的效率。同时日本一直注重精益生产模式，这为企业实施智能制造打下坚实的基础，因为很多精益生产的模式在今天看来仍适用于智能制造的生产目标，如"零库存""零浪费""零停滞""快速市场反应"等，在"工业4.0"下这些仍是追求的目标，只不过现在借助CPS系统实施起来将更加高效、覆盖面更广。

（二）涵盖的主要行业领域不同

美国的工业互联网所涉及的行业领域包括能源、医疗、制造业、采矿业、零售业、智慧城市以及交通七大行业，可以看出，其不仅仅局限在制造业方面，而是相对较为广泛的概念，基本涵盖整个工业行业类别，甚至还包括个别服务业领域。这一方面与美国制造业的竞争力下降有关，另一方面，美国在能源、交通、服务等领域的综合实力较强，因此着眼于整个工业领域的物联网化。在能源领域，工业物联网通过传感技术、大数据和分析，改变着传统的电力、油气等能源行业，使得能源行业获益，包括最大限度地减少计划外停机时间、有效地平衡供需、最大限度地提高运行效率、优化业务运行以及增强和保护系统；在医疗领域，工业物联网提高医疗效率、减少医疗差错。医疗设备可以被监控、建模、远程控制和自动化，降低运维成本；在制造业领域，工业互联网将大大提高生产过程和整个供应链的生产率和效率；在采矿业领域，工业物联网技术将矿业变成了一个更安全、生产率更高的行业；在零售业务领域，工业互联网通过预测设备维护、仓库自动化管理、消费者体验、供应链优化以及智能商店等功能，提高零售业的效率和竞争力；在智慧城市建设方面，对于政府和公民来说，工业互联网将有助于降低成本、减少浪费,改善公民的交通、公共安全和服务水平;在交通运输领域,工业互联网将降低成本和最小化系统故障,同时为运营商、司机和设施提供大量数据,实现巨大的运营改进。

从德国"工业 4.0"报告看,德国的"工业 4.0"侧重在制造业领域,其目标是保障德国在制造业中的全球领先地位。这与德国在工程机械、化学、医药等制造领域具有很强的竞争力密切相关。认为"工业 4.0"的本质是在制造业中引入物联网和服务,并对商业模式、工作组织、价值创造和下游服务产生影响。其特征包括:柔性生产、可快速转换的未来工厂、以客户为导向的解决方案、物流优化、大数据的使用以及资源节约型循环经济。

从日本的互联工业战略看,日本关注的五大优先领域包括:自动驾驶和移动服务、制造业和机器人、生物技术和材料、工厂/基础设施安全管理、智能生活。一方面,日本在自动驾驶技术、机器人、先进材料以及工厂管理等方面具有很强的发展优势;另一方面,从需求看,由于日本老龄化、少子化等因素,以及能源资源的相对稀缺,使日本在建设智能社会和智能生活方面具有很强的动力。因此选取这几个方面作为主要发展的领域。

(三) 发展的重点环节不同

从美国的"工业互联网参考架构体系"(IIRA)、德国的"工业 4.0 参考架构体系"(RAMI 4.0),以及日本的"工业价值链参考架构体系"(IVRA)看,三者关注的重点环节是不同的,美国更关注宏观层面的覆盖多个工业领域的工业互联网体系;德国更关注中观层面的智能生产和智能工厂系统;而日本则更关注相对微观层面的智能制造单元。

具体来看,美国的工业互联网战略更加重视网络、软件、大数据等对硬件设备及服务的改善,关注信息系统集成和服务行业,因为美国经济中最为突出的领域就是以软件和互联网为代表的"软"力量。美国的工业互联网强调生产设备的智能化,旨在形成全球化的、开放工业网络,实现计算、通信和控制的集合,在智能制造产业的价值链体系中偏重设计和服务环节。

德国由于强大的制造能力,因此偏重于"硬"的生产制造环节,强调生产过程的智能化。即由制造业发起,立足于"智能工厂"与"智能生产"两大主题,辅之以"物理信息系统",实现工厂之间、产品与生产设备之间的价值网络集成,进而实现生产过程的智能化与效率提升。

日本因具有相对成熟的、类似于丰田精益管理的模式,优势在于以人为本的生产现场的管理能力。因此日本关注的焦点在于每个智能制造单元(SMU),认为智能制造则是一个系统的系统,面对工业需求的多样性和个性化,通过每个自治的制造单元之间的相互沟通和联系,进而大大提高生产率。

(四) 发展思路不同

在发展思路方面,美国是从软件、互联网、系统等信息端,通过大数据、云计算等技术"自上而下"重塑工业领域。其优势在于互联网、大数据、云计算、智能硬件、电子半导体、智能传感器和医疗器械等行业。因此,发展基于智能装备和互联网技术相结合的大数据、云计算服务顺理成章①。美国的工业互联网倡导者中,微软、IBM、亚马逊、谷歌等互联网企业占多数。

与美国"自上而下"发展思路不同,德国则是"自下而上"发展,即从制造业出发,利用新一代信息技术改造制造业并提高效率的思路。因为德国的优势在于工业自动化产品、汽车、机械装备制造等,通过企业间横向集成提高供应链的响应速度,纵向价值链集成提高制造业生产效率,端到端集成将制造业产业链向服务延伸,这些措施可以降低成本、提升制造业生产效率。因此德国"工业4.0"的主要推动者很多是诸如西门子、博世等制造型企业,它们基于强大的制造能力进一步开发智能制造系统。

与德国类似,日本也是从制造本身出发,对其进行智能化改造。但日本着眼于更小的智能制造单元(SMU),然后建立信息物理制造平台,将现实制造单元虚拟化,再通过"松散定义的标准"(loosely defined standard)将不同的单元相互连接起来,进而形成一个智能制造生态系统。

(五) 发展目标不同

美国、德国和日本根据自身的优势以及发展愿景,提出了各自的发展目标:

---

① 王媛媛. 美国推动先进制造业发展的政策、经验及启示 [J]. 亚太经济, 2017 (6).

美国工业互联网的发展目标在于，运用互联网数字技术将生产设备、生产系统和生产管理融合起来，进而提高工业的生产效率，最终是要将全球工业系统融合在一起，实现万物互联。德国"工业4.0"的目标是，一方面，将ICT技术集成到传统的装备制造业中以维持其全球市场的领导地位；另一方面，则是成为CPS技术和产品的主导市场。日本互联工业的目标则是，通过充分利用物联网、人工智能和第四次工业革命产生的技术创新，在未来实现超智能社会。

三、几点启示

从美国、德国和日本国家创新体系及智能制造发展的经验看，有几个方面是推动智能制造发展的关键因素。

第一，重视创新引领。创新是推动新一轮工业革命的根本动力，也是国家之间实现赶超的关键。因此无论从美国提出"国家制造创新网络"战略，还是德国提出的"高科技创新战略2020"，以及日本提出的"科学技术创新计划"，都是从顶层设计上将创新置于最重要的地位，不断强化创新对其经济的引领作用。在智能制造这一新的制造技术发展过程中，需要不断利用创新实现技术、人才、标准等方面的突破，也只有通过创新才能在新一轮工业革命中实现跨越和赶超。

第二，注重结合自身的需求和优势。从美国、德国和日本智能制造发展的战略规划看，比较突出的一点是与自身发展中亟待解决的问题以及存在的优势紧密相连。如美国从制造业竞争力日渐衰落的问题出发，将发展以智能制造为代表的先进制造业作为提升自身制造业竞争力和推动经济发展的关键。在制定智能制造发展规划中，充分发挥其在基础创新、互联网、软件等方面的突出优势，提出工业互联网的发展战略，意图在上层"软"的领域形成难以超越的技术优势；德国的智能制造发展则是建立在保持自身制造业竞争力全球领先地位的需要之上，还考虑到德国劳动力人口减少以及人们对于高品质生活的追求等因素，智能制造能够很好地解决这些问题。同时德国还发挥其在制造业领域的强大优势，提出建设智能工厂和智能生产为主体的"工业4.0战略"；近年来，日本经济发展一直受到人口老龄化、少子化以及劳动力人口不足等问题困扰，因此日本提出新机器人发展战略，以及建立以制造业的自动化、智能化发展为主导的"超智能社会",意图解决这些问题。在推动智能制造发展中,日本充分发挥其在工厂自动化领域已有的技术优势,从智能制造单元入手,并充分考虑日本众多配套企业集群的产业链特征,提出宽松标准的"工业互联"合作框架。

第三,充分发挥企业主体作用。企业是创新的关键主体,也是经济持久发展的最重要动力。在智能制造发展中,一方面,企业作为实施智能制造的主体,有着智能化改造的动力;另一方面,企业也是为市场提供智能化产品的主体,能够从市场的角度敏锐获取创新机遇,推动智能制造技术的发展。因此培育有利于企业创新发展的环境非常重要,尤其是要助推中小企业的发展。在美国、德国和日本的智能制造发展战略中,企业都发挥了重要作用,大企业如通用电气公司、西门子、三菱电机等率先提出发展智能制造的战略思路,中小企业则在政府和大企业的推动下积极开展智能化改造。

第四,重视标准化建设。标准是治理现代化的基础性制度和经济社会发展的重要技术支撑,标准建设在智能制造发展中起着基础性和引导性的作用。在智能制造概念提出不久后,美国、德国和日本都已经建立起适合自己的智能制造参考架构体系,并根据现实变化进行修订。各国对标准的制定为自身智能制造的快速发展以及争夺全球发展主导权奠定了重要基础。我国也于2015年12月首次发布了《国家智能制造标准体系建设指南(2015年版)》,提出了我国的"智能制造系统架构",从而在全球首批开展智能制造标准化建设的国家中占据一席之地。

第五,重视教育和培训。人才是推动经济社会发展的根本力量,面对新一轮工业革命,人才的知识结构也需要一次革命性的提升。智能制造的发展离不开创新人才的支撑,因此新一代信息技术和智能制造相关人才是各国争夺的重要资源。美国、德国和日本在推动智能制造发展的平台建设中,都专门设有人才的教育和培训部门,一方面敦促国家加强对相关技能人才的基础教育投入,另一方面基于"工业4.0"所需要的新知识、新技能、新标准,建立相应的人才教育、培训和考核的机制。

总之,美国、德国、日本的经验表明,智能制造的发展是一个系统工程,需要各类主体、各个层次、各种政策通力合作,才能在未来的发展中占据主导地位。

第七章 中国智能制造发展现状分析

我国制造业自改革开放以来取得了飞速发展,根据世界银行统计数据(见图7-1),2004年我国制造业增加值为6252.24亿美元,超过德国,位居美国、日本之后,排名世界第三位;2007年我国制造业增加值达1.15万亿美元,超过日本,位居世界第二位;2010年我国制造业增加值为1.92万亿美元,超过美国位居世界第一位。2018年我国制造业增加值已高达3.87万亿美元,占全球制造业增加值比重的27.8%。[①] 我国已经建立起由原材料能源工业、装备工业、消费品工业、国防科技工业、电子信息产业等组成的门类齐全的工业体系,主要制成品产量居世界前列。中国产品有7个大类(占

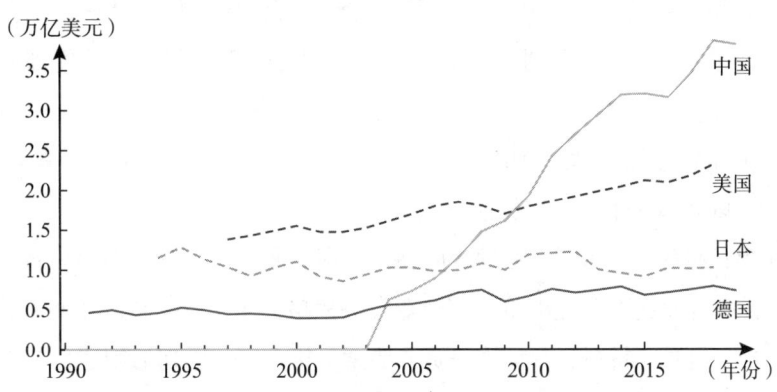

图7-1 中国、美国、日本、德国制造业增加值变化曲线(现价美元)

资料来源:世界银行数据库。

---

① 世界银行数据库。

国际标准工业分类数量的近1/3）的产量名列第一；在500多种主要工业产品中，有220多种产品产量居全球第一位。①

但中国的制造业仍然"大而不强"，制造业总体规模很大、门类齐全，但具体行业的发展水平参差不齐。如果以"工业1.0"表示机械化、"工业2.0"表示电气化、"工业3.0"表示自动化、"工业4.0"表示智能化，我国大部分制造业仍处于由"工业2.0"向"工业3.0"过渡阶段，对于实现"工业4.0"及智能制造，尚有工业自动化阶段的"功课"要补。中国制造业存在的主要问题包括：一是核心技术受制于人，自主创新能力较弱。近年来我国研发强度上升较快，但与发达国家相比还差一大段距离。而且企业研发投入强度不足1%。另外我国一些关键核心零部件、系统软件和高端装备还受制于人，比如高端芯片、工业机器人减速器、伺服电机等都掌握在欧美、日本等发达国家手中。二是资源能源利用率低，生态环境恶化，环境承载能力几近上限。劳动力、资本等要素成本上升，直接导致我国制造业成本上升。三是产业结构呈现传统产业产能过剩、新兴产业供给能力不足的局面。一方面，钢铁、电解铝、水泥等传统资源密集型产业产能过剩突出，行业整体盈利水平持续下降；另一方面，新型的高端制造业、生产性服务业等供给明显不足，很多高端设备、零部件以及信息服务等依赖进口。四是产品质量水平不高，世界知名品牌数量有待提升。一方面，关键零部件质量可靠性低，一些关键部件的使用寿命与国际先进水平相差较大，因此大部分关键零部件都依赖进口；另一方面，经过多年的发展，中国的知名品牌数量有所提升，但与第一名的美国相比差距较大。2019年世界品牌500强中，中国内地品牌只有40个，美国则有208个，相差较大。②

金融危机后，中国制造业发展面临两个困境和一个机遇。困境表现在：一方面，欧美等发达国家提出重返制造业发展战略，促使高端制造业回流；另一方面，由于自身原材料、劳动力等资源要素价格上涨，原来的制造低成本优势逐渐消除，这使得劳动密集型、资源密集型的低端产业发展模式难以为继，低

---

① 制造强国战略研究项目组. 制造强国战略研究·综合卷 [M]. 北京：电子工业出版社，2015：292.

② 资料来源：世界品牌实验室. 2019年《世界品牌500强》入选数最多的国家前10 [R/OL]. 2019-12-17. http://www.worldbrandlab.com/world/2019/brand/nation.html.

端制造业纷纷向越南、印度尼西亚、墨西哥等国家转移。因此中国制造业发展面临"双向挤压"，这倒逼中国进行制造业转型升级。机遇则表现在，随着新一代信息通信技术的发展，全球制造业发展将迎来新一轮工业革命，制造业将朝向更加智能化的方向发展。将国内产业转型升级的压力和国际第三次工业革命的新机遇融合起来，推动中国制造业乃至经济的发展迈向更高阶段。

从制造大国向制造强国发展过程中，制造业面临几个转变：一是产品从跟踪创新向自主创新转变；二是制造模式从传统向数字化、网络化、智能化转变，从生产向"生产+服务"转变；三是发展方式从粗放型向质量效益并重转变，从高污染、高能耗向绿色制造转变。可以看出，这些生产和发展方式的转变与智能制造模式高度一致。因此，发展智能制造是实现我国制造强国目标的重要选择。

第一节 中国智能制造发展情况概述

我国智能制造发展战略就是上述背景下产生的。2010年以来美国和德国相继提出工业互联网和"工业4.0战略"，中国也于2015年5月8日发布了《中国制造2025》，由此开启了由制造业大国向制造业强国转变的新征程。作为《中国制造2025》的主攻方向，智能制造发展也由此展开。当前，我国智能制造发展取得了一系列的成就：《智能制造发展规划（2016-2020）》等顶层政策设计逐渐完善、智能制造标准体系得以建立、智能制造代表性产业快速发展、一大批企业积极参与智能化改造、地方政府积极对接并推动地区智能制造发展，等等。

一、智能制造发展的顶层设计逐步完善

《中国制造2025》提出以智能制造为主攻方向，从框架上可以概括为"一二三四五五十"。[①] 所谓"一"，就是一个目标，即实现从制造业大国向制造

---

① 苗圩. 深入贯彻落实《中国制造2025》[A]//国家制造强国建设战略咨询委员会，中国工程院战略咨询中心编著. 《中国制造2025》解读 [M]. 北京：电子工业出版社，2016：5.

业强国的历史性跨越。所谓"二",就是通过信息化和工业化两化融合来实现这一目标。所谓"三",就是要分"三步走",2025年作为第一个阶梯,要迈入世界制造强国行列;2035年为第二个阶梯,制造业整体水平要跃升至世界制造强国阵营中等水平;2045年为第三个阶梯,即中国制造业又大又强,综合实力进入世界制造强国前列。所谓"四",就是确立了四项基本原则,即政府引导、市场主导,立足当前、着眼长远,整体推进、重点突破,开放合作、自主发展。第一个"五"就是五条基本方针,包括创新驱动、质量为先、绿色发展、结构优化和人才为本。第二个"五"是五大创新工程,包括智能制造工程、制造业创新中心工程、绿色制造工程、工业强基工程、高端装备创新工程。最后的"十"是指十个重点领域,包括新一代信息技术产业、高档数控机床和机器人、航空航天装备、海洋工程装备及高技术船舶、先进轨道交通设备、节能与新能源汽车、电力装备、农机装备、新材料、生物医药及高性能医疗器械。①

《中国制造2025》指出,要把智能制造作为两化深度融合的主攻方向,着力发展智能产品和智能装备,推进生产过程智能化,提升覆盖产品全生命周期的智能化水平,培育新型生产方式。② 具体包括:一是编制智能制造发展规划,加快制定智能制造技术标准,建立智能制造产业联盟,促进工业互联网等新一代信息技术在全产业链的集成运用;二是加快发展包括工业机器人、高档数控机床、增材制造装备以及智能仪器仪表、传感器、工业控制系统等智能制造装备产品和核心装置,推进机械、航空、汽车等主要领域的智能化改造;三是在重点和具有代表性的领域或产业试点建设智能工厂或数字车间,推进制造过程的智能化,促进智能制造模式在相关行业的落地;四是深化互联网在制造领域的应用,发展基于互联网的个性化定制等新型制造模式,推动形成新的制造和产业组织方式,实施物联网、工业云及大数据应用的试点;五是加强互联网基础设施建设,形成高效、安全、广覆盖的工业互联网。由此,《中国制造2025》明确吹响了发展智能制造的号角,为智能制

---

① 工业和信息化部,财政部. 关于印发《智能制造发展规划(2016－2020年)》的通知[EB/OL]. [2016－09－28]. http：//www.miit.gov.cn/n1146295/n1652858/n1652930/n3757810/c5406111/content.html.
② 国务院. 国务院关于印发《中国制造2025》的通知[EB/OL]. [2015－05－19]. http：//www.gov.cn/zhengce/content/2015－05/19/content_9784.htm.

造发展指明了方向。

2016年12月8日,工业和信息化部(以下简称"工信部")、财政部联合发布《智能制造发展规划(2016—2020年)》(以下简称智能制造"十三五"规划)。如果《中国制造2025》为中国智能制造发展指明了方向,那么智能制造"十三五"规划则为智能制造的具体实施制定了明确的路线图。智能制造"十三五"规划可以用"二、四、十"概括:所谓"二"就是提出了"两步走"的智能制造实施战略,即2020年前要在重点基础、重点领域和重点行业实施智能化转型,到2025年在这些行业领域初步实现智能化转型;所谓"四"就是提出到2020年的四个发展目标,智能制造技术与装备实现突破,发展基础明显增强,智能制造生态体系逐步形成,以及重点领域发展成效显著;所谓"十"就是十大重点任务,包括加快智能制造装备发展,加强关键共性技术创新,建设智能制造标准体系,构筑工业互联网基础,加大智能制造试点示范,推动重点领域智能转型,促进中小企业智能化改造,培育智能制造生态系统,推进区域协调发展,打造智能制造人才队伍。①

除了以上两个纲领性的战略规划外,早在2012年政府即开始重视智能制造的发展。2012年5月8日,国务院发布了《智能制造装备产业"十二五"发展规划》,提出到2012年要将我国的智能制造装备产业培育成具有国际竞争力的先导产业。重点发展关键智能基础共性技术、核心智能测控装置与部件、重大智能制造成套装备、重点应用示范领域四个方向。工信部2013年9月5日发布《信息化和工业化深度融合专项行动计划》,将智能制造生产模式培育行动列入主要行动之一,指出要培育智能工厂和数字化车间,推广智能制造生产模式。随着2015年《中国制造2025》这一纲领性的文件发布,并提出将智能制造作为主攻方向以来,智能制造相关的发展政策被密集地制定和发布。据不完全统计,2015年底至2018年底出台的有关智能制造的政策文件达12项(见表7-1),仅2016年就出台了8项。其中包括了《国家智能制造标准体系建设指南》《智能制造工程实施指

---

① 工业和信息化部,财政部. 关于印发《智能制造发展规划(2016—2020年)》的通知[EB/OL]. [2016-09-28]. http://www.miit.gov.cn/n1146295/n1652858/n1652930/n3757018/c5406111/content.html.

南（2016－2010）》《智能制造发展规划（2016－2020年）》等专门针对智能制造发展的文件，促进了我国智能制造的快速发展。

表7－1　2015年以来国家发布的推进智能制造发展的相关文件

发布时间	文件名称	发文部门	主要内容
2015年12月31日	《国家智能制造标准体系建设指南》	工业和信息化部、国家标准化管理委员会	首次提出了中国版的"智能制造系统架构"
2016年3月17日	《中华人民共和国国民经济和社会发展第十三个五年规划纲要》	国家发展和改革委员会	强化智能制造标准、工业电子设备、核心支撑软件等基础，发展智能制造关键技术装备；培育推广新型智能制造模式，推动生产方式向柔性、智能、精细化转变；鼓励建立智能制造业联盟
2016年3月21日	《机器人产业发展规划（2016－2020年）》	工业和信息化部、国家发展和改革委员会、财政部	到2020年，实现产业规模持续增长、技术水平显著提升、关键零部件取得重大突破、集成应用取得显著成效
2016年4月12日	《智能制造工程实施指南（2016－2020）》	工业和信息化部、国家发展和改革委员会、科技部、财政部	"十三五"期间同步实施智能化制造示范、数字化制造普及，重点攻克五类关键技术装备，夯实智能制造三大基础，培育推广五种智能制造新模式，推进十大重点领域智能化，持续推动传统制造业智能转型
2016年7月21日	《国家信息化发展战略纲要》	中共中央办公厅、国务院办公厅	加快信息技术与制造技术、产品、装备融合创新，推广智能工厂和智能制造模式，全面提升企业研发、生产、管理和服务的智能化水平
2016年7月28日	《"十三五"国家科技创新规划》	国务院	将智能制造和机器人作为新的重大科技项目
2016年9月19日	《智能硬件产业创新发展专项行动（2016－2018）》	工业和信息化部、国家发展和改革委员会	推动智能硬件产业创新发展，提升高端共性技术与产品的有效供给
2016年12月8日	《智能制造发展规划（2016－2020年）》	工业和信息化部、财政部	为"十三五"期间智能制造的具体实施明确路线

续表

发布时间	文件名称	发文部门	主要内容
2016年12月19日	《"十三五"国家战略性新兴产业发展规划》	国务院	大力发展智能制造系统，打造智能制造高端品牌，推动智能制造关键技术装备迈上新台阶，打造增材制造产业链
2017年7月8日	《新一代人工智能发展规划》	国务院	加快推进智能化升级，推进智能制造核心支撑软件、关键技术装备、工业互联网等系统集成应用，建立智能制造标准体系，推进制造全生命周期活动智能化
2017年12月13日	《增材制造产业发展行动计划（2017-2020年）》	工业和信息化部等共12部门	为"十三五"期间增材制造产业的发展具体实施明确路线
2018年7月	《国家智能制造标准体系建设指南（2018年版）》	工业和信息化部、国家标准化管理委员会	提出2018年版的"智能制造系统架构"

资料来源：根据政府各部门相关文件整理。

二、智能制造标准体系建设全面展开

从前一章的分析知道，美国、德国和日本都已经制定了自己的智能制造发展框架体系。中国也在2014年底推动构建智能制造标准化工作，成立了由工信部装备工业司牵头，国内智能制造相关委员会、科研机构、企业以及行业专家共同参与的智能制造综合标准化工作组。2015年12月31日《国家智能制造标准体系建设指南》发布，提出了中国版的"智能制造系统架构"（Intelligent Manufacturing System Framework，IMSF）。按照标准体系动态更新机制，构建满足产业发展需求、先进适用的智能制造标准体系，推动装备质量水平的整体提升，2018年7月又发布了新版"智能制造系统架构"。

IMSF具有生命周期、系统层级以及智能功能三个维度。其中，生命周期维度包含设计、生产、物流销售、服务相关的价值创造活动；系统层级维度分为设备、单元、车间、企业和协同；智能特征包括资源要素、互联互通、融合共享、系统集成、新兴业态五个层次（见图7-2）。具体到智能制造标准体系结构层次，包括基础共性、关键技术和行业应用三块。其中，关键技术包括智能装备、智能工厂、智能服务、智能赋能技术和工业网络；行业应用则包括新一代信息技术产业、高档数控机床和机器人、航空航天装备、先进轨道交通装备、节能与新能源汽车等《中国制造2025》提到的十大重点领域。

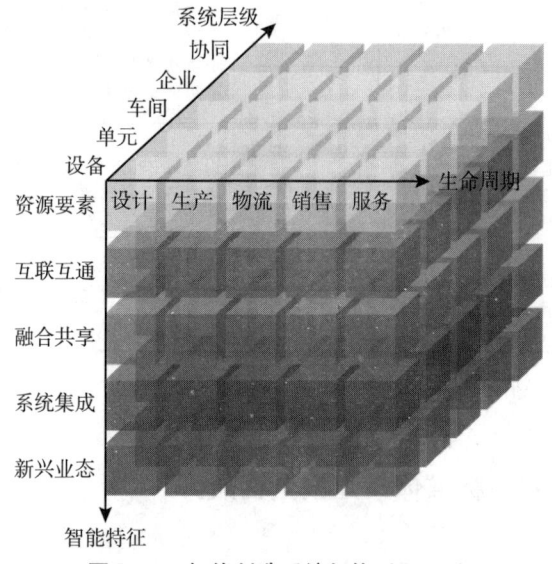

图7-2 智能制造系统架构（IMSF）

资料来源：《国家智能制造标准体系建设指南》（2018年版）。

三、智能制造关键基础性产业持续发展

集成电路（芯片）、智能传感器①、高档数控机床、工业机器人以及软件和信息技术服务业是能够从一定程度上反映国家智能制造发展水平的几个关键基础性产业。近年来，我国这五个产业取得了快速发展，为制造业的智能化发展积累了深厚的基础。

（一）集成电路产业

集成电路是新工业革命及智能制造的关键投入要素之一，其产业发展水

---

① 由于传感器在半导体市场中占比相对较低，这里不单独分析。

平一定程度上决定一个国家能否在新工业革命中获得可持续发展的能力。我国是集成电路消费大国，但集成电路产业对外技术依存度达50%以上，因此发展自己的集成电路产业，尤其是高端芯片产业是当务之急。2014年6月国家发布了《国家集成电路产业推进纲要》，随后成立了"国家集成电路产业投资基金"（以下简称"大基金"），围绕全产业链，支持集成电路龙头企业的发展。在大基金推动下，我国集成电路产业快速发展，诞生了诸如中芯、海思、长电等一批处于国际前沿的企业，提升了我国集成电路产业的整体竞争力。

1. 市场规模方面

2013~2017年我国集成电路市场规模持续增长，复合增长率达到11.66%，2017年集成电路规模达14250.5亿元，同比增长18.89%，如图7-3所示。

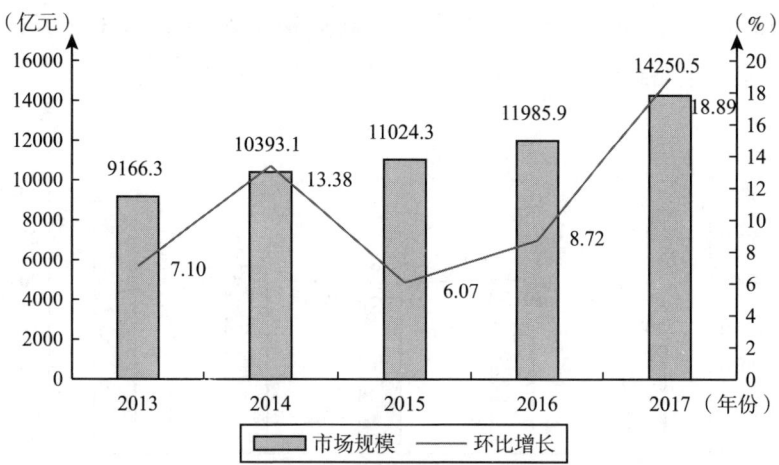

图7-3　中国集成电路市场规模（2013~2017年）

资料来源：《2018年上海集成电路产业发展研究报告》。

我国集成电路产业占全球的比重稳步上升，2017年全球集成电路市场规模达3041.9亿美元，我国集成电路产业占全球集成电路市场规模的26.35%，如图7-4所示。

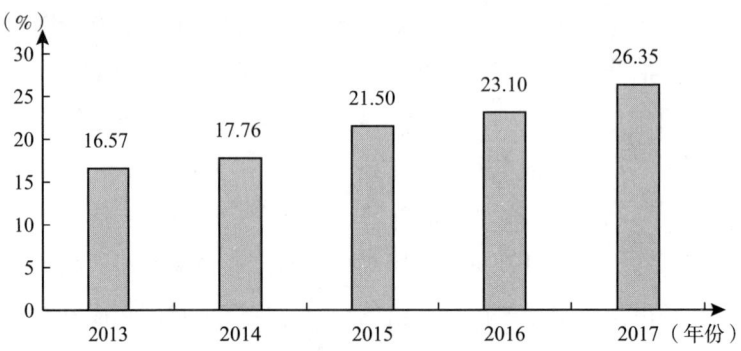

图7-4 中国集成电路市场规模占全球的比重（2013~2017年）

资料来源：《2018年上海集成电路产业发展研究报告》。

2. 销售规模方面

根据中国半导体行业协会的统计数据，2017年我国集成电路销售额达5411.3亿元，同比增长24.81%（见图7-5）。其中集成电路设计业销售额为2073.5亿元，占比38%；集成电路制造销售额为1448.1亿元，占比27%；集成电路封测销售额为1889.7亿元，占比35%。

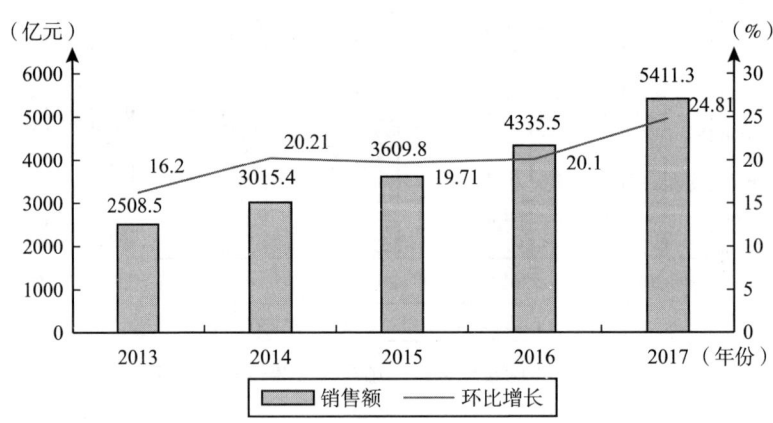

图7-5 中国集成电路销售规模（2013~2017年）

资料来源：《2018年上海集成电路产业发展研究报告》。

3. 进出口方面

我国集成电路需求较大，而本土芯片的供给严重不足，2017年供需缺口达570亿美元，且供需缺口将逐步增大，如图7-6所示。

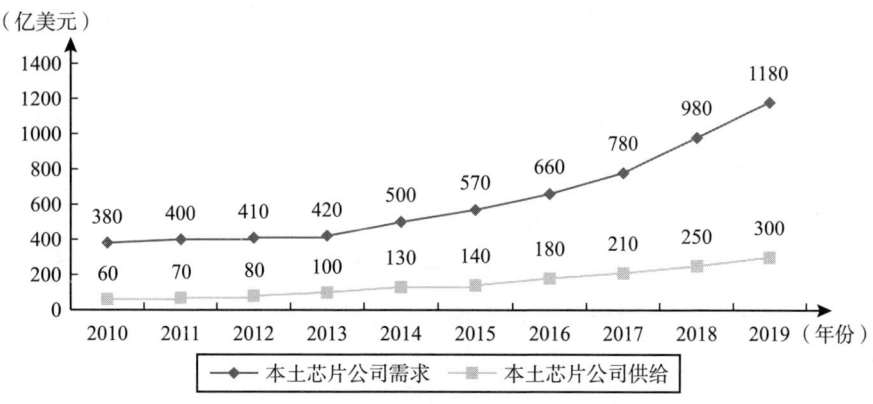

图 7-6 我国集成电路供需情况（2010～2019 年）

注：2018 年和 2019 年为预测值。
资料来源：《2018 年上海集成电路产业发展研究报告》。

集成电路进口方面，据海关部门统计，我国集成电路 2017 年进口金额 2601.4 亿元，同比增长近 14.6%。出口集成电路金额为 668.8 亿元，同比增长 9.0%，如表 7-2 所示。我国目前高端通用 CPU 和几乎全部的存储器都依赖进口，这两项的进口额占我国集成电路全部进口额的 75%。

表 7-2　　　　中国集成电路进出口金额（2013～2017 年）

指标		2013 年	2014 年	2015 年	2016 年	2017 年
进口	金额（亿美元）	2313.4	2176.0	2307.0	2270.7	2601.4
	增长率（%）	20.5	-5.9	6.0	-1.6	14.6
出口	金额（亿美元）	877.0	608.0	693.2	613.8	668.8
	增长率（%）	64.1	-30.6	13.9	-11.5	9.0
顺逆差	逆差金额（亿美元）	1436.4	1567.4	1614.0	1656.9	1932.6
	增长率（%）	3.6	9.1	3.0	2.7	16.6

资料来源：《2018 年上海集成电路产业发展研究报告》。

4. 产业投资方面

根据《2018 年上海集成电路产业发展研究报告》统计，截至 2017 年底，大基金一期累计投资 67 个项目，承诺投资额 1200 亿元，实际出资 818

亿元,分别占一期募集资金的86%和61%。其中,集成电路制造投资比重为65%、集成电路设计投资比重为17%、集成电路封测投资比重为10%、装备材料投资比重为8%。大基金投资金额70%以上流入产业链各环节前三位企业中,有力地推动了龙头企业的发展。大基金直接带动社会融资约3500亿元,实现近1:5的放大效应。

地方集成电路产业投资基金陆续跟进,截至2017年底,全国有16个省市设立集成电路产业投资基金,规模合计达3500亿元。各省市集成电路产业投资基金情况如表7-3所示。

表7-3　　　　各省市集成电路产业投资基金募集情况

地区	时间	基金名称	目标规模（亿元）	首期规模（亿元）
北京市	2013年12月	集成电路产业发展股权投资基金	300	80
深圳市	2015年1月	集成电路产业引导基金	200	100
湖北省	2015年8月	湖北省集成电路产业投资基金	300	—
上海市	2016年1月	上海市集成电路产业基金	500	285
石家庄市	2016年11月	集成电路产业投资基金	100	10
南京市	2016年12月	集成电路产业专项发展基金	600	
湖南省	2016年3月	湖南国微集成电路创业投资基金	50	2.5
四川省	2016年5月	四川省集成电路与信息安全产业投资基金	120	60
辽宁省	2016年5月	辽宁省集成电路产业基金	100	20
福建省	2016年5月	福建省安芯产业投资基金	500	75.1
广东省	2016年6月	广东省集成电路产业基金	150	15
厦门市	2016年7月	厦门市集成电路产业投资基金	500	—
陕西省	2016年8月	陕西省集成电路产业投资基金	300	60
无锡市	2017年1月	集成电路产业投资基金	200	50
昆山市	2017年2月	昆山海峡两岸集成电路产业投资基金	100	10
安徽省	2017年5月	安徽省集成电路产业投资基金	300	100

资料来源:《2018年上海集成电路产业发展研究报告》。

(二) 高档数控机床产业

我国是机床的消费和生产大国，自2002年以来就成为世界最大的机床消费国和进口国，2009年起又成为世界最大的机床生产国。但总体上我国机床产业"大而不强"。"大"一方面表现在我国机床的消费额、产值和进口额均位列世界第一。如图7-7所示，2015年我国机床消费额达275亿美元，同比下降13.5%，占全球机床消费的35%；机床总产值221亿美元，同比下降10.3%，占主要机床生产国家和地区的27%；机床的进口额达86亿美元，同比下降23%，进口消费比达到31%。机床出口方面，2015年我国机床出口额为32亿美元，出口额位列全球第四，机床进出口逆差高达54亿美元。① "大"另一方面表现在机床企业的数量和从业人员最多。2001~2005年我国500万元以上规模的机床企业数量相对稳定，2005年为2004家，从业人员约49.3万人；到2010年达到峰值，企业数量高达6367家，从业人员达84.51万人，分别比2005年增长217.7%和71.4%。其中私人企业数量大增，由2006年的1160家增长到2010年的4986家，在行业中占比达80%。

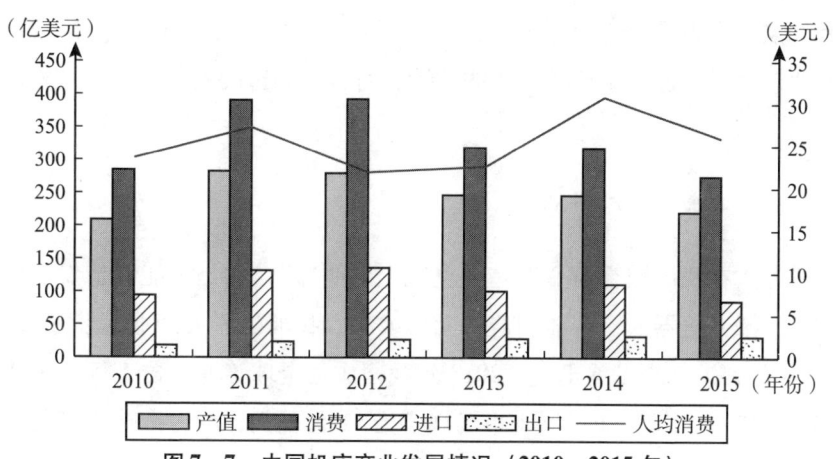

图7-7 中国机床产业发展情况（2010~2015年）

资料来源：笔者根据 Gardner Research. 2016 World Machine Tool Survey 整理。

---

① 资料来源：Gardner Research. 2016 World Machine Tool Survey [R/OL]. gardnerweb.com/research.

虽然我国机床产业产值、消费额、进口额以及企业数量庞大，但是存在很多"不强"的方面。一是我国机床产业产品主要是低端产品，而高端产品严重依赖进口。目前国内约80%的高档数控机床、90%以上的高档数控机床控制系统需要从国外进口，其中立式加工中心的进口需求就占整个数控机床进口量的一半左右。用于生产大型民用飞机、深水海洋石油装备所需的高端制造装备几乎全部依赖进口。二是机床的数控化率较低，目前约占三成左右，与发达国家六成左右的数控化率相比差距较大。三是自主创新薄弱，产品质量水平低。与发达国家相比，我国数控机床的寿命短、可靠性低，在精度、质量、效率、市场竞争方面都存在很大差距。四是机床关键零部件发展严重滞后。中高档数控机床所需要的数控系统、关键功能部件和配套设备主要来自国外，为高档数控机床配套的高档功能部件70%依赖进口。五是缺乏具有国际竞争力的企业。虽然我国机床企业众多，但是缺乏世界级的"精、特、专"的小巨人企业。六是机床企业的配套服务发展落后。我国机床企业过度依赖单机和实物的生产，属于价值链低端的加工装配环节，而缺乏为用户提供系统设计、系统成套、工程承包、远程诊断维护、租赁服务等，绝大多数企业的服务占比低于10%，而一些国际知名企业的服务收入占比已达五成以上。① 总之，我国的高档数控机床产业总体竞争还处于比较劣势的位置，对智能制造的发展造成一定程度的束缚。

（三）工业机器人产业

机器人在我国被誉为"制造业皇冠上的明珠"，它是智能制造发展的关键支撑，撤开机器人，智能制造将无从谈起。我国机器人产业起步于20世纪70年代，近年来发展迅速，2013年我国成为全球工业机器人第一大应用市场，2017年我国工业机器人市场规模为51亿美元，约占全球市场份额的三成，销量同比增长30.2%，如图7-8所示。

---

① 盛伯浩. 中国战略性新兴产业研究与发展·数控机床 [M]. 北京：机械工业出版社，2013：20.

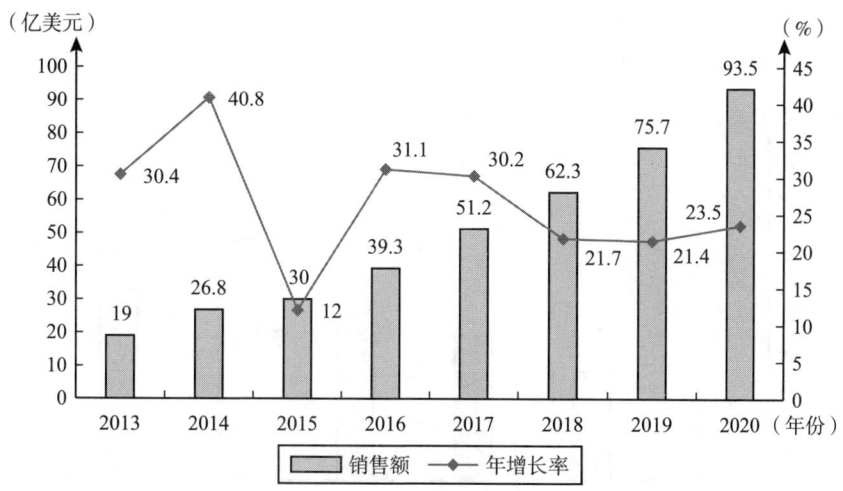

图7-8 我国工业机器人销售额及增长率（2013~2020年）

注：2018~2020年数据为预测值。
资料来源：中国电子学会《中国机器人产业发展报告（2017年）》。

1. 从出货量看

2017年中国工业机器人出货量高达13.8万台，同比增长58%（见图7-9），占全球出货量的35.7%，成为全球工业机器人强劲增长的最主要驱动力。

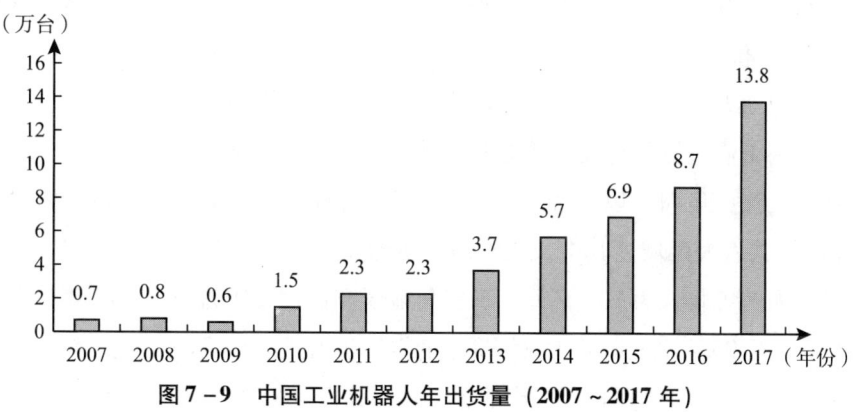

图7-9 中国工业机器人年出货量（2007~2017年）

资料来源：IFR, World Robotics 2017。

2. 从保有量看

2016年中国的工业机器人保有量为34万台，预计2020年工业机器人保有量将达到 95 万台，如图 7-10 所示。

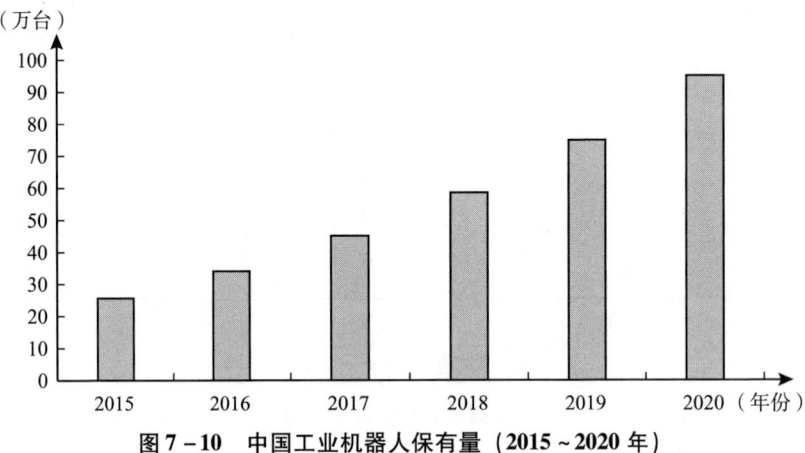

图 7-10 中国工业机器人保有量（2015~2020 年）

注：2017~2020 年数据为预测值。
资料来源：IFR, World Robotics 2017。

3. 从机器人密度看

中国的机器人密度增长速度非常快，2013 年机器人密度仅为 25 台/万人，远低于世界平均水平的 62 台/万人；到 2016 年我国机器人密度已经增加到 68 台/万人，与世界平均水平的 74 台/万人差距大大缩小，排名已跃居世界第 23 位。[①]

4. 从区域发展看

我国工业机器人有几大聚集区，由北向南依次是东北、京津冀、中部、西部、长江三角洲（以下简称"长三角"）和珠江三角洲（以下简称"珠三角"）共六大区域。其中长三角地区机器人产业发展基础最为雄厚，2017 年机器人销售收入为 103 亿元；珠三角地区产业发展实力强，2017 年机器人销售收入达 90.4 亿元，其中仅深圳市的销售收入就达 55 亿元，超过珠三角地区的一半；京津冀地区机器人产业逐步发展壮大，2017 年销售收入为 54.2 亿元；东北地区作为老工业基地，具有一定的机器人产业先发优势，2017 年销售收入达 72.3 亿元，仅次于长三角和珠三角；中部地区和西部地区机器人

---

① 资料来源：IFR, World Robotics 2017。

产业发展基础较为薄弱,但也表现出一定的后发潜力,2017 年机器人销售收入分别为 52 亿元和 42.2 亿元①,如图 7-11 所示。

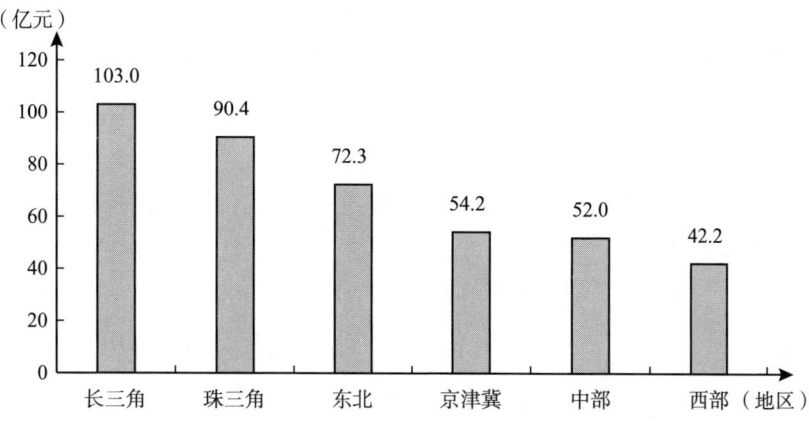

图 7-11 2017 年中国各主要区域机器人产业规模

资料来源:中国机器人联合会. 中国机器人产业发展报告(2018 年)。

近年来虽然我国机器人产业发展较快,但与发达国家的差距还较大,总体技术与国外相比相差 10 年以上。国内机器人市场八成以上份额被 ABB、发那科、安川、KUKA 等国外企业垄断。国产机器人份额占比低,而且存在企业规模小、技术创新能力薄弱等问题。主要表现为:机器人产业链缺少关键环节,诸如伺服电机和控制器、高精度减速机等零部件依赖进口;核心技术创新能力弱,高端产品质量可靠性低;机器人普及应用困难,迫切需要提高市场占有率;"小、散、弱"等企业问题突出,产业竞争力不足;缺乏机器人的标准、检测和认证等体系。2016 年 3 月国家发布了《机器人产业发展规划(2016—2020 年)》,提出到 2020 年,实现产业规模持续增长、技术水平显著提升、关键零部件取得重大突破、集成应用取得显著成效等目标。预计"十三五"期间,我国机器人产业将取得更大的发展。

(四)软件和信息技术服务业

软件和信息服务业是智能制造发展的核心支撑,也是推动第三次工业革

---

① 资料来源:中国机器人联合会. 中国机器人产业发展报告(2018 年)[EB/OL]. http://www.worldrobotconference.com/plus/view.php?aid=554

命的重要力量。智能制造的发展除了硬件产品的自动化外，还需要软件产品和服务的引领，因此软件和信息技术服务业是我国提升竞争力的重要突破口。2016年12月国家发布了《软件和信息技术服务业发展规划（2016—2020年）》，提出了技术创新体系更加完备、产业规模进一步扩大、产业有效供给能力大幅提升、培育壮大龙头企业、建成具有国际竞争力的产业生态体系的战略目标。

随着新一代信息技术的发展及其向传统产业渗透，我国的软件和信息服务业取得快速发展。总体来看，2017年我国软件和信息服务业实现收入55037亿元，同比增长13.9%（见图7-12）。2017年利润收入7027亿元，同比增长15.8%，出口方面，2017年软件和信息技术服务业出口仍旧呈低迷状态，出口额为538亿美元，同比增长3.4%（见图7-13）；从从业人员看，2017年软件和信息技术服务业全行业从业人员近600万人，同比增长3.4%，工资总额增长14.9%；从研发投入看，2017年研发投入强度为11%，软件著作权登记数量突破70万件，同比增长85%。①

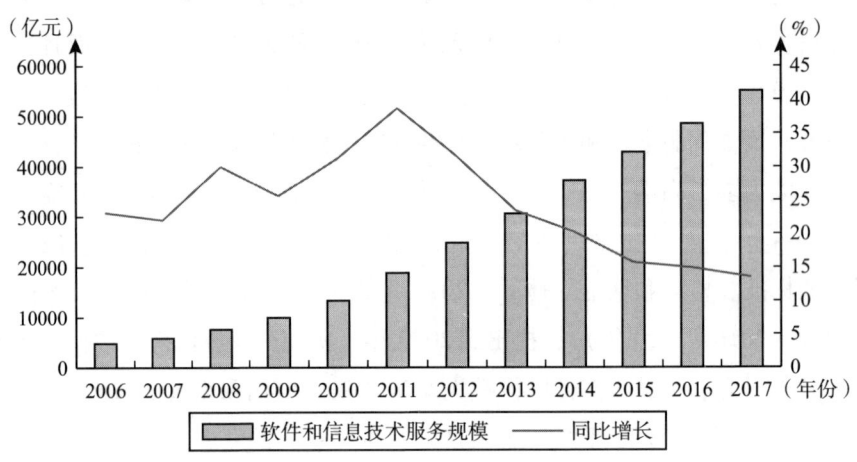

图7-12　软件和信息技术服务业规模及增长（2006~2017年）

资料来源：中国软件行业协会《2016年度软件和信息技术服务业产业发展概况》报告；工业和信息化部《2017年软件业经济运行情况》报告。

---

① 资料来源：工业和信息化部. 2017年软件业经济运行情况［EB/OL］. http://www.miit.gov.cn/n1146285/n1146352/n3054355/n3057656/n5340637/c6040371/content.html.

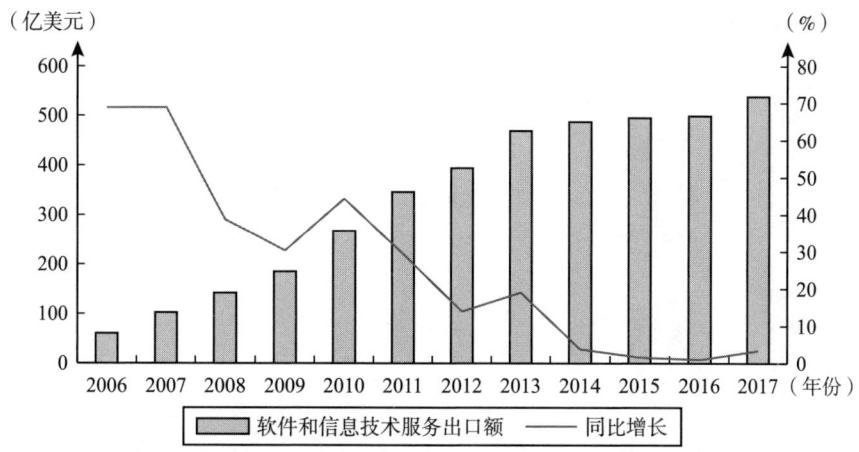

图 7-13 软件和信息技术服务业出口及增长（2006~2017 年）

资料来源：中国软件行业协会《2016 年度软件和信息技术服务业产业发展概况》报告；工业和信息化部《2017 年软件业经济运行情况》报告。

分行业看，根据国家工信部和国家统计局制订的《软件和信息技术服务业统计报表制度（2015-2016）》，我国软件与信息技术服务业主要范围包含软件产品、信息技术服务、嵌入式系统软件。随着云计算、大数据、移动互联网等新一代信息技术的发展，包含云计算的信息技术服务业增速加快，在行业中占比稳步提升。2017 年信息技术服务业务仍保持领先，实现收入 2.9 万亿元，同比增长 16.8%，占软件和信息技术服务业比重为 53.3%。其中云计算相关服务收入超过 8000 亿元，同比增长 16.5%，占信息技术服务业总收入的 27.6%；软件产品保持稳定增长，2017 年软件产品收入为 1.7 万亿元，同比增长 11.9%，占软件和信息技术服务业的 31.3%；此外，嵌入式系统软件成为产品和装备数字化改造、智能化增值的关键带动技术，2017 年实现收入 8479 亿元，同比增长 8.9%，占软件和信息技术服务业比重为 15.4%。[①]

从区域发展看，东部地区仍是我国软件和信息技术服务业发展的重要区域，2017 年东部地区软件业务收入达约 4.4 万亿元，同比增长 13.8%，占全国的比重为 79.2%；中部、西部和东北地区软件业务收入分别为 2497 亿元、6187 亿元和 2778 亿元，分别增长 15.9%、17.3% 和 7.1%，占全国的

---

① 资料来源：工业和信息化部.2017 年软件业经济运行情况 [R/OL]. http://www.199it.com/archives/688316.html.

比重分别为 4.5%、11.2% 和 5.1%，如图 7-14 所示。①

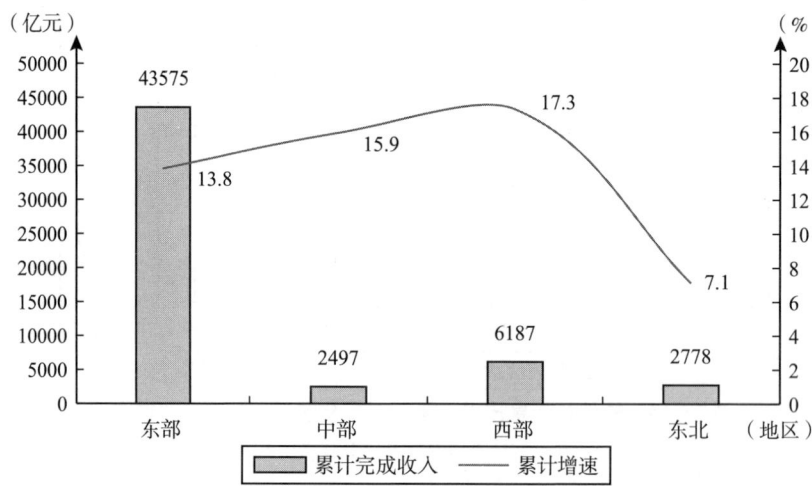

图 7-14　2017 年中国各地区软件和信息技术服务业务收入

资料来源：工业和信息化部. 2017 年软件业经济运行情况 [R/OL]. http://www.199it.com/archives/688316.html.

从主要的软件和信息技术服务业大省（市）看，广东省、江苏省、北京市、山东省、浙江省共完成收入 3.5 万亿元，占全国比重的 64%。部分中西部省市增长较快，陕西省增长超过 20%，云南省、青海省增长达 40%，安徽省增长达 30%，如图 7-15 所示。②

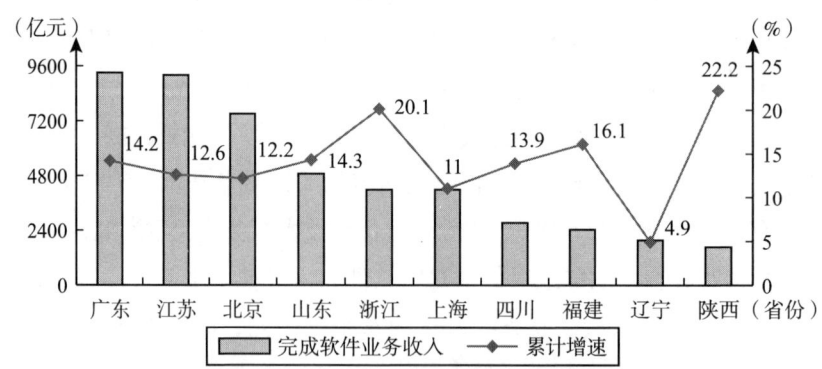

图 7-15　2017 年软件和信息技术服务业收入居前十位的省份

资料来源：工业和信息化部. 2017 年软件业经济运行情况 [R/OL]. http://www.199it.com/archives/688316.html.

---

①② 资料来源：工业和信息化部. 2017 年软件业经济运行情况 [R/OL]. http://www.199it.com/archives/688316.html.

第七章 中国智能制造发展现状分析

四、企业积极参与推动智能制造发展

(一) 企业积极参与智能制造试点示范项目

企业是推动智能制造最重要的主体,一国智能制造发展只有落实到企业本身才能真正取得进步。美国、德国和日本在智能制造发展中都极力推动以企业为主的智能化发展措施。例如,德国通过"工业4.0平台"推动智能制造示范项目——"工业4.0"应用范例地图(Map of Industrie 4.0 use cases),目前参与的企业已有187家,涉及教育和培训、基础设施、物流、制造业等应用领域。自2015年以来,中国也开展了"智能制造试点示范专项行动",到2017年全国共收到智能制造专项项目申请1328个,获批准的项目432个。其中标准专项项目规模比较稳定,而新模式专项项目数量快速增长,2016年和2017年同比增速分别为96%和68%;至2017年收到智能制造试点示范项目申请860个,获批207个,2016年和2017年数量持续增长,同比分别增长37%和56%,见图7-16。①

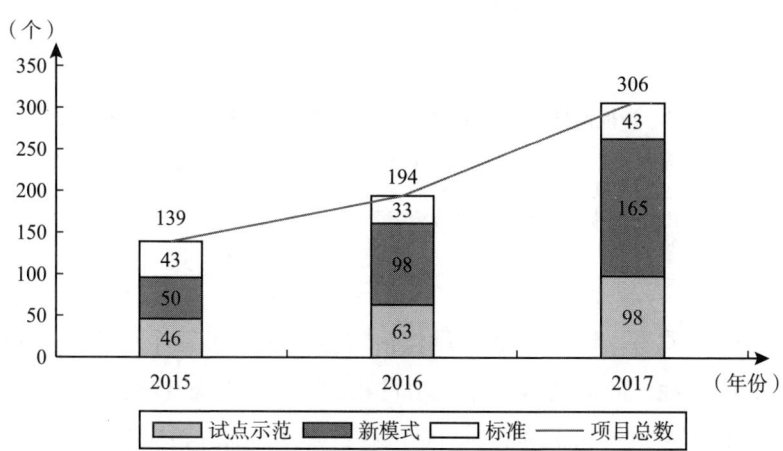

图7-16 中国智能制造试点示范及专项项目数量(2015~2017年)

资料来源:《中国智能制造绿皮书》编委会. 中国智能制造绿皮书(2017)[M]. 北京:电子工业出版社,2017:40.

---

① 《中国智能制造绿皮书》编委会编著. 中国智能制造绿皮书(2017)[M]. 北京:电子工业出版社,2017:40.

从涉及的行业领域看,智能制造试点示范项目除了涉及新一代信息技术、高档数控机床和机器人、节能与新能源汽车、航空航天装备、新材料、电力装备、先进轨道交通装备、生物医药及高性能医疗器械、农业装备、海洋工程装备及高技术船舶十大领域外,还涉及家电、食品饮料等工业行业,如图7-17所示。

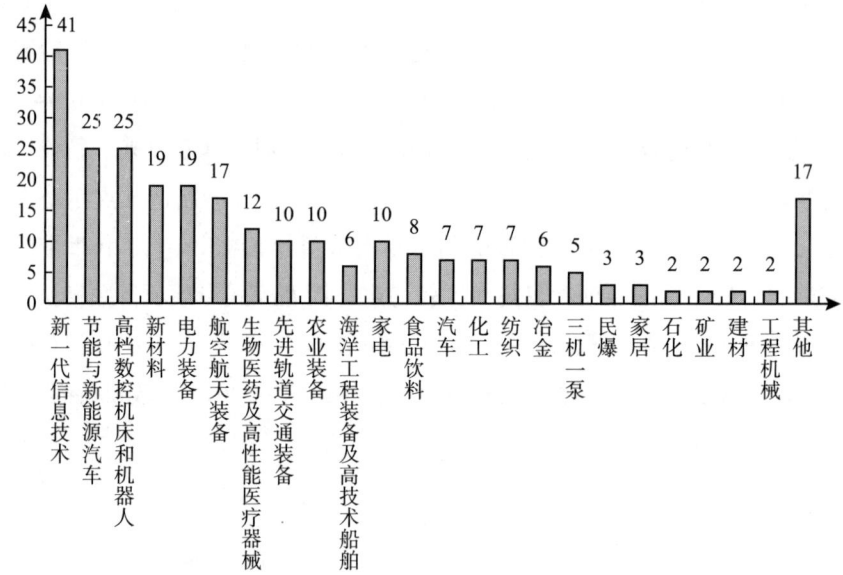

图7-17 智能制造试点示范和专项涉及的行业分布(2015~2017年)

注:(1)统计结果来源于2015~2017年智能制造试点示范项目和新模式项目中的257个抽样统计;(2)三机一泵是指鼓风机、空压机、电机和泵。
资料来源:《中国智能制造绿皮书》编委会编著. 中国智能制造绿皮书(2017)[M]. 北京:电子工业出版社,2017:42.

从企业性质看,试点示范项目包括的企业中,民营企业占据多数,在2015~2016年抽样的75个试点示范项目和148个新模式专项企业中,民营企业分别占总数的31%和42%;然后是国有企业,分别占21%和39%;接下来分别是中外合资企业、中央企业和科研机构。从企业规模看,试点示范项目承担的单位多为大企业,年收入超过50亿元的企业数占示范项目的66%。①

---

① 《中国智能制造绿皮书》编委会编著. 中国智能制造绿皮书(2017)[M]. 北京:电子工业出版社,2017:43.

(二) 企业积极推进智能制造实践

相比较于美国、德国和日本的企业,我国企业要实现工业4.0的目标还有很长的路要走。我国大部分企业仍处于"工业2.0""工业3.0""工业4.0"并行发展时期,即信息化、自动化和智能化"三化"并存。很多企业对于智能化改造有需求,但对智能化改造的具体需求不同。一是企业考虑到智能化能够降低企业的综合成本,一些相对传统的企业亟须通过"机器换人"来减少用工成本,如吉林通用公司,通过引进智能化设备,降低生产制造成本,进而提高生产效率及产品竞争力。还有一些企业从减少管理成本的角度,如陕西鼓风机集团针对管理成本过高问题,开展精益化生产,通过全流程的数字化、自动化和智能化改造,降低了管理成本。二是一些企业希望通过智能化改造提高产品质量和附加值,如中车株洲电力机车有限公司实施智能制造,以生产出高规格的轨道交通电气控制系统部件,通过"智能化+关键人工"的方式有效改进核心产品质量。① 雷柏科技公司利用自动化生产线解决了由人工生产线生产的产品质量不稳定问题,提升了生产效率和产品品质。三是还有一些企业通过智能化改造来迎合用户的个性化需求。智能制造的特征是能够通过小批量、定制化生产满足客户的个性化需求,虽然我国大部分企业的主要驱动力还是降低成本、提升效率和提高产品品质等,但是还有少数企业是为了满足消费者的个性化需求,如青岛红领的个性化制衣,海尔、美的的智能家电等,通过构建大规模定制的生产模式,以响应客户的个性化需求。

从发展阶段看,根据德勤发布的《2018中国智能制造报告》,将智能化成熟度分为计算机化、连接、可视、透明、预测以及自适应六个阶段。受访的企业中,依次完成这六个阶段的比例分别为81%、41%、28%、9%、2%和2%② (见图7-18)。可以看出,大部分企业已经实现计算机化,实现连接的企业仅占四成,而实现预测和自适应的企业则非常少,可见我国企

---

① 中国企业联合会编著. 智能制造:中国视角与企业实践 [M]. 北京:清华大学出版社,2016:32.
② 德勤. 中国制造 行稳致远——2018中国智能制造报告 [R/OL]. https://www2.deloitte.com/cn/zh/pages/energy-and-resources/articles/china-smart-manufacturing-report-2018.html.

业实现智能化的道路还比较长。

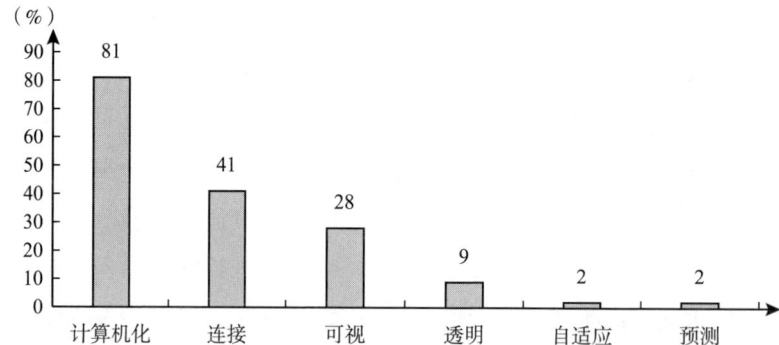

图7-18　中国企业所处的工业4.0阶段智能化成熟度（基于企业自我评估）

资料来源：德勤．中国制造　行稳致远——2018中国智能制造报告［R/OL］．https：//www2.deloitte.com/cn/zh/pages/energy - and - resources/articles/china - smart - manufacturing - report - 2018.html.

从技术环节看，我国企业智能制造部署重点依次是数字化工厂、设备及用户价值挖掘、工业互联网、重构生态及商业模式以及人工智能，如图7-19所示。

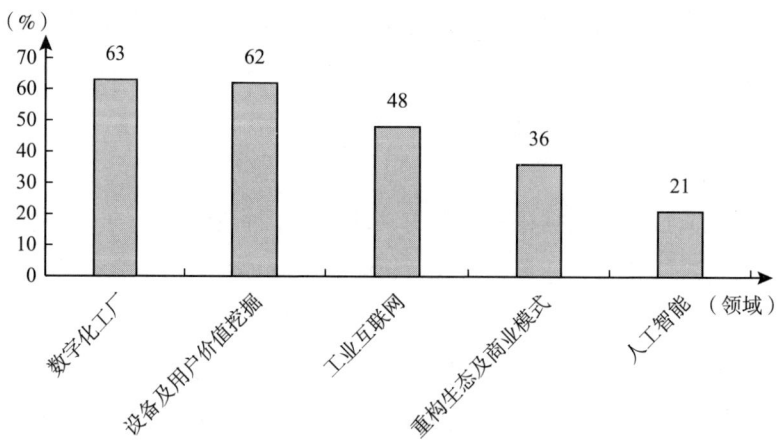

图7-19　中国企业智能制造部署重点领域

资料来源：德勤．中国制造　行稳致远——2018中国智能制造报告［R/OL］．https：//www2.deloitte.com/cn/zh/pages/energy - and - resources/articles/china - smart - manufacturing - report - 2018.html.

总之，从智能化改造的动机需求、所处的阶段、改造的重点环节等可以看出，我国企业的智能化发展目前还处于初级阶段，与真正意义上的、能自适应地覆盖全生命周期的智能制造模式还有差距。

五、各地方政府主动对接智能制造发展

在国家发布《中国制造2025》和智能制造"十三五"规划后，各地方政府积极响应，陆续出台智能制造相关的政策措施，支持本地区智能制造的发展。一是各地智能制造政策措施基本实现全覆盖。至2017年9月，除港澳台地区和西藏自治区外，全国其他省份均出台了促进智能制造的相关政策措施。二是智能制造政策措施种类丰富，针对性强。目前各省份出台的相关政策包括智能制造、《中国制造2025》、"互联网+"、两化融合、工业/制造业转型升级、高端装备，等等（见图7-20）；三是从地区看，浙江、上海、重庆、江苏、福建等地发布的智能制造政策相对完善，西部地区表现突出的是重庆市和云南省，中部地区的湖北省和安徽省也发布了较完善的政策（见图7-21）；四是部分地区的智能制造措施延伸到地级市。如广东省已经有15个地级市制定了支持智能制造发展政策，形成了省市联动、全员推动智能制造的形势。另外，湖南省、安徽省各有两市也发布了智能制造政策。

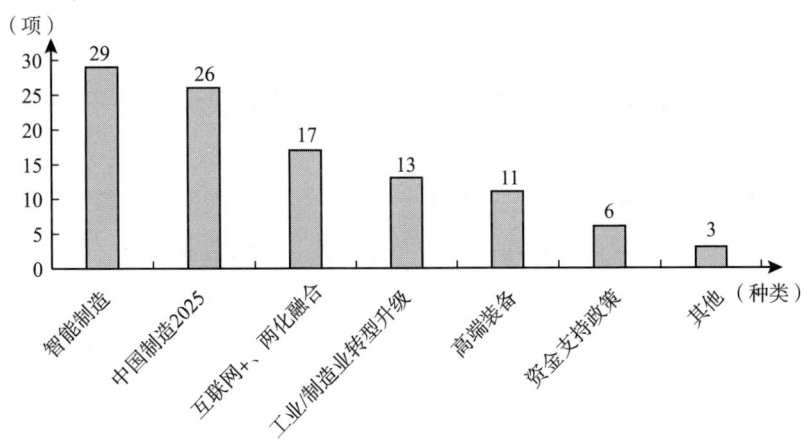

图7-20　全国各地区智能制造相关政策分类

资料来源：《中国智能制造绿皮书》编委会编著. 中国智能制造绿皮书（2017）[M]. 北京：电子工业出版社，2017：88.

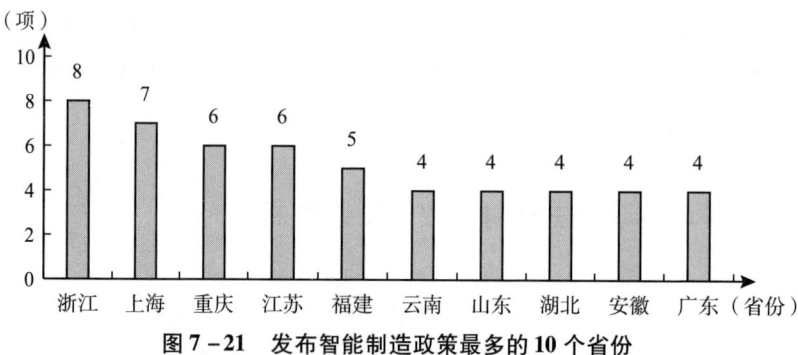

图 7-21 发布智能制造政策最多的 10 个省份

资料来源:《中国智能制造绿皮书》编委会编著. 中国智能制造绿皮书(2017)[M]. 北京: 电子工业出版社, 2017: 89.

第二节 中国智能制造发展存在的问题分析

近年来,面对发达国家提出的"工业4.0"和工业互联网等发展战略,以及国内制造业转型升级的急迫需求,我国也着力发展先进制造业,提出《中国制造2025》等一系列政策,不断推动智能制造的发展,取得了一定的成效。但与发达国家相比,也存在不少问题和挑战,主要包括发展的基础薄弱、自主创新意识和能力不强、"官产学研"的协同创新机制尚不完善、企业的引领作用不突出、政策宽泛、没有突出自身的发展优势以及人才的缺失等。

一、智能制造发展基础薄弱,自主创新意识和能力不强

智能制造作为一种先进制造技术和模式,需要智能硬件和软件、智能工厂、智能服务等要素高度协同运作,因此是建立在制造业和新一代信息技术产业高度发展的基础之上的。对于包括互联网、大数据、云计算等在内的新一代信息技术产业,我国同发达国家相比差距不大,在技术上相对容易追赶。但对于智能制造的根基——制造业方面则处于劣势,主要表现在制造业整体发展水平参差不齐。一方面,诸如航空航天、深海探测、高速铁路等技术已经位于全球前列;另一方面,大部分基础性制造业还处在电气化向自动化转换的阶段,制造业的总体水平不高。也就是说,我国制造业处于工业

2.0、3.0、4.0 并存的局面。我国很多智能制造赖以发展的关键技术和核心基础部件对外依存度过高。2018 年《科技日报》以"是什么卡了我们的脖子"为题连续刊发头版文章，共列出了我国受制于人、亟待攻关的 35 项核心技术（见表 7 - 4）。这些关键技术因缺乏长期的技术积累，与全球顶尖技术差距较大，很难在短期内实现追赶。

表 7 - 4　　　　　　　我国亟待攻克的关键核心技术

内容	核心技术产品
亟待攻克的关键核心技术	光刻机、高性能芯片、操作系统、航空发动机短舱、触觉传感器、真空蒸镀机、手机射频器件、iCLIP 技术、重型燃气轮机、激光雷达、适航标准、高端电容电阻、核心工业软件、ITO 靶材、机器人核心算法、航空钢材、铣刀、高端轴承钢、高压柱塞泵、航空设计软件、光刻胶、高压共轨系统、透射式电镜、掘进机主轴承、微球、水下连接器、燃料电池关键材料、高端焊接电源、锂电池隔膜、医学影像设备元器件、超精密抛光工艺、环氧树脂、高强度不锈钢、数据库管理系统、扫描电镜等

资料来源："是什么卡了我们的脖子，亟待攻克的核心技术"栏目系列文章 [N]. 科技日报，2018 - 4 - 19 ~ 2018 - 7 - 3.

　　智能制造的发展需要持续不断地创新，一个国家的创新意识和创新能力水平也决定着智能制造发展的深度和广度。自主创新能力的提升关键是要增强自主创新的意识，摆脱高端技术对外依赖的惯性思维，打破价值链低端锁定的封闭循环，要将自主创新视为企业发展的根基。习近平总书记强调，"制造业的核心就是创新，就是掌握关键核心技术，必须靠自力更生奋斗，靠自主创新争取，希望所有企业都朝着这个方向去奋斗。我们要有自主创新的骨气和志气，加快增强自主创新能力和实力。"①

　　从整体创新能力和水平看，2017 年中国的研发投入达到 17606.1 亿元，比上年增长 12.3%，研发经费总量位居全球第二。但有三个比值偏低值得关注：一是研发经费投入强度，虽然我国的研发强度持续增长，但总体研发强度与一些发达国家相比仍有不小差距。2017 年中国的研发投入强度为 2.13%、日本为 3.42%、德国为 3.02%、美国为 2.74%（2016 年）。二是推动可持续创新的基础研发支出占比过低。2016 年中国的基础研发经费占

---

① 习近平强调自主创新：要有骨气和志气，加快增强自主创新能力和实力 [N]. 新华社，2018 - 10 - 23.

全部研发经费的比例仅为 5.25%，而美国基础研发经费占比为 17% 左右，日本为 12% 左右，其他发达国家的基础研发经费也在 15%~25%。三是企业研发经费投入强度（企业研究与试验发展经费与主营业务收入的比值）比发达国家低，2016 年中国企业研发经费投入强度为 0.94%，而发达国家这一比例大致为 2.5%~4%。① 因此，总的来说，与发达国家相比我国总体研发能力不强，研发强度、基础研究力度以及企业的研发投入强度都将在一定程度上影响我国智能制造未来的发展。

二、官产学研的协同创新机制尚未建立起来

从美国、德国和日本的国家创新体系发展历程可以得出，建立政府、企业、研究机构和高校的协同创新机制是推动一国经济和产业发展的重要推动力。在推动智能制造发展过程中，几个国家也纷纷建立了官产学研的合作创新机制。例如，美国为了推动先进制造业的发展，于 2012 年实施了"国家制造创新网络"计划（2016 年更名为"制造美国"），"国家制造创新网络"是"官产学研"协同创新的典型案例。该网络汇集了来自各级政府、产业界、研究型大学、研究机构等的研究和支持力量，依托若干"制造创新机构"，对当前及未来的重要制造技术进行研究、开发，建立模范实验室和工厂，逐步将技术推向市场，同时还对人才进行教育和培训。截至 2017 年 9 月，美国在"国家制造创新网络"计划下已设立了 14 个面向制造业前沿技术的创新中心，参与的企业、大学、政府等机构成员数量达到 1291 个，运行的项目达 273 项，项目资金价值约 3 亿美元，参与培训的人员达 23 万余人次。

但是，我国目前在推动智能制造发展的政策规划中，对于官产学研协同创新的体制机制尚未进行详细的规划。在现实推进中，以政府出台政策为主，企业进行试点为辅，政府、产业界和研究机构之间的信息不通畅、不对称，因此往往存在政府的政策错位或落不到实处，企业的需求得不到满足，研究机构的成果脱离实际或不被重视等问题。如果依托若干智能制造创新机构，建立一个协同创新网络，以项目形式吸引相关的企业、研究机构和大学

---

① 资料来源：历年《全国科技经费投入统计公报》。

参与，集中攻关智能制造领域中面临的技术性难点或管理问题，将大大提升智能制造推进的效率。

三、智能制造推进平台缺失

美国、德国和日本在智能制造发展中都建立了相应的推进平台：美国是"工业互联网联盟"（IIC），它是由通用电气、戴尔、博世、英特尔等大企业发起成立的，由工业、政府和学术界组成的全球非营利性伙伴关系团体；德国是"工业4.0平台"（Platform Industrie 4.0），是由德国信息技术、电信和新媒体协会等行业协会推动成立。2015年由德国联邦经济和能源部、德国教育和研究部等推动，启动升级版的"工业4.0平台"，成员由企业、政府、行业协会、研究机构等组成；日本则是"工业价值链促进会"（IVI），它是由日本机械工程学会发起，经济产业省推动成立的，成员包括企业界、政府部门、产业学会以及研究机构。这三个智能制造推动平台的功能类似，一是为企业提供应用案例的测试平台来推动创新；二是制定和开发互通性的"工业4.0"参考架构体系和相关标准；三是面向"工业4.0"开展人才教育和培训。

我国目前推动智能制造发展的主导力量是依靠各级政府及相关的部门，如工业和信息化部、国家发展和改革委员会等来制定智能制造发展战略，另外集合国家标准化管理委员会等行业协会力量，制定"智能制造参考架构体系"等规则，再通过企业参与试点示范项目的形式具体推进。相比其他国家建立一个智能制造推动平台来说并无优势。建立智能制造推进平台更有利于智能制造的发展：一是由企业或者行业协会主导的智能制造推进平台，对企业本身的情况、智能化改造的需求以及相关标准的制定等更加了解；二是企业、政府部门、研究机构、行业协会等共同参与的平台更加有利于信息的流通和相互间实时沟通；三是从创新要素来看，智能制造推进平台不仅整合了政府部门和企业，还将研究机构和大学等创新主体纳入进来，而我们的推进机制中，研究机构和大学都缺失。

四、企业的主体引领作用不突出

智能制造的发展最先要由企业引领并带动实施。面对新一代信息通信技术的发展以及新工业革命的发展趋势,一些全球大企业率先发力,提出了自身的发展战略。实际上,自 1999 年物联网概念被提出以后,很多互联网及制造业企业就逐步探索基于新一代信息技术的服务以及制造业创新。例如,亚马逊推出基于云计算的"亚马逊网络服务"、IBM 提出了"智慧地球"的概念,以及谷歌、微软等大型互联网企业都提出了基于新一代信息技术的服务。此外,制造业企业如通用电气公司提出了"工业互联网"的概念和发展战略,德国制造业巨头西门子和博世分别提出"数字工厂"和"慧连制造"解决方案,日本三菱电机提出"e-f@ctory"方案,等等。

近几年,我国一些大企业,如阿里巴巴、腾讯、华为等也推出了基于云计算技术的企业上云服务,一些技术领域能够与发达国家竞争。但在制造业领域,受制于我国高端制造业发展技术水平较低,以及信息化、自动化发展欠缺等原因,能够提出基于整体层面的智能化发展战略、为企业智能化改造提供决策咨询的智能制造系统解决方案供应商不多。能够搭建智能化基础设施平台、为其他中小企业提供服务的大型工业企业更少。因此,与国外相比,我国企业在智能制造发展中的引领作用并不突出。

另外,从企业智能化改造的现实情况和面临的困难看,目前虽然一些企业,尤其是流程型制造企业大部分已经实现自动化,但离智能化还有很大差距。遇到的主要问题是,智能化改造投入大,但短期效果并不是很显著,企业投资意愿不强。例如,想通过大数据来提质增效需要一个比较长的过程和有专业团队来支撑,短期内很难看到效果。[①] 另据报告分析,智能制造当前对企业的贡献率还不高,经济效益和市场竞争优势还未充分体现,仅 16% 的企业进入智能制造应用阶段,52% 的企业智能制造收入贡献

---

① 部分内容来自于对福建省智能制造发展促进会常务副会长、服务型制造专家委员会主任、高级工程师夏玉雄的采访。

率低于10%。① 因此从技术、资金和收益看都不足以支撑企业进行大规模智能化改造。

五、政策规划相对宽泛，没有突出自身特点和优势

截至目前，我国中央和地方政府已经出台多项智能制造发展规划，并制定了相应的配套政策，这些政策从规划层面上看是比较好的，但有些政策在实际执行中没有落到实处。例如，一些地方用于支持企业智能化改造的资金本身比较少，难以助推智能制造的发展；还有一些本来规划给企业进行智能化改造的资金，财政划拨到地方时真正落实到企业的更少。

由于对自身的优势挖掘不深，一些政策还缺乏明确的指向性。有学者（黄群慧、贺俊，2015）就指出，虽然《中国制造2025》指出智能制造代表未来全球制造业发展趋势及中国制造业转型升级的方向，但中国智能制造的优势和核心能力并未明确。政策缺乏从中国经济、社会、国防发展面临的特异性问题出发，对重点领域的发展进行战略性的部署，更缺乏领域间的总体部署，没有从根本上摆脱传统的产业选择政策的窠臼。②

另外，从智能制造标准体系建设看，我国已经制定《国家智能制造标准体系建设指南》，但从内容看，与德国的版本有很大相似之处，没有突出自身的特点。相反，其他国家多是结合自身特点来制定标准架构。最典型的是日本，它结合自身在制造业发展中形成的精益生产及工厂创新的模式，提出了以人为本的、基于智能制造单元的、宽松标准的"工业价值链参考架构体系"，而并非简单地拷贝美国和德国的架构体系。当然，由于我国制造业发展的水平限制，目前着重于"机器换人"或单点及工厂内部的智能化改造环节可以理解，但不能忽视智能制造是一个涉及面较广的系统工程，需要较长时间来完善和建成，尤其重要的是建立一个能够融合不同异构网络的、统一的工业互联网架构体系。每个国家因发展条件不同，最终还是要创

---

① 《中国智能制造绿皮书》编委会编著．中国智能制造绿皮书（2017）[M]．北京：电子工业出版社，2017：126．
② 王媛媛，宗伟．第三次工业革命背景下推进我国智能制造业发展问题研究[J]．亚太经济，2016（5）．

造适合自身的技术体系。

六、相关教育和人才缺失

人才是推动经济社会发展的根本力量。在智能制造发展中，人才的教育和培训极为重要。美国"制造业国家创新网络"中，将人才培养作为一项专门的考量目标；德国的"工业 4.0 平台"工作组中设有专门的"工作教育培训小组"，提供人员培训和考核的服务；日本更是非常重视企业员工的培训和发展，而且建立了以人为本的工业价值链参考架构，将人定位为整个价值链条中的关键要素。因此人才是智能制造可持续发展的关键力量。

在实地走访调研中，国内很多企业都反映缺乏与自动化、智能化相配套的人才。有些企业引进了自动化生产设备，但缺乏懂得操作、维护硬件设备以及软件编程方面的人才，因此大大限制了企业的智能化改造和升级。

总结起来，我国智能制造相关人才缺失原因在于：一是大学相关的基础教育缺失，面对新一代信息技术以及智能制造相关技术的飞速发展，大学在学科设置和教育方面显得滞后，没有与企业、市场在人才需求和教育方面进行及时沟通，导致人才结构性过剩与短缺并存。二是技术院校本来是面向企业需求而对人才进行有针对性教育和培训的重要机构，但鉴于整个教育系统中存在重视大学教育而轻职业教育的理念，因此职业院校培养的学生知识基础和所受教育相对薄弱，不能很好地因应新产业革命背景下的技能要求。三是企业的人才培训机制不健全，一方面，企业对人才培养重视不足，缺乏整体和长远的统筹规划，缺乏相应的考核、选拔和晋升机制；另一方面，企业与高校或职业院校的联合培养人才机制缺乏，导致人才可持续供应不足。四是企业人才的流动性较大，降低了企业对人才培养和投资的意愿，等等。

第八章 推进中国智能制造发展的创新路径

第一节 推进中国智能制造发展的基本原则

当前我国智能制造已具备了与发达国家竞争的优势。为此我们要以重塑我国制造业新优势为出发点，以市场需求为动力，以促进制造装备和产品、制造过程、管理和服务的智能化为重点，以共性关键技术突破、关键元器件和装置研发、核心工业软件自主化为基础，积极推进智能制造的试点示范和应用发展，加快制造业转型升级步伐，使中国早日迈进制造强国行列。

首先，要坚持需求导向、效益为本。要把市场需求作为推动智能制造发展的根本动力，从企业现实紧迫的需求出发，引导企业根据自身信息化、数字化水平以及技术力量和资金投入的能力，进行科学的顶层设计和充分的论证，分析实施智能制造在提高效率、提升质量、降低成本、减少材料和能源消耗、快速响应市场等方面可能取得的效果，以确定实施智能制造的方案计划。

其次，要夯实基础、重点突破。打好发展智能制造的技术基础，如工业互联网系统等共性关键技术；攻克传感器、测量仪表和装置、智能控制系统、机器人等发展智能制造所必需的关键部件及核心工业软件，打好产业基础；开发制造过程所需的数字化制造装备，打好实施基础。根据市场需求和我国优势，选择一些核心技术、关键部件和制造装备及典型应用示范项目加以重点突破，并在创新性方面有所作为。

再其次，要示范引领、分步实施。根据行业和企业发展的需要，在汽车制造业、航空装备制造业、电子与通信设备制造业、石油化工制造业、食品饮料制造业，选择信息化基础条件好、对发展智能制造需求迫切的企业，进行智能化成套装备集成应用示范和数字化车间和工厂应用示范，通过应用示范促进智能制造成长。总结示范应用取得的经验，在重点行业全面推广，实现智能制造的壮大与规模化发展。

最后，要分阶段、稳步推进。考虑我国制造业发展基础，在我国推行智能制造不可一蹴而就，可分三个阶段有序地推进。第一阶段，到2020年，主要是打好基础，即制定智能制造标准、突破核心基础部件并实现产业化、实现关键制造装备和生产线的数字化、智能化，做好数字化车间和工厂的试点示范，培育专业从事智能制造集成业务的公司，培养人才队伍；第二阶段，到2025年，在重点行业、重点企业推广建设具有一定智能功能的数字化车间和工厂，并争取建成几家试点智能工厂；第三阶段，到2030年，在重点大型企业广泛建设一批智能工厂。随着以互联网、移动通信、大数据、云计算为代表的新一代信息技术的快速发展，企业在进行电气化、自动化、数字化改造的同时，利用新一代信息技术和日趋成熟的智能技术来解决关键问题，可以大大缩短电气化向数字化、数字化向智能化推进的时间。

第二节 推进中国智能制造发展的路径分析

我国智能制造发展要在借鉴发达国家经验的基础上，走出一条与自身特点和优势相结合的创新路径。要对发展的目标、创新的主导力量、涵盖的主要领域、发展的重点环节以及思路进行清晰的界定。

一、发展目标：以建设制造强国为目标的智能制造发展导向

我国智能制造的发展要以建设制造强国为目标。《中国制造2025》指出，制造业是国民经济的主体，是立国之本、兴国之器、强国之基。回顾历

次工业革命可以明确看出，发展制造业是引领一个国家走向强盛的必由之路。相反，不重视制造业发展，不抓住工业革命的机遇，将导致经济走向衰落。2008年金融危机的爆发暴露出美欧等一些发达国家去工业化发展带来的弊端，因此美国连续出台重振制造业的政策措施，发展先进制造业，希冀重返制造业的巅峰，进而保持全球经济领头羊的地位。德国、日本等也借由自身强大的制造业基础提出面向第三次工业革命的发展战略，以保持制造业强国的地位。

我国制造业经过多年发展，已经建成独立完整、门类齐全的产业体系，成为制造业大国，现在正向着制造业强国的目标进发。同时，新技术的发展日新月异，产生了一大批信息、能源、制造、空间、生命、海洋等前沿技术，新一轮科技革命爆发在即。我们迎来了新一轮科技革命和我国转变发展方式的历史交汇期，应紧紧抓住这一重要机遇，推动新一代信息技术与制造业相结合的智能制造发展，带动产业和经济转型升级，进而实现在新一轮工业革命中国家力量的崛起和赶超。

当前，我国智能制造一部分技术已具备了与发达国家同发竞争的优势，但同时还有很多关键核心技术实力差距较远。因此要以市场需求为动力，以共性关键技术突破为基础，积极推进智能制造规模化发展，使我国制造强国目标早日实现。

二、创新主导力量：政府引领、产业界主导、研究机构和大学紧密合作的智能制造创新网络

国家创新体系在推动智能制造发展中发挥着至关重要的作用，各个创新要素只有协同合作才能更有力地推动智能制造的发展。可以成立包含政府部门、企业、研究机构和大学在内的"智能制造创新网络"，以项目的形式成立若干创新小组，就智能制造各重要领域进行技术攻关、试点试验和产业化，进而快速推进智能制造的创新发展。智能制造创新网络要结合我国自身发展特点，形成政府引领、产业界主导、研究机构和大学紧密合作，各个要素协同创新的机制。

首先，对于政府来说：一是构建有利于创新的公共基础设施，在智能制

造发展过程中,构建新一代的数字信息基础设施,为企业和民众建立有利于创新的工作和生活环境尤为重要;二是推动在智能制造重要前沿领域和亟须解决的关键技术领域的突破,以确保在这些领域保持全球优势地位;三是给予智能制造发展以持续的研发投入,进而获取在基础研究方面的领先地位;四是建立能够激励创新的外部环境,打造公平竞争的市场,构建畅通的信息平台等。通过出台知识产权保护、税收激励等政策引导创新、创业,还可以通过激励、奖励的手段激发全民创新;五是加大对基础教育的支持力度,培养具备新型知识和技能的新一代人才。

其次,企业是智能制造创新发展的主体,智能制造发展的成效归根到底是要看企业的数字化、网络化和智能化水平能否提高,企业的经济效益和发展质量能否得到切实改善,能否培育一批具有国际竞争力的自主企业品牌。对于企业来说:一是要有敏锐的觉察力,密切关注新技术和新产业革命的发展动态和趋势,开发基于市场需求为导向的新产品、新技术;二是要积极实施企业的自动化和智能化改造,加快制造业和服务业的深度融合,发展基于信息技术的服务型制造,拓展新的发展空间;三是要秉持技术创新和管理创新相结合的发展方略,尤其要探索新技术革命下企业管理方式的变革,立足自身实际探索多种技术路线和多种实现形式的智能制造发展路径;四是要树立创新为本的理念,唯有持续创新才能让企业在竞争中不断进步,因此要不断增加研发投入的力度,力图在窄领域做精做细做强,创造新蓝海。

最后,各类科研院所、高校、职业院校以及各行业协会等在智能制造创新网络中也要发挥积极的作用。一是要积极参与以企业为主体的产学研协同创新机制,攻克智能制造发展亟须的关键核心技术难题;二是要积极开展校企合作,设立亟需的专业、实验室和培训基地,开展技术攻关,培育智能制造发展所紧缺的专业技术人才;三是各行业协会要充分发挥在企业和政府之间的桥梁纽带作用,利用对行业企业较为熟知的优势,帮助政府开展各种决策咨询,同时从政策、技术和管理等方面给予企业帮助和服务,积极推动智能制造的发展。

三、涵盖领域：涵盖重要战略性新兴产业的智能制造发展领域

在智能制造发展的重点行业领域选择方面，要遵循三个原则：一是要选取能决定智能制造发展水平的关键技术和行业领域；二是要瞄准在当前及今后具有持续影响力、关系国家经济全局建设和国家安全的重大前沿领域；三是关注具有一定发展基础实力和竞争优势，具有通过智能化改造实现转型升级的急迫性，且通过智能化改造能明显提升生产效率、带动经济持续发展的支柱性产业。因此，智能制造发展的优先领域可以选取新一代信息技术、高档数控机床和工业机器人、航空航天装备、海洋工程装备及高技术船舶、先进轨道交通装备、汽车、输变电装备、农业装备、纺织、食品、石化和钢铁等行业。其中新一代信息技术产业、高档数控机床和工业机器人产业是决定智能制造发展水平的重要行业领域，智能制造的发展离不开这三个行业的技术突破；航空航天装备、海洋工程装备及高技术船舶、先进轨道交通装备等行业是代表一个国家科技实力和竞争力的重要战略性前沿产业，通过这几个行业的智能化升级，进一步提升我国战略性新兴产业的发展，不断提升前沿技术领域的国际竞争力；汽车、输变电装备、农业装备、纺织、食品、石化和钢铁等行业是我国具有一定发展基础实力的、关系国计民生的重要支柱性产业，其开展智能化转型具备一定的基础和急迫性。如汽车制造业具有良好的 IT 应用基础和制造设备条件，率先实施智能制造是大势所趋；纺织业在新一代信息技术的带动下，定制化、智能化制造的新趋势在某些领域初见雏形；石化产业通过智能化改造而实现可持续、绿色低碳、协同创新的发展模式；数字化、智能化发展是钢铁行业提高自身竞争力的战略选择，等等。

四、重点环节和思路：面向不同发展优势和水平的差异化发展战略

在智能制造发展环节上，要从自身具备发展优势和发展潜力的重点环节入手，逐步推动智能制造的全面发展。例如，美国工业互联网和智能制造的发展立足于其在互联网、云计算、大数据等新一代信息技术的竞争优势基础

上,强调的是覆盖主要工业领域的互联互通环节;德国的"工业4.0"及智能制造的发展则是建立在其强大的机械装备制造能力基础上,强调智能工厂和智能生产的环节;日本的工业价值链和智能制造的发展借由其精益制造的生产模式,强调的是各个智能制造单元内部以及单元之间的联通。

从制造业和新一代信息技术产业两方面来考察智能制造,我国在制造业方面大而不强,很多关键核心技术不占优势,但是我国制造业也具有模块化、大规模制造的技术优势;同时,我国在移动互联网等新一代信息技术方面,同发达国家相比具备一定的同发竞争优势,而且拥有巨大的移动互联网应用市场。因此,我国智能制造的发展可以从制造业和新一代信息技术产业两边入手,一起补短板、创优势,软硬结合地推动。具体地,可以着眼于我国模块化、大规模和标准化操作的技术优势,以及基于移动互联网的巨大差异化消费领域,着力发展面向大规模定制的生产和服务应用领域的智能化。

发展思路方面,由于美国、德国、日本等发达国家是在完成了机械化、电气化、自动化的基础上,串联地过渡到智能化生产阶段。而我国面临的现状是电气化、自动化和智能化并存,需要三化并联发展。因此不同的发展水平决定了智能化升级的具体思路存在差异。在智能制造发展思路方面,美国发挥其在创新领域的突破能力,结合互联网作为创新平台,促进智能制造发展;德国则依靠其在制造业领域的雄厚实力,通过构建智能制造系统进而提升制造业的领先地位;日本则是从最具竞争力的制造单元入手,由个体到整体推动制造业智能化发展。

我国智能制造的发展要基于不同产业、不同企业、不同区域的发展水平和需求,差异化地开展智能化改造。一是在具备智能化发展基础的成熟行业领域率先进行全流程的智能化改造,在自动化基础好的行业则进行硬件设备、软件以及管理等领域的局部智能化改造,而在自动化水平较低的行业则重点开展硬件设备的自动化建设等。二是针对不同发展水平的企业,要结合自身的特点探索多种技术路线和多种实现形式的智能制造发展路径,不急功近利,按部就班、逐步推进。企业要重视硬件设备以外的智能化,尤其是管理的智能化变革,包括组织架构、运作模式和管理方式的改变,以及劳动力结构、技能的调整。只有各个环节都适应智能制造下的运行要求才能实现企业效率的提升,进而转化为实实在在的收益。三是不同的地区要实行差异化发展战略，由于我国产业政策的一贯性，各个地方政府都出台了智能制造的发展战略，但一些地方并没有结合自身的产业特色和发展阶段，盲目追求高大上的产业布局，产业政策也没有与企业的实际需求结合起来，使得各地区重点发展产业雷同，一定程度上造成重复建设、产能过剩和相互竞争的局面。因此各地区要根据自身的发展水平和特点，实行差异化、阶梯化和互补性的发展战略，最终实现我国智能制造的良性、快速发展。

第三节 推进中国智能制造发展的对策建议

一、深化智能制造相关基础理论体系的研究

第一，智能制造的产生和发展与当前正在发生的新一轮工业革命密切相关，因此加强对工业革命的本质、动力、主导力量以及演进过程的研究十分重要。当前，国内外已有很多对于第三次工业革命的研究，随着工业革命的深入发展，将会有更多的研究领域。重要的是要加强智能制造与工业革命发展的相互关系及发展趋势研究，把握未来发展的主动权。

第二，要加强对智能制造相关技术发展的研究。在智能制造技术方面，从机械工程学和信息学出发，研究智能制造技术的发生、发展和前沿问题，以及研究支撑智能制造的云计算、大数据、物联网、人工智能、工业互联网等信息技术最新进展情况。还要加强对智能制造标准体系建设的研究，智能制造标准是一个不断补充、完善的过程，要根据现实不断变化的发展态势，制定智能制造的技术标准，以便形成一体化的智能制造发展体系。

第三，加强对智能制造相关产业、智能制造模式、经济影响等基础理论的研究。在智能制造的产业发展及经济影响研究方面，要从理论经济学、产业经济学及管理学等学科视角，对智能制造及其相关产业的发展进行综合研究，以把握智能制造的发展竞争力；智能制造模式不同于以往的制造业生产模式，它整合了新一代信息技术和制造自动化技术优势，具有高生产效率、低能耗、低成本、个性化、网络化等特点，能够引起整个生产方式的变革，

因此需要深入研究其特征和影响。

第四，要对各个主要发达国家智能制造发展的情况进行跟踪研究。所谓"知己知彼，百战不殆"，只有了解其他国家应对新工业革命及智能制造的战略，以及比较与发达国家之间的具体差距和不足，才能更好地从中得到启示和借鉴，弥补差距，从而推动我国智能制造更快更好地发展。

二、加强智能制造关键技术和装备的攻关

虽然我国在智能制造技术装备以及工业软件等方面取得了不少进步，但是一些关键技术、核心装备以及软件仍是制约我国智能制造发展的因素。如工业机器人、高档数控机床等智能装备的关键和高端零部件都依赖进口，而我国企业只能生产一些较为低端的产品，质量和使用寿命都远远达不到标准。在软件方面，诸如工业设计和仿真、生产管理等重要工业软件，以及大型高端装备的数控系统等都依赖进口，国内能够进行智能制造基础软件开发的企业和科研机构凤毛麟角。①

为此，要形成自主创新、自力更生、主导在我的思维，打破发达国家的技术封锁，重点攻关智能制造发展所亟须的核心零部件和关键软件，在工业强基和制造业创新中心建设中作为优先发展的项目。同时要集中包括政府、企业、科研机构和高校整体的力量，组建联合实验室、创新中心等形式，着力攻关制约我国智能制造发展的关键技术和装备。

三、健全智能制造发展的体制机制

相比较于美国、德国和日本等发达国家，我国在智能制造发展中，官产学研密切合作的体制机制建设尚不足。我国的政府主导作用比较突出，但其他创新主体的协作配合还不够。因此，建议成立包括政府机构、科研院所、高校以及企业界在内的"智能制造创新网络平台"，负责与智能制造相关的

---

① 《中国智能制造绿皮书》编委会编著. 中国智能制造绿皮书（2017）[M]. 北京：电子工业出版社，2017：123.

战略规划、技术标准、试点示范推广、人才培训等具体工作。可以下设战略委员会统筹指导各方面的工作,然后按照业务分类设置若干工作组负责具体工作的推进。

四、完善智能制造发展的政策保障

首先,要构建一个有利于智能制造企业公平竞争的市场环境。在智能制造发展过程中,要重视政府和市场的分工协作。充分发挥市场在智能制造资源配置中的决定性作用,依靠优胜劣汰的市场机制,推动智能制造企业快速发展,培育形成我国智能制造产业生态体系。同时政府要在市场力量不能解决的领域发挥"守夜人"的作用。包括对智能制造的发展战略进行引领和规划;对可能出现的垄断和不正当竞争等问题要及时制止;加强对智能制造产业和企业的服务,加强商事制度改革,简化优化市场准入;加强对重点领域的监管和执法,维护公平公正的市场环境;强化对智能制造相关的知识产权保护力度,打击侵权行为。

其次,要加大对智能制造发展的财税支持力度。加强财政资金对智能制造项目和关键技术研发的支持力度。运用政府和社会资本合作(PPP)模式引导社会资本参与智能制造企业、项目和关键基础设施建设。完善政府采购政策,助推智能制造创新产品的研发和产业化。实施有利于智能制造发展的税收优惠政策,切实减轻智能制造企业的税收负担。

最后,要完善智能制造金融扶持政策。资金短缺是当前我国企业尤其是中小企业进行智能化改造的关键约束。因此要降低智能制造企业的融资成本,拓宽智能制造发展的融资渠道。充分发挥政策性金融、开发性金融和商业金融的优势,加大对智能制造的支持力度。引导风险投资等支持智能制造技术创新,支持企业通过融资租赁方式推动智能化升级等。

五、强化智能制造相关人才的教育和培训

当前,智能制造相关技术和专业人才是各国竞相争夺的战略资源。我国在高精尖技术产业方面的人才存在很大缺口,现有的人才培养专业设置、课

程体系安排等与当前新工业革命的发展需求有很大差距。在智能制造人才方面，一方面我国在智能制造核心技术、装备、系统研发等领域所需的高端人才严重短缺；另一方面，很多企业在智能化改造以及一般的"机器换人"过程中同样面临着"缺人少才"的急迫问题。因此，需要建立多层次的人才培养体系，加强对智能制造高端专业人才、普通技能人才以及经营管理人才等的培养。以高层次、紧缺技术和创新型人才为重点，实施卓越人才培养计划以及人才引进计划；鼓励有条件的高校和科研院所设立智能制造发展所需的专业体系、实验室和培训基地，打造智能制造所需的高端人才和基础型人才队伍；对企业经营管理人员进行培训，造就一批优秀企业家和高水平经营管理人才；强化职业教育和培训，鼓励一批技术类院校开展技能型人才的培育，鼓励企业建立开放共享、产教融合的智能制造实训基地，鼓励企业与院校开展合作，共建智能制造实验室，培养复合型人才。

第九章 结 论

第一节 本书的主要结论

本书首先以马克思等相关理论为基础,分析智能制造发展演化的规律;其次对智能制造关键基础性产业发展态势,G20国家智能制造发展水平以及美国、德国、日本等典型国家智能制造发展的模式进行分析和比较;最后对中国智能制造发展的成就和问题进行剖析,提出推动中国智能制造发展的创新路径和对策。主要结论如下:

第一,对智能制造发展演化机理分析表明,智能制造是信息通信及自动化技术对制造业全面、深度渗透,并提高制造业生产效率的一种先进制造模式。它包含智能产品、智能生产、智能服务和智能系统四个层次,具有个性化、灵活性、低能耗、服务化等特点,最终能够推动生产组织方式的变革;技术进步是智能制造产生的根本动力,而金融危机则是智能制造产生的催化剂;相较于传统制造模式,智能制造是小批量、个性化、灵活、透明的制造,是高生产率、低能耗的绿色制造,是服务型和网络化的制造;智能制造推动了第三次工业革命及新的技术—经济范式的产生,智能制造的技术—经济范式表现为:以芯片和新能源为关键投入要素,以物联网、云计算、大数据、智能制造、3D打印、机器人、人工智能、生物技术、新材料、新能源等技术创新集群为主导,以小批量、个性化、定制化、网络化的智能制造模式为生产组织方式。

第二，对代表智能制造发展水平的关键基础性产业——集成电路、智能传感器、高档数控机床、工业机器人以及软件和信息技术服务业等产业全球发展态势的比较分析表明，智能制造发展的优势和主导力量仍主要掌握在美国、德国、日本、韩国以及欧洲等发达国家和地区手中，尤其是在高端产品和技术方面形成对全球市场的把控。中国依靠强大的市场需求在一定程度上影响全球市场，并在中低端产品方面占据一定优势。从未来发展趋势看，中国在市场、技术和企业竞争力等方面的影响力将进一步上升，但在关键核心技术方面仍有功课要补。

第三，对G20国家智能制造发展水平的实证分析结果表明，韩国、日本、德国、美国、中国5个国家处于第一梯队，是智能制造发展水平相对较高的国家；墨西哥、英国、意大利、加拿大、法国、俄罗斯6个国家处于第二梯队，智能制造发展居于中等水平；而澳大利亚、巴西、印度尼西亚、南非、印度、阿根廷、沙特阿拉伯以及土耳其8个国家处于第三梯队，智能制造发展水平相对较低。对韩国、日本、德国、美国4个国家制造业分行业智能化水平比较分析显示，计算机、电子和光学产品、机械设备、电气设备、汽车等行业智能化发展水平较高。美国中高智能化行业类别最多，表明其智能制造发展涉及的产业面较广，发展相对均衡，其后依次是韩国、德国、日本。此外，对中国智能制造发展水平的分析表明，我国制造业总体智能化水平居于G20国家前列，仅次于韩国、德国、日本、美国等制造业强国。但由于自动化、信息化等发展基础不强，在智能制造发展增速上不如传统制造强国；同时我国制造业分行业智能化发展水平参差不齐，具有中高智能化水平的行业较少，因此我国智能制造发展还有待进一步推进和深化。

第四，对美国、德国和日本智能制造发展模式的分析和比较显示，美国推动智能制造发展的模式是建立在政府—产业—大学三位一体的国家创新体系基础之上，同时依托其推动先进制造业发展的战略机遇，在"国家制造创新网络计划"下设立智能制造创新中心。还建立起以大企业为主导的工业互联网联盟，负责智能制造的具体落地实践，并且出台"工业互联网参考架构"，意图将美国版的标准推向全球；德国的智能制造发展模式是建立在大批研究机构和企业、大学协同创新的国家创新体系基础之上，以高技术战略为依托，以"工业4.0"战略为主导，建立"官产学研"共同参与的

"工业4.0"平台等负责具体实施,率先制定"工业4.0参考架构"标准,成为"工业4.0"和智能制造发展的引领者;日本智能制造发展模式则建立在其企业强大的技术创新能力及精益生产的实践经验基础上,结合日本自身经济社会发展实际,提出"工业价值链参考架构体系",将关注点聚焦于每个智能制造单元(SMU),通过"松散定义的标准"将不同的单元相互连接起来,进而形成一个智能制造生态系统。美国、德国和日本智能制造发展的经验表明,要重视创新的引领作用,注重结合自身的需求和优势,要充分发挥企业的主体作用,重视标准化建设以及人才培养。

第五,经过努力,我国智能制造发展已取得一定成就,包括顶层设计逐渐完善、标准体系建设扎实推进、关键基础性产业得到持续发展、企业和各地方政府也主动对接和推动智能制造的发展。与此同时,我国智能制造发展还存在诸多问题,主要表现在:智能制造发展基础薄弱、自主创新意识和能力不强、"官产学研"的协同创新机制尚未建立、智能制造推进平台缺失、企业的主体引领作用不突出、政策规划相对宽泛、没有突出自身特点和优势、相关教育和人才缺失等。为此,我国的智能制造发展要在借鉴发达国家经验的基础上,走出一条与自身特点和优势相结合的创新路径。在发展目标上,要建立以制造强国为目标的智能制造发展导向;在创新的主导力量上,要建立以政府引领、产业界主导、研究机构和大学紧密合作的智能制造创新网络;在涵盖领域方面,要建立涵盖重要战略性新兴产业的智能制造发展领域;在发展的重点环节和思路方面,要实施面向不同发展优势和水平的差异化发展战略。在具体对策方面,一是要深化顶层设计及统筹协调,建立智能制造业发展联盟;二是要加强基础理论研究,构建智能制造基础理论体系;三是要健全体制机制改革,强化政策支撑体系;四是要完善科技创新力度,推进核心技术、关键产品及标准体系的攻关;五是要强化全新的人才培训体系,加强人才队伍建设。

第二节 有待进一步研究的问题

智能制造是近年来出现的新型制造模式,其发展方兴未艾。从经济学视角的研究文献和资料较少,所能获取的相关数据也不充足,因此本书还不够全面深入,一些内容还有待进一步挖掘。未来将持续关注智能制造发展演化的规律特征,广泛搜集智能制造发展的相关资料和数据,进一步进行深化研究。有待进一步研究的问题有:

一是继续加强理论研究,在数据充足的情况下,对智能制造发展的影响因素做进一步的实证研究。同时,对智能制造及其主导的新一轮工业革命可能带来的广泛影响进行深入分析和持续跟踪研究。

二是构建一个能够表征智能制造发展水平的指标体系,用科学的框架评估各个国家智能制造的发展水平,从而找出我国的差距和努力方向。

三是继续加强调查研究,对具有代表性的国家、地区和企业实施智能制造的情况进行实地调研和案例分析,以研究智能制造在具体实践中的情况并提出应对之策。

参 考 文 献

[1] 马克思恩格斯全集（第 31 卷）[M]. 北京：人民出版社，1998.

[2] 马克思恩格斯全集（第 32 卷）[M]. 北京：人民出版社，1998.

[3] 马克思恩格斯全集（第 44 卷）[M]. 北京：人民出版社，2001.

[4] 马克思恩格斯全集（第 46 卷）[M]. 北京：人民出版社，2003.

[5] 马克思. 1844 年经济学哲学手稿[M]. 北京：人民出版社，2000.

[6] 马克思，恩格斯. 德意志意识形态：节选本[M]. 北京：人民出版社，2003.

[7] 资本论（第一卷）[M]. 北京：人民出版社，2004.

[8] 资本论（第二卷）[M]. 北京：人民出版社，2004.

[9] 资本论（第三卷）[M]. 北京：人民出版社，2004.

[10] 马克思恩格斯全集（第 42 卷）[M]. 北京：人民出版社，2016.

[11] 毛泽东文集（第 1 卷）[M]. 北京：人民出版社，1993.

[12] 邓小平文选（第 2 卷）[M]. 北京：人民出版社，1994.

[13] 邓小平文选（第 3 卷）[M]. 北京：人民出版社，1994.

[14] 江泽民文选（第 1 卷）[M]. 北京：人民出版社，2006.

[15] 江泽民文选（第 2 卷）[M]. 北京：人民出版社，2006.

[16] 江泽民文选（第 3 卷）[M]. 北京：人民出版社，2006.

[17] 胡锦涛文选（第 1 卷）[M]. 北京：人民出版社，2016.

[18] 胡锦涛文选（第 2 卷）[M]. 北京：人民出版社，2016.

[19] 胡锦涛文选（第 3 卷）[M]. 北京：人民出版社，2016.

[20] 习近平谈治国理政[M]. 北京：外文出版社，2014.

[21] 习近平. 决胜全面建成小康社会，夺取新时代中国特色社会主义伟大胜利[N]. 人民日报，2017 年 10 月 28 日.

[22] 中共中央宣传部编. 习近平新时代中国特色社会主义思想三十讲[M]. 北京：学习出版社，2018.

[23] 习近平. 在中国科学院第十九次院士大会、中国工程院第十四次院士大会上的讲话. 人民日报，2018-05-29.

[24] [美] 小艾尔弗雷德·D. 钱德勒. 看得见的手：美国企业的管理革命[M]. 重武译. 北京：商务印书馆，1987.

[25] [美] 约瑟夫·熊彼特. 经济发展理论[M]. 何畏，易家详等译. 北京：商务印书馆，1990.

[26] [美] 约瑟夫·熊彼特. 社会主义，资本主义与民主[M]. 吴良健译. 北京：商务印书馆，1992.

[27] [美] G. 多西，[英] C. 弗里曼，[美] 理查德·R. 纳尔逊，G. 西尔弗伯格，L. 苏蒂. 技术进步与经济理论[M]. 钟学义，沈利生，陈平等译. 北京：经济科学出版社，1992.

[28] [美] 理查德·R. 纳尔逊，[美] 悉尼·G. 温特. 经济变迁的演化理论[M]. 胡世凯译. 北京：商务印书馆，1997.

[29] [美] 詹姆斯·P. 沃麦克，[英] 丹尼尔·T. 琼斯，[美] 丹尼尔·鲁斯. 改变世界的机器[M]. 沈希瑾等译. 北京：商务印书馆，1999.

[30] [美] 曼纽尔·卡斯特. 网络社会的崛起[M]. 夏铸九等译. 北京：社会科学文献出版社，2001.

[31] [英] M. M. 波斯坦，H. J. 哈巴库克. 剑桥欧洲经济史（第七卷）. 工业经济：资本、劳动力和企业（上册），英国、法国、德国和斯堪的纳维亚[M]. 王春法等译. 北京：经济科学出版社，2003.

[32] [英] M. M. 波斯坦，H. J. 哈巴库克. 剑桥欧洲经济史（第七卷）. 工业经济：资本、劳动力和企业（下册），美国、日本和俄国[M]. 王春法等译. 北京：经济科学出版社，2003.

[33] [英] M. M. 波斯坦，H. J. 哈巴库克. 剑桥欧洲经济史（第八卷）. 工业经济：经济政策和社会政策的发展[M]. 王春法等译. 北京：经济科学出版社，2004.

[34] [德] 德国教育和研究部公共事务处. 德国研究体系[M].《德国研究体系》编译组编译. 北京：机械工业出版社，2004.

[35][英]克里斯·弗里曼,弗朗西斯科·卢桑.光阴似箭:从工业革命到信息革命[M].沈宏亮主译.北京:中国人民大学出版社,2007.

[36][英]卡萝塔·佩蕾丝.技术革命与金融资本:泡沫与黄金时代的动力学[M].田方萌等译.北京:中国人民大学出版社,2007.

[37][美]戴维·F.诺布尔.生产力:工业自动化的社会史[M].李风华译.北京:中国人民大学出版社,2007.

[38][英]安格斯·麦迪森.世界经济千年史[M].伍晓鹰,施发启译.北京:北京大学出版社,2010.

[39][美]托马斯·库恩.科学革命的结构(第四版)[M].金吾伦,胡新和译.北京:北京大学出版社,2012.

[40][美]杰里米·里夫金.第三次工业革命:新经济模式如何改变世界[M].张体伟,孙豫宁译.北京:中信出版社,2012.

[41][美]哈尔·R.范里安,约瑟夫·法雷尔,卡尔·夏皮罗.信息技术经济学导论[M].韩松等译.北京:中国人民大学出版社,2012.

[42][英]彼得·马什.新工业革命[M].赛迪研究院专家组译.北京:中信出版社,2013.

[43][德]奥拓·布劳克曼.智能制造:未来工业模式和业态的颠覆与重构[M].张潇,郁汲译.北京:机械工业出版社,2015.

[44][美]W.W.罗斯托.经济增长理论史:从大卫·休谟至今[M].陈春良等译.杭州:浙江大学出版社,2016.

[45][德]克劳斯·施瓦布.第四次工业革命:转型的力量[M].李菁译.北京:中信出版社,2016.

[46][德]乌尔里希·森德勒.无边界的新工业革命:德国工业4.0与"中国制造2025"[M].吴欢欢译.北京:中信出版社,2018.

[47]钟契夫,陈锡康.投入产出分析[M].北京:中国财政经济出版社,1987.

[48]陈征.《资本论》解说[M].福州:福建人民出版社,1997.

[49]张华荣.精神劳动与精神生产论[M].北京:经济科学出版社,2002.

[50]王春法.主要发达国家国家创新体系的历史演变与法制趋势

[M]．北京：经济科学出版社，2003．

[51] 李建平等．科技进步与经济增长 [M]．北京：中国经济出版社，2005．

[52] 李建平．《资本论》第一卷辩证法探索 [M]．北京：社会科学文献出版社，2006．

[53] 李建平等．G20国家创新竞争力发展报告（2001-2010）[M]．北京：社会科学文献出版社，2010．

[54] 李建平等．世界创新竞争力发展报告（2001-2012）[M]．北京：社会科学文献出版社，2012．

[55] 安筱鹏．制造业服务化路线图：机理、模式与选择 [M]．北京：商务印书馆，2012．

[56] 盛伯浩．中国战略性新兴产业研究与发展·数控机床 [M]．北京：机械工业出版社，2013．

[57] 张华荣．文化创意产业与区域经济发展研究 [M]．北京：经济科学出版社，2014．

[58] 德国科技创新态势分析报告组编著．德国科技创新态势分析报告 [M]．北京：科学出版社，2014．

[59] 制造强国战略研究项目组．制造强国战略研究·智能制造专题卷 [M]．北京：电子工业出版社，2015．

[60] 中国企业联合会编著．智能制造：中国视角与企业实践 [M]．北京：清华大学出版社，2016．

[61] 李培根，邵新宇．智能制造的内涵和特征 [A]//国家制造强国建设战略咨询委员会，中国工程院战略咨询中心编著．智能制造 [M]．北京：电子工业出版社，2016．

[62] 中国企业联合会编著．智能制造：中国视角与企业实践 [M]．北京：清华大学出版社，2016．

[63] 夏妍娜，赵胜．中国制造2025：产业互联开启新工业革命 [M]．北京：机械工业出版社，2016．

[64] 刘云浩．从互联到新工业革命 [M]．北京：清华大学出版社，2017．

[65] 《中国智能制造绿皮书》编委会编著. 中国智能制造绿皮书 (2017) [M]. 北京：电子工业出版社, 2017.

[66] 上海市经济和信息化委员会, 上海市集成电路行业协会编著. 2018年上海集成电路产业发展研究报告 [M]. 北京：电子工业出版社, 2018.

[67] 中国社会科学院工业经济研究所课题组. 第三次工业革命与中国制造业的应对战略 [J]. 学习与探索, 2012 (9).

[68] 黄群慧, 贺俊. "第三次工业革命"与中国经济发展战略调整——技术经济范式转变的视角 [J]. 中国工业经济, 2013 (1).

[69] 黄群慧. "新经济"基本特征与企业管理变革方向 [J]. 辽宁大学学报（哲学社会科学版）, 2016 (5).

[70] 黄群慧. 制造业与互联网深度融合是中国发展新经济的关键 [J]. 商业观察, 2017 (4).

[71] 吕铁, 邓洲. 第三次工业革命的技术经济特征 [J]. 中国党政干部论坛, 2013 (10).

[72] 贾根良. 第三次工业革命：来自世界经济史的长期透视 [J]. 学习与探索, 2014 (9).

[73] 周济. 智能制造——"中国制造2025"的主攻方向 [J]. 中国机械工程, 2015 (17).

[74] 黄先海, 诸竹君. 新产业革命全面推进产业经济学创新 [N]. 人民日报, 2015-10-19 (20).

[75] 黄阳华. 工业革命中生产组织方式变革的历史考察与展望 [J]. 中国人民大学学报, 2016 (3).

[76] 李曼. 第四次工业革命经济观念变革与企业战略调整 [J]. 河南社会科学, 2017 (8).

[77] 蔡春林和姚远. 美国推进第三次工业革命的战略及对中国借鉴 [J]. 国际贸易, 2012 (9).

[78] 黄阳华, 卓丽洪. 美国"再工业化"战略与第三次工业革命 [J]. 党政干部论坛, 2013 (10).

[79] 丁纯, 李君杨. 德国"工业4.0"：内容、动因与前景及其启示 [J]. 德国研究, 2014 (4).

[80] 黄阳华. 德国"工业4.0"计划及其对我国产业创新的启示 [J]. 经济社会体制比较, 2015 (2).

[81] 胡晶. 工业互联网、工业4.0和"两化"深度融合的比较研究 [J]. 学术交流, 2015 (1).

[82] 杨帅. 工业4.0与工业互联网：比较、启示与应对策略 [J]. 当代财经, 2015 (8).

[83] 李金华. 有序推进战略性新兴产业空间布局 [N]. 经济日报, 2015-06-04.

[84] 王莉. 德国工业4.0对《中国制造2025》的创新驱动研究 [J]. 科学管理研究, 2017 (5).

[85] 方晓霞等. 日本应对工业4.0：竞争优势重构与产业政策的角色 [J]. 经济管理, 2015 (11).

[86] 陈友骏. "第四次工业革命"与日本经济结构性改革——新理念的产生、引入与效果评估 [J]. 日本学刊, 2018 (2).

[87] 左世全. 我国智能制造发展战略与对策研究 [J]. 世界制造技术与装备市场, 2014 (3).

[88] 吕铁, 韩娜. 智能制造：全球趋势与中国战略 [J]. 人民论坛·学术前沿, 2015 (11).

[89] 陆峰. 中国智能制造发展迈向下一个路口 [J]. 互联网经济, 2017 (1-2).

[90] 周济. 走向新一代智能制造 [N]. 中国信息化, 2018-05-14 (007).

[91] 王毅. 中国企业智能制造核心技术能力——未来的持续竞争力优势之源 [J]. 清华管理评论, 2018 (12).

[92] 李廉水等. 中国制造业40年：智能化进程与展望 [J]. 中国软科学, 2019 (1).

[93] 孟捷, 杨志. 技术创新与政治经济学的研究对象 [J]. 政治经济学评论, 2004 (2).

[94] 程大中. 中国生产性服务业的水平、结构及影响——基于投入-产出法的国际比较研究 [J]. 经济研究, 2008 (1).

[95] 徐盈之,孙剑.信息产业与制造业的融合——基于绩效分析的研究 [J].中国工业经济,2009 (7).

[96] 刘华,肖挺,夏杰长.制造业信息化对行业生产率的影响——基于 DEA – Malmquist 指数的省级面板数据分析 [J].情报杂志,2013 (3).

[97] 楚明钦.生产性服务业与装备制造业融合程度的国际比较 [J].国际经贸探索,2014 (2).

[98] 芮明杰.新一轮工业革命在叩门,中国怎么办? [J].当代财经,2012 (8).

[99] 黄群慧."第三次工业革命":科学认识与战略思考 [J].光明日报,2012 – 12 – 14 (011).

[100] 贾根良.第三次工业革命与新型工业化道路的新思维——来自演化经济学和经济史的视角 [J].中国人民大学学报,2013 (2).

[101] 冯飞.第三次工业革命是生产和生活方式的重大变革 [J].中国党政干部论坛,2013 (10).

[102] 刘振亚.智能电网与第三次工业革命 [N].科技日报,2013 – 12 – 5.

[103] 吴涧生,李大伟,杨长湧.第三次工业革命的前景及对国际经济格局的影响 [J].中国发展观察,2013 (10).

[104] 裴长洪,于燕.德国"工业4.0"与中德制造业合作新发展 [J].财经问题研究,2014 (10).

[105] 戚聿东,刘健.第三次工业革命趋势下产业组织转型 [J].财经问题研究,2014 (1).

[106] 眭纪纲.结构调整、范式转换与"第三次工业革命" [J].中国科学院院刊,2014 (6).

[107] 张曙.中国制造企业如何迈向工业4.0 [J].机械设计与制造工程,2014 (12).

[108] 左世全.第三次工业革命与我国制造业战略转型研究 [J].世界制造技术与装备市场,2015 (3).

[109] 安筱鹏.工业4.0与制造业的未来 [J].浙江经济,2015 (5).

[110] 黄群慧,贺俊.中国制造业核心能力、功能定位于发展战略——

兼评《中国制造2025》[J]. 中国工业经济, 2015 (6).

[111] 黄先海, 诸竹君. 新产业革命背景下中国产业升级的路径选择 [J]. 国际经济评论, 2015 (1).

[112] 封凯栋等. 生产设备与劳动者技能关系在工业发展中的重要性: 从工业4.0模式谈起 [J]. 经济社会体制比较, 2015 (4).

[113] 江飞涛, 李晓萍. 新工业革命与经济新常态背景下中国产业政策转型的基本逻辑 [J]. 南京大学学报 (哲学·人文科学·社会科学), 2015 (3).

[114] 余东华等. 新工业革命背景下"中国制造2025"的技术创新路径和产业选择研究 [J]. 天津社会科学, 2015 (4).

[115] 何懿文. 工业4.0: 中国的基于与挑战——工业4.0在中国的现状及发展路径调研报告 [N]. 计算机世界, 2015-6-22 (018).

[116] 张涵奇等. 世界工业革命与能源革命更替规律及对我国能源发展的启示 [J]. 中国能源, 2015 (7).

[117] 任宇. 中国与主要发达国家智能制造的比较研究 [J]. 工业经济论坛, 2015 (2).

[118] 赵福全, 刘宗巍. 工业4.0浪潮下中国制造业转型策略研究 [J]. 中国科技论坛, 2016 (1).

[119] 杨艳琳, 谭梦琪. 培育我国智能制造的比较优势 [J]. 中国国情国力, 2016 (6).

[120] 王媛媛, 张华荣. 全球智能制造业发展现状及中国对策 [J]. 东南学术, 2016 (6).

[121] 王媛媛, 宗伟. 第三次工业革命背景下推进我国智能制造业发展问题研究 [J]. 亚太经济, 2016 (5).

[122] 王媛媛. 智能制造领域研究现状及未来趋势分析 [J]. 工业经济论坛, 2016 (5).

[123] 王媛媛. 美国推动先进制造业发展的经验、政策及启示 [J]. 亚太经济, 2017 (6).

[124] 尚会永等. 实现我国工业4.0的中小企业创新发展战略 [J]. 教学与研究, 2017 (5).

[125] 周嘉昕. "第四次工业革命": 一个马克思主义的分析 [J]. 天津社会科学, 2017 (1).

[126] 高歌. 德国 "工业 4.0" 对我国制造业创新发展的启示 [J]. 中国特色社会主义研究, 2017 (2).

[127] 周嘉昕. "第四次工业革命": 一个马克思主义的分析 [J]. 天津社会科学, 2017 (1).

[128] 张其仔. 第四次工业革命与产业政策的转型 [J]. 天津社会科学, 2018 (1).

[129] 李金华. 新工业革命进程中中国先进制造业的格局与调整路径 [J]. 学术论坛, 2018 (2).

[130] 李晓华. "新经济" 与产业的颠覆性变革 [J]. 财经问题研究, 2018 (3).

[131] 李尧远. 正在进行的 "工业革命" 次第与主题之辩 [J]. 读书, 2018 (3).

[132] 德勤. 从中国制造到中国智造——中国智能制造与应用企业调查 [R/OL]. https://www2.deloitte.com/cn/zh/pages/manufacturing/articles/transforming-from-world-factory-to-smart-manufacturing.html.

[133] 德勤. 中国制造 行稳致远——2018 中国智能制造报告 [R/OL]. https://www2.deloitte.com/cn/zh/pages/energy-and-resources/articles/china-smart-manufacturing-report-2018.html.

[134] 黄先海. 蛙跳型经济增长——后发国发展路径及中国的选择 [D]. 上海: 复旦大学, 2003.

[135] 黄茂兴. 论技术选择与经济增长 [D]. 福州: 福建师范大学, 2007.

[136] 陈一博. 中国从世界制造中心向技术创新中心转变的路径研究 [D]. 北京: 中国社会科学院研究生院, 2010.

[137] 徐光瑞. 我国高技术产业竞争力研究 [D]. 长春: 吉林大学, 2011.

[138] 王志强. 研究型大学与美国国家创新系统的演进 [D]. 上海: 华东师范大学, 2012.

［139］商小虎. 我国装备制造业技术创新模式研究［D］. 上海：上海社会科学院，2013.

［140］李东霖. 战略性新兴产业发展研究［D］. 北京：中共中央党校，2013.

［141］王小波. 生产性服务业与制造业融合发展研究［D］. 湘潭：湘潭大学，2016.

［142］王志强. 研究型大学与美国国家创新系统的演进［D］. 上海：华东师范大学，2012.

［143］周利梅. 中国技术贸易竞争力研究——以高铁行业为例［D］. 福州：福建师范大学，2016.

［144］Paul Kenneth Wright, David Alan Bourne. Manufacturing Intelligence［M］. Massachusetts：Addison – Wesley Publishing Company Inc，1988.

［145］Andrew Kusiak. Intelligent Manufacturing Systems［M］. PrenticeHall Inc，1989.

［146］Peter C. Evans and Marco Annunziata. Industrial Internet：Pushing the Boundaries of Minds and Machines［R］. GE，2012.

［147］Kagermann, H., Wahlster, W., Helbig, J. Securing the Future of German Manufacturing Industry：Recommendations for Implementing the Strategic Initiative INDUSTRIE 4.0［R］. Final Report of the Industrie 4.0 Working Group，2013.

［148］Philipp Gerbert et al. Industry 4.0：The Future of Productivity and Growth in Manufacturing Industries［R］. BCG，2015.

［149］Alasdair Gilchrist. Industry 4.0：The Industrial Internet of Things［M］. New York：Apress，2016.

［150］Beata Mrugalska et al., Towards Lean Production in Industry 4.0［J］. Procedia Engineering，2017，182.

［151］Isak Karabegović & Ermin Husak. The Fourth Industrial Revolution and the Role of Industrial Robots：A with Focus on China［J］. Journal of Engineering and Architecture，2018，6（1）.

［152］Maria Marques et al. Decentralized Decision Support for Intelligent

Manufacturing in Industry [J]. Journal of Ambient Intelligence and Smart Environments, 2017, 9 (3).

[153] Andrew Kusiak. Smart Manufacturing [J]. International Journal of Production Research, 2018 (5).

[154] Joseph A. Schumpeter. Business Cycles: A Theoretical, Historical, and Statistical Analysis of the Capitalist Process, Volume I [M]. New York and London: McGraw-Hill Book Company, Inc., 1939.

[155] Christopher Freeman. The Economics of Industrial Innovation [M]. Harmonds-worth: Penguin Books, First Edition, 1974.

[156] Christopher Freeman, John Clark, and Luc Soete. Unemployment and Technical Innovation: A Study of Long Waves and Economic Development [M]. Connecticut: Greenwood Press, 1982.

[157] Christopher Freeman. The Economics of Industrial Innovation [M]. London: Frances Printer, Second Edition, 1982.

[158] Gerhard Mensch. Stalemate in Technology: Innovations Overcome the Depression [M]. Ballinger, Cambridge, Massachusetts, 1979.

[159] Curran et al. Anticipating Converging Industries Using Publicly Available Data [J]. Technological Forecasting & Social Change, 2010, 77 (3).

[160] Curran et al. Patent Indicators for Monitoring Convergence – Examples from NFF and ICT [J]. Technological Forecasting & Social Change, 2011, 78 (2).

[161] Cameron G. et al. Technological Convergence, R&D, Trade and Productivity Growth [J]. European Economic Review, 2005, 49 (3).

[162] Bryce D. J., S. G. Winter. A General Inter-industry Relatedness Index [J]. Management Science, 2009, 55 (9).

[163] Richard R. Nelson. National Innovation Systems: A Comparative Analysis [M]. New York: Oxford University Press, 1993.

[164] Christopher Freeman. Innovation and Long Cycles of Economic Development [J]. Paper presented at the Internacional Seminar on Innovation and Development at the Industrial Sector, 1982.

[165] Kinkel S. Trends in Production Relocation and Backshoring Activities: Changing Patterns in the Course of the Global Economic Crisis [J]. International Journal of Operations & Production Management, 2012, 32 (6).

[166] Franz Fischler. The Third Industrial Revolution [J]. Biofuels Bioproducts and Biorefining, 2012, 6 (1).

[167] Michelle Bryner. Smart Manufacturing: The Next Revolution [J]. American Institute of Chemical Engineers, 2012, 108 (10).

[168] Barry Berman. 3 – D printing: The New Industrial Revolution [J]. Business Horizons, 2012, 55 (2).

[169] Gray J. V. , Skowronski K. , Esenduran G. , Johnny Rungtusanatham M. The Reshoring Phenomenon: What Supply Chain Academics Ought to Know and Should Do [J]. Supply Chain Management, 2013, 49 (2).

[170] Canham S. , Hamilton R. T. SME Internationalisation: Offshoring, "Backshoring", or Staying at Home in New Zealand [J]. Strategy Outsourcing: An International Journal, 2013, 6 (3).

[171] The Economist Special Report: Outsourcing and Offshoring [J]. The Economist, January 19th 2013.

[172] Fratocchi L. , Di Mauro C. , Barbieri P. , Nassimbeni G. , Zanoni A. When Manufacturing Moves Back: Concepts and Questions [J]. Journal of Purchasing and Supply Management, 2014, 20 (1).

[173] Kinkel S. Future and Impact of Backshoring—Some Conclusions From 15 Years of Research on German Practices [J]. Journal of Purchasing and Supply Management, 2014, 20 (1).

[174] Malte Brettel et al. , How Virtualization, Decentralization and Network Building Change the Manufacturing Landscape: An Industry 4.0 Perspective [J]. World Academy of Science, Engineering and Technology, 2014, 8 (1).

[175] Tate W. L. , Ellram L. M. , Schoenherr T. , Petersen K. J. Global Competitive Conditions Driving the Manufacturing Location Decision [J]. Business Horizons, 2014, 57 (3).

[176] Liangfeng Lao, Matthew Ellis. Smart Manufacturing: Handling Pre-

ventive Actuator Maintenance and Economics Using Model Predictive Control [J]. American Institute of Chemical Engineers, 2014, 60 (6).

[177] Stephen Fox. Moveable Factories: How to Enable Sustainable Widespread Manufacturing by Local People in Regions Without Manufacturing Skills and Infrastructure [J]. Technology in Society, 2015, 42 (3).

[178] Ancarani A., Di Mauro C., Fratocchi L., Orzes G., Sartor M. Prior to Reshoring: A Duration Analysis of Foreign Manufacturing Ventures [J]. International Journal of Production Economics, 2015, 169 (c).

[179] Grandinetti R., Tabacco R. A Return to Spatial Proximity: Combining Global Suppliers with Local Subcontractors [J]. International Journal of Globalisation and Small Business, 2015, 7 (2).

[180] Fratocchi L. et al. Manufacturing Back-reshoring as a Nonlinear Internationalization Process [J]. The Future of Global Organizing, 2015, 10.

[181] Christian Burmeister, DirkLüttgens. Business Model Innovation for Industrie 4.0: Why the "Industrial Internet" Mandates a New Perspective on Innovation [J]. Die Unternehmung, 2016, 72 (2).

[182] Klaus Schwab. The Fourth Industrial Revolution: Whatit Means and How to Respond [R/OL]. https://www.weforum.org/agenda/2016/01/the-fourth-industrial-revolution-what-it-means-and-how-to-respond/.

[183] Cornelius Baur, Dominik Wee. Manufacturing's Next Act [R/OL]. https://www.mckinsey.com/business-functions/operations/our-insights/manufacturings-next-act.

[184] Hesuan Hu et al., Intelligent Manufacturing: New Advances and Challenges [J]. Journal of Intelligent Manufacturing, 2015, 26 (5).

[185] Jay Lee. Smart Factory Systems [J]. Informatic Spektrum, 2015, 38 (3).

[186] Shen Yin, Okyay Kaynak. Big Data for Modern Industry: Challenges and Trends [J]. Proceedings of the IEEE, 2015, 103 (2).

[187] Tin-Chih Toly Chen. Cloud Intelligence in Manufacturing [J]. Journal of Intelligent Manufacturing, 2015, 28 (5).

[188] Fratocchi L., Ancarani A., Barbieri P., Di Mauro C., Nassimbeni G., Sartor M., Vignoli M., Zanoni A. Motivations of Manufacturing Reshoring: An Interpretative Framework [J]. International Journal of Physical Distribution & Logistics Management, 2016, 46 (2).

[189] Foster K. A Prediction of U. S. Knit Apparel Demand: Making the Case for Reshoring Manufacturing Investments in New Technology [J]. Journal of Purchasing and Supply Management, 2016, 10 (2).

[190] Bals L., Kirchoff J. F., Foerst L. K. Exploring the Reshoring and Insourcing Decision Making Process: Toward An Agenda for Future Research [J]. Operations Management Research, 2016, 9 (3).

[191] Zhai W., Sun S., Zhang G. Reshoring of American Manufacturing Companies from China [J]. Operations Management Research, 2016, 9 (3).

[192] Stock T., Seliger G. Opportunities of Sustainable Manufacturing in Industry 4.0 [J]. Procedia CIRP, 2016, 40 (1).

[193] Vasja Roblek et al. Complex View of Industry 4.0 [J]. SAGE Open, 2016 (6).

[194] Lidong Wang, Guanghui Wang. Big Data in Cyber – Physical Systems, Digital Manufacturing and Industry 4.0 [J]. International Journal of Engineering and Manufacturing, 2016, 6 (4).

[195] Hyoung Seok Kang et al. Smart Manufacturing: Past Research, Present Findings, and Future Directions [J]. International Journal Of Precision Engineering And Manufacturing – Green Technology, 2016, 3 (1).

[196] Shiyong Wang et al. Implementing Smart Factory of Industrie 4.0: An Outlook [J]. International Journal of Distributed Sensor Networks, 2016, 12 (1).

[197] Paul Markillie. Manufacturing and Innovation: A Third Industrial Revolution [N]. The Economist, 2012 – 04 – 21.

[198] Ragunathan Rajkumar et al. Cyber – Physical Systems: The Next Computing Revolution [C]. Design Automation Conference, 2010.

[199] Jay Lee. Service Innovation and Smart Analytics for Industry 4.0 and

Big Data Environment [C]. The 6th CIRP Conference on IndustrialProduct – Service Systems, 2014.

[200] Reiner Anderl. Industrie 4.0 – Advanced Engineering of Smart Products and Smart Production [C]. 19th International Seminar on High Technology, 2014.

[201] László Monostoria. Cyber-physical Production Systems: Roots, Expectations and R&D Challenges [C]. The 47th CIRP Conference on Manufacturing Systems, 2014.

[202] Deepak Dhungana. Smart Factory Product Lines: A Configuration Perspectiveon Smart Production Ecosystems [C]. International Conference on Software Product Line, 2015.

[203] Smart Process Manufacturing Engineering Virtual Organization Steering Committee. Smart Process Manufacturing: An Operations and Technology Roadmap [R/OL]. http://www.oit.ucla.edu/smart_process_manufacturing/, 2009SMLC. Implementing 21st Century Smart Manufacturing [R/OL]. https://www.academia.edu/1984950/Implementing_21st_Century_Smart_Manufacturing, 2011.

[204] Harold L. Sirkin, Michael Zinser, Doug Hohner. Made in America, Again: Why Manufacturing Will Return to the U.S. [R/OL]. https://www.bcg.com/publications/2012/manufacturing – supply – chain – management – made – in – america – again, 2011.

[205] Harold L. Sirkin, Michael Zinser, Doug Hohner, Justin Rose. U.S. Manufacturing Nears the Tipping Point: Which Industries, Why, and How Much [R/OL]. https://www.bcg.com/publications/2012/manufacturing – supply – chain – management – us – manufacturing – nears – the – tipping – point, 2012.

[206] Andrew Sissons, Spencer Thompson. Three Dimensional Policy: Why Britain Needs a Policy Framework for 3D Printing [R]. The Big Innovation Centre, 2012.

[207] Harold L. Sirkin, Michael Zinser, JustinRose. The U.S. Skills Gap:

Could It Threaten a Manufacturing Renaissance [R/OL]. https://www. bcg. com/publications/2013/lean – manufacturing – us – skills – gap – could – threaten – manufacturing – renaissance, 2013.

[208] Markus Löffler, Andreas Tschiesner. The Internet of Things and the Future of Manufacturing [DB/OL]. https://www. mckinsey. com/business – functions/mckinsey – digital/our – insights/the – internet – of – things – and – the – future – of – manufacturing#, 2013.

[209] Harold L. Sirkin, Michael Zinser, JustinRose. The Shifting Economics of Global Manufacturing: How Cost Competitiveness is Changing Worldwide [R/OL]. https://www. bcg. com/publications/2014/lean – manufacturing – globalization – shifting – economics – global – manufacturing, 2014.